목동에서
왕으로

들풀 같은 인생에 찾아온 하나님의 은혜
목동에서 왕으로

지은이 | 김형준
초판 발행 | 2016. 10. 24
2쇄 발행 | 2017. 01. 09
등록번호 | 제1988-000080호
등록된 곳 | 서울특별시 용산구 서빙고로 65길 38
발행처 | 사단법인 두란노서원
영업부 | 2078-3352　FAX | 080-749-3705
출판부 | 2078-3331

책 값은 뒤표지에 있습니다.
ISBN 978-89-531-2672-5 03230　Printed in Korea

독자의 의견을 기다립니다.
tpress@duranno.com　www.duranno.com

들풀 같은 인생에 찾아온 하나님의 은혜

목동에서 왕으로

김형준 지음

두란노

차례

3부 기다림은 뛰쳐나가기 위한 출발선이다

4부 인생이 흔들릴 때 믿음은 더 깊이 박힌다

5부 붙들고 사는 인생보다 붙들려 사는 인생이 아름답다

목동에서 왕이 되는 것이 얼마나 어렵고 험난한 것인지 우리는 상상할 수 없습니다. 왕이 되기까지는 인격이나 역량도 중요하지만 환경과 배경 그리고 역사적 상황의 수많은 변수와 장애를 뛰어넘어야 합니다. 아무리 내면의 능력이나 환경적 조건이 되어도 목동은 목동일 뿐, 결코 왕이 될 수 없습니다. 까마귀가 아무리 뛰어나도 독수리가 될 수는 없기 때문입니다.

그럼에도 다윗은 목동에서 왕이 되었습니다. 게다가 왕을 넘어 하나님의 구원 계획의 중심에 서서 역사적, 영적으로 하나님의 도구로 쓰임받았습니다. 절대 한계의 절벽을 뛰어넘고 수많은 장애물을 극복하며 걸어간 다윗의 삶에는 풍성한 이야기들로 가득합니다. 사회, 경제, 정치, 군사, 문화, 예술, 심리, 가족 관계 등 다양한 분야에 대한 보석 같은 지혜를 그의 삶 속에서 발견할 수 있습니다. 그 지혜가 헤아릴 수 없을 정도로 많아서 다윗의 인생은 마치 보물창고를 들여다보는 것 같습니다.

다윗의 삶에는 언제나 하나님이 계셨습니다. 목동 다윗을 왕으로 세워 가실 뿐 아니라, 하나님의 역사 무대의 주인공으로 만들어 가시는 하나님의 크고 놀라운 손길이 있었던 것입니다. 우리는 다윗의 삶을 통해 하나님이 그를 얼마나 섬세하고 강력하게 인도하시는지를 알 수 있습니다.

이 책은 한 달 동안 동안교회의 특별 새벽기도회에서 다윗에 대해 나눈 말씀들을 엮은 것입니다. 다윗을 우리의 삶의 자리에 초대해서 그의 삶에 비추어 우리의 삶을 살펴보았습니다. 그리고 놀랍게도 우리의 삶을 굳게 붙들고 계시는 하나님을 보게 되었습니다. 목동처럼 보잘것없는 우리를 아름답게 만들어 가시는 하나님을 발견한 것입니다. 이 책은 다윗의 이야기 같지만 사실은 다윗을 인도하신 하나님의 사랑 이야기로, 그 사랑에 대한 감사와 감격이 고스란히 담겨져 있습니다. 이 책을 통해 목동인 다윗을 위대한 왕으로 세워 가신 하나님의 손길이 바로 여러분의 삶에도 함께하심을 고백하게 되기를 바랍니다.

이 책은 목동 같은 저를 하나님의 사람으로 세워 가시는 인생 여정 가운데, 놀라운 사랑을 부어 주신 어머니 전희순 권사님의 기도의 산물이기도 합니다. 그리고 인생의 많은 굴곡을 함께 겪으면서도 언제나 같은 마음으로 동행해 준 아내 최은주 사모와 아빠의 사랑이 필요할 때에도 함께하지 못한 아빠를 이해하며 기다려 준 딸 지현이의 사랑의 열매입니다. 무엇보다도 한 달 동안 새벽마다 다윗을 묵상하며 하나님을 알아가는 기쁨을 누린 동안교회 성도와 동역자들의 노래이기도 합니다. 마지막으로 어려운 여건 속에서도 하나님의 귀한 사랑과 구원의 소식을 전하기 위해 최선을 다해 준 두란노서원의 지혜와 수고가 없었다면 이 책은 나올 수 없었을 것입니다. 부디 이 책을 읽는 사람마다 다윗이 만난 하나님을 함께 경험하는 역사가 있기를 간절히 기도합니다.

2016년 10월

동안교회 목양실에서

김형준

1부

하나님이
비추시는 곳이
내 인생의 무대다

1

왜 다윗인가?

사무엘상 16:7

세계적으로 존경받는 성직자요 설교가이며 학자인 존 스토트(John Stott)는 저서《나는 왜 그리스도인이 되었는가》(IVP, 2004)에서 자신이 예수를 믿고 그리스도인이 된 이유에 대해 밝히고 있습니다.

흔히 사람들은 그를 두고 '기독교 국가에서 태어났기 때문에 자연스럽게 신앙을 가지게 되었을 것이다' 또는 '기독교 집안에서 태어났기에 어려서부터 신앙 교육을 받았을 것이다'라고 생각합니다. 그렇지만 그는 그것이 정확한 이유는 아니라며 이렇게 말합니다.

"제가 그리스도인이 된 것은 궁극적으로 부모나 스승의 영향이 아니며, 그리스도에 대한 제 자신의 결단 때문도 아니고, 바로 '천국의 사냥개' 때문입니다. 즉 제가 원하는 길로 가고자 도망할 때조차 끈질기게 저를 쫓아오신 예수 그리스도, 그분 때문입니다. 천국의 사냥개이신 그분이 은혜롭게 저를 추적하지 않으셨다면 오늘날 저는 헛되고 버림받은 인생의 쓰레기 더미 위에 놓여 있었을 것입니다."

존 스토트는 이 책에서 예수 그리스도를 '콜리'라는 양치기 사냥개에 빗대어 말합니다. 한 번도 자신을 포기하거나 내버려두지 않으시고 끝까지 추적하시며 또 자신이 넘어질 때마다, 도망갈 때마다, 낙심할 때마다 일으켜 세우시고 위로해 주신 하나님의 붙드심이 아니었다면, 결코 그리스도인이 될 수 없었을 것이라고 고백합니다.

그는 하나님이 다양한 모습으로 자신을 붙들어 주셨는데, 세상에 혼자 버려진 것 같은 소외감, 패배감, 수치심, 죄책감까지도 자신을 붙드신 하나님의 은혜요 자비였다고 말합니다. 만일 하나님이 자신을 포기하고 이러한 방법들로 추적하지 않으셨다면 자신은 그리스도인이 될 수 없었을 것이라고 이야기합니다.

우리 역시 그렇지 않습니까? 고난 중에는 하나님의 뜻을 알지 못했지만 지나고 보면 삶의 저 깊은 곳, 캄캄한 곳까지 포기하지 않으시고 끝까지 추적하시고 붙들어 주신 하나님의 은혜가 있습니다.

하나님의 사람, 다윗

이스라엘의 위대한 왕 다윗도 마찬가지였습니다. 천한 목동에서 한 나라의 왕이 되고, 그 시대뿐 아니라 성경에서 가장 많은 사건과 지면이 할애된 사람으로 기록될 수 있었던 이유는, 다윗 그 존재 자체의 위대함보다는 하나님이 붙들어 주시고 함께해 주셨기 때문이었습니다.

하나님이 다윗을 통해 우리에게 말씀하고자 하시는 것은 무엇일까요? 그것은 다윗을 하나님의 마음에 합한 사람이라 말씀하시고 다윗의 생애를 인도하신 것처럼, 하나님은 우리의 삶을 붙드시고 복 주시기를 원하신다는 것입니다.

비록 우리의 삶이 하나님이 안 계신 것처럼 메마르고 힘들더라도, 하나님은 항상 우리와 함께 계시며 우리의 삶을 이끌어 가시고 있다는 사실을 확신해야 합니다. 하나님의 붙드심을 의지하며 순종하는 마음으로 나아갈 때 우리의 메마른 삶에 다시 한 번 감사의 고백, 찬양의 노래가 나오게 될 것입니다.

하나님의 말씀에 순종하는 사람

하나님이 다윗을 존귀하고 복되게 쓰신 이유가 있습니다. 첫째, 다윗은 하나님의 말씀에 순종하는 사람이었습니다. 그러나 처음부터 다윗이 하나님의 말씀에 순종한 것은 아닙니다. 하나님이 순종의 사람으로 만들어 가신 것입니다. 그렇다면 어떤 사람이 하나님의 말씀에 순종하는 사람입니까? 바로 하나님의 말씀을 온전히 믿는 사람입니다. 우리가 하나님의 말씀을 들어도 순종함으로 이어지지 않는 이유는 그 말씀을 온전히 믿지 않기 때문입니다.

사무엘서를 보면 크게 두 부류의 사람이 나옵니다. 제사장이요 선지자인 엘리와 사무엘, 그리고 왕인 사울과 다윗입니다. 이들을 다시 엘리와 사울, 다윗과 사무엘로 나누어 살펴보겠습니다. 엘리와 사울은 가문이 출중한 사람들이었습니다. 인격도 훌륭하고 평판도 괜찮은 사람들이었습니다. 반면 사무엘과 다윗은 보잘것없는 존재였습니다. 그럼에도 하나님은 이 두 사람을 붙들어 하나님의 역사 무대 위에 올려 놓으십니다.

그 이유가 무엇일까요? 그것은 바로 순종과 불순종의 차이입니다.

하나님은 예배를 굉장히 중요하게 여기십니다. 예배에 대해서는 결코 타협하거나 양보하지 않으십니다. 그러나 그 예배보다도 소중한 것을 사무엘을 통해 말씀하십니다.

사무엘상 15장 22-23절을 유진 피터슨의《메시지》(복있는사람, 2015) 성경으로 보겠습니다.

> "하나님께서 원하시는 것이 보여주기 위한 공허한 제사 의식이겠습니까? 그분께서 원하시는 것은 그분의 말씀을 잘 듣는 것입니다! 중요한 것은 듣는 것이지, 거창한 종교 공연을 무대에 올리는 것이 아닙니다. 하나님의 명령을 행하지 않는 것은 이교에 빠져 놀아나는 것 보다 훨씬 더 악한 일입니다. 하나님 앞에서 스스로 우쭐대는 것은 죽은 조상과 내통하는 것보다 더 악한 일입니다. 왕께서 하나님의 명령을 거절했으니 그분께서도 왕의 왕권을 거절하실 것입니다."

하나님이 기뻐하시는 사람, 하나님이 쓰시는 사람은 바로 하나님의 말씀에 순종하는 사람입니다.

그렇다면 사울의 불순종은 어디에서 나온 것일까요? 바로 교만에서 나옵니다. 그리고 하나님의 말씀을 온전히 믿지 못하는 데서 나옵니다. 하나님의 말씀에 마음의 고백과 더불어 진실한 행위가 따르지 않는 것은 하나님에 대한 전적인 신뢰가 없고 진정한 예수님의 제자가 아님을 뜻합니다.

아담과 하와를 통한 인류의 비극은 바로 하나님의 말씀에 대한 불순종에서 비롯되었습니다. 이 불순종으로 인해 축복과 기쁨이었던 인간의 삶이 저주로 변해 버렸습니다. 아브라함 가정의 시련과 고난도, 하나님의 약속을 받았지만 아내 사라의 말을 듣고 하나님의 말씀에 불순종한 아브라함 때문이었습니다. 또 하나님이 이스라엘 백성을 가나안 땅으로 인도하셔서 복 주시기를 원하셨지만, 그들의 땅이 고통으로 변한 것도 바로 하나님의 말씀에 불순종할 때였습니다.

하나님의 말씀에 불순종한 요나는 함께한 사람들에게 태풍의 고통을 주었고, 결국 바다에 던져져 물고기 배 속에 들어가는 신세가 되었습니다. 삼손은 하나님이 주신 나실인의 계명을 지킬 때에는 엄청난 역사를 이루었지만, 이방 여인 들릴라의 말을 듣고 하나님의 계명에 불순종할 때에는 그가 가진 능력과 거룩한 영향력을 상실했습니다.

이처럼 모든 원인이 동일합니다. 성경의 어느 시대, 어느 상황이든 동일하게 적용되는 하나님의 메시지가 있습니다. 불순종은 하나님의 거룩한 능력을 빼앗고, 하나님의 축복을 저주로 바꾸고, 하나님께 쓰임 받을 수 없는 버림 받은 인생이 되게 한다는 것입니다.

그렇다면 순종하는 것보다 불순종하는 것이 훨씬 더 쉬운 이유는 무엇일까요? 바울은 이렇게 설명합니다.

> "그는 허물과 죄로 죽었던 너희를 살리셨도다 그때에 너희는 그 가운데서 행하여 이 세상 풍조를 따르고 공중의 권세 잡은 자를 따랐으니 곧 지금 불순종의 아들들 가운데서 역사하는 영이라"(엡 2:1-2).

우리는 근본이 하나님께 불순종하도록 되어 있습니다. 불순종이 편한 것입니다. 비판하고 평가하고 내 기준을 제시하고 내 생각을 먼저 하는 것이 자연스럽습니다. 그것이 합리적인 것 같고 옳은 것 같습니다.

에베소서 말씀은 우리에게 그런 불순종의 DNA가 있다는 것입니다. 타락한 후 순종하는 것은 더 고통스럽고 힘듭니다. 우리가 하나님의 말씀을 깨닫고 그것이 진리라는 것을 알지만 순종하지 못하는 것은 우리의 죄성이 하나님의 말씀에 순종하지 못하기 때문입니다. 그러면 어떻게 해야 할까요? 바울은 우리를 쳐서 복종시켜야 한다고 말합니다. 우리의 모든 이성이나 경험을 전부 하나님의 말씀 앞에 복종시켜야 한다고 말합니다. 우리에게는 나를 쳐서 하나님의 말씀에 복종시키는 훈련이 필요한 것입니다.

우리는 이제까지 우리의 잣대로 일과 사람을 평가하며 살았습니다. 그러나 인생을 지나오면서 '아, 내 힘으로는 할 수 없구나. 하나님의 말씀에 순종하는 것이 유익하구나' 하는 깨달음을 갖게 되었습니다. 그리고 지금은 다 이해할 수 없지만 하나님의 말씀에 순종하는 것이 내 기준을 내세우는 것보다 더 큰 기쁨이 된다는 것, 하나님께 순종하는 것보다 더 큰 복이 없다는 것을 알게 되었습니다.

다윗은 순종의 사람이었습니다. 왕으로서 모든 사람이 자기에게 순종해야 하는 제도와 위치에 있었지만, 언제나 그는 하나님께 순종했습니다. 상황이 어렵고 마음속으로 이해할 수 없어도 하나님의 말씀에 순종했고, 하나님은 그런 다윗을 하나님의 역사 앞에 아름다운 인생으로 세우셨습니다.

하나님은 오늘 우리의 삶도 다양하게 인도해 가십니다. 인생이 아무 문제 없이 평탄하거나 하나님이 안 계신 것처럼 막막할 때도 하나님은 항상 우리를 붙들고 계십니다. 하지만 하나님은 그 가운데 우리를 향해 묻습니다. "네가 어떠한 환경에서도 항상 내 말에 순종할 수 있느냐?" 그때 우리는 다윗과 같은 믿음으로 "네, 주님. 주님의 말씀에 순종하겠습니다" 하고 고백해야 할 것입니다.

하나님 앞에 다시 진지하게 엎드릴 때, 우리의 무너졌던 거룩한 영향력이 회복될 것입니다. 슬픔과 아픔의 땅이 다시 축복의 땅으로 바뀌게 될 것입니다. 잃어버린 내면의 기쁨이 다시 회복되고 마음에 평강이 찾아오게 될 것입니다. 나를 통해 역사하시는 하나님의 의와 희락과 화평이 증거되고 그로 인해 나타나는 성령의 열매를 보게 될 것입니다.

하나님의 때를 기다리는 사람

둘째, 다윗은 하나님의 때를 기다릴 줄 아는 사람이었습니다. 기다림은 지루하고 불안하며 우리를 조급하게 합니다. 하지만 하나님의 약속을 온전히 믿는 사람은 기다릴 줄 압니다. 다윗의 인생은 억울함과 이해하지 못할 기다림으로 가득했습니다. 우리는 다윗의 삶을 잘 알기 때문에 다윗이 골리앗 앞에 섰을 때, 다윗이 사울에게 쫓겨 도망 다닐 때, 어려움을 당하여 버림 받을 때도 여유 있는 모습으로 다윗을 바라볼 수 있습니다. 그러나 당사자인 다윗은 인생이 어떻게 될지 모르는 그 상황 속에서 얼마나 초조하고 불안했겠습니까? 그 속에서도 그는 자기 마음대로 행하지 않았습니다. 하나님의 약속을 기다렸습니다.

사무엘이 찾아와서 아무것도 모르는 다윗의 머리에 기름을 붓고 "너는 이 땅의 왕이 될 것이다"라고 축복한 다음에도 다윗의 삶은 아무것도 달라지지 않았습니다. 왕이 될 기미조차 보이지 않았습니다. 사무엘이 세 번이나 머리에 기름을 붓고 왕이 될 거라고 했지만, 다윗에게 다가오는 것은 시련과 아픔과 고통뿐이었습니다.

다윗은 자신을 죽이려고 추격해 오는 사울을 죽이고 왕이 될 수 있는 기회가 두 번이나 있었지만 그렇게 하지 않았습니다. 하나님이 이루실 신실하신 그 약속을 분명히 믿었기 때문입니다. 10여 년을 도망자로 살아야 할 때도 그는 불평하거나 신세를 한탄하지 않았습니다. 고달프고 답답한 시간이 언제까지 지속될지 몰랐지만 신실하게 하나님의 때와 방법을 기다린 것입니다.

이처럼 언약을 믿는 사람은 기다리는 사람입니다. 하나님의 계획을 전적으로 신뢰하며 하나님의 때를 기다릴 줄 아는 사람입니다. 환경이나 자신의 판단에 따라 행하지 않고 오직 하나님의 뜻을 구하며 주님의 계획에 자신을 맞추는 사람입니다.

결국 다윗의 기다림은 하나님의 축복이 되어 돌아옵니다. 다윗을 반대하는 다른 지파들로부터 진정한 왕이라는 인정을 받고 마음으로부터 존경과 사랑을 받아 통일왕국의 왕이 되는 그 순간까지 하나님은 다윗을 인내로 기르셨습니다. 오늘을 살아가는 우리에게 다윗은 시편을 통해 이렇게 권고합니다.

> "여호와를 의뢰하고 선을 행하라 땅에 머무는 동안 그의 성실을 먹을 거리로 삼을지어다 또 여호와를 기뻐하라 그가 네 마음의 소원을 네게 이루어 주시리로다 네 길을 여호와께 맡기라 그를 의지하면 그가 이루시고 네 의를 빛 같이 나타내시며 네 공의를 정오의 빛 같이 하시리로다 여호와 앞에 잠잠하고 참고 기다리라 자기 길이 형통하며 악한 꾀를 이루는 자 때문에 불평하지 말지어다"(시 37:3-7).

성실하게 살지 못하는 환경에서는 마음에 기쁨이 사라지고 소원이 점점 막히는 것 같습니다. 길이 보이지 않고 의가 나타나지 않는 것 같습니다. 하지만 다윗은 억울함과 좌절이 계속해서 인생에 몰아쳐도 잠잠히 참고 기다리라며, 공의 되신 여호와 하나님이 마음의 소원을 이루어주실 것이라고 자신 있게 고백합니다. 결국 기다림이 하나님의 때와 방법을 이루는 방법인 것입니다. 그래서 그는 성전에 올라가면서 이렇게 노래합니다.

> "하늘에 계시는 주여 내가 눈을 들어 주께 향하나이다 상전의 손을 바라보는 종들의 눈 같이, 여주인의 손을 바라보는 여종의 눈 같이 우리의 눈이 여호와 우리 하나님을 바라보며 우리에게 은혜 베풀어 주시기를 기다리나이다"(시 123:1-2).

그는 기다리면서 하나님의 뜻과 때와 지혜를 간구합니다. 자신의 상황과 환경에 따라 행동하지 않고 하나님의 약속과 말씀을 기다리며 주의 성실함으로 현실에 임했습니다. 세상과 환경을 보면 기뻐할 것이 없지만 여호와 하나님으로 인하여 기쁨을 잃지 않고 주님의 인도하심을 사모한 것입니다.

베드로는 말보다 행동이 빠른 사람이었습니다. 하나님의 뜻보다 자신의 행동이 빨랐던 것입니다. 그래서 그의 인생은 실수의 연속이었습니다. 그는 자신의 실패를 돌아보며 이렇게 증거합니다.

> "그러므로 하나님의 능하신 손 아래에서 겸손하라 때가 되면 너희를 높이시리라"(벧전 5:6).

하나님의 때를 기다리는 것은 때로 지루하고 불안합니다. 그래서 인생 가운데 하나님의 약속과는 상관없는 일들이 계속 진행될 때, 스스로 무엇인가를 해보고 싶어서 몸부림칩니다. 하지만 다윗은 끝까지 묵묵히 기다리며 하나님의 때와 방법을 신뢰했고, 결국 하나님의 도구로 쓰임 받는 인생이 되었습니다.

혹시 인생에 갑갑함이나 초조함이 있습니까? 하나님이 분명히 약속해 주신 말씀이 있는데 성경에 나온 그 많은 축복과 상관없는 것 같습니까? 주의 능하신 손 아래 성실함으로 하나님께 그 뜻을 묻고 하나님의 때를 기다리며 도우심을 구하는 지혜로운 사람으로 서십시오. 기다림은 믿음의 완성입니다.

하나님의 약속과 성취 사이의 기다림은 하나님의 성취를 이루는 중요한 통로가 됩니다. 베드로가 감옥에 갇히고 교회가 모여서 하나님의 때와 방법을 위하여 기도할 때, 하나님은 정하신 그때에 하나님의 방법으로 하나님의 역사를 일으키십니다. 내 마음과 의지와 생각대로 하는 것이 편하고 옳은 것 같지만 그로써 나타나는 결과는 썩어 없어질 육체의 열매입니다. 하나님의 때와 방법을 기다리는 것은 하나님의 신실하심을 믿는 백성에게 주시는 하나님의 선물입니다. 그러므로 오늘도 하나님의 약속이 우리 가운데 있다는 것을 분명히 기억하고 하나님의 때와 방법을 기다리는 믿음의 부요함을 지켜 나가기를 바랍니다.

사명을 따라 사는 사람

셋째, 다윗은 사명을 따라 사는 사람이었습니다. 다윗은 하나님의 사랑을 알았고 하나님의 뜻을 깨달았습니다. 하나님의 약속을 바라보며 자신이 무엇을 위하여 살아야 할지를 발견했습니다. 삶의 목적이 무엇인지를 발견했다는 것입니다. 이것이 사명자의 삶입니다.

다윗은 삶 속에 해석하기 어려운 수많은 일이 복잡하게 얽혀 있을 때, 아둘람 동굴에 숨어 가장 고독하고 힘든 순간을 보낼 때 이것을 깨달았습니다. '나는 무엇 때문에 살지? 하나님이 내 인생을 이렇게 두시는 이유는 무엇일까?' 그때 그가 깨달은 것이 '아, 하나님이 나를 통해 이루기를 원하시는 뜻이 있구나' 하는 것이었습니다. 그래서 그는 이렇게 고백합니다.

> "하나님이여 내 마음이 확정되었고 내 마음이 확정되었사오니 내가 노래하고 내가 찬송하리이다 내 영광아 깰지어다 비파야, 수금아, 깰지어다 내가 새벽을 깨우리로다"(시 57:7-8).

다윗은 이 땅에 자신을 부르시고 왕으로 삼겠다고 말씀하시고 시련과 어려움 속에서도 꾸준히 인도해 주시는 하나님의 역사를 본 것입니다. 하나님은 다윗을 통해 이루고자 하시는 뜻이 있었습니다. 다윗은 그것을 바로 자신의 사명으로 받아들였습니다. 하나님이 영광을 받으시는 일, 어둠을 깨우고 하나님의 역사를 증거하는 일을 위해 자신을 부르셨음을 깨달은 것입니다. 그는 이렇게 고백합니다.

> "하나님이여 주는 하늘 위에 높이 들리시며 주의 영광이 온 세계 위에 높아지기를 원하나이다"(시 57:11).

사명자는 무엇을 위하여 살지를 아는 사람입니다. 그것에 가치를 두기 때문에 선택하는 것이 다릅니다. 보통 사람과 기준이 다른 것입니다.

사명자는 모든 삶을 사명에 맞추어 결정합니다. 사명자는 환경과 입장이 바뀌어도 해야 할 일에 관심을 두고 욕망을 따라가지 않습니다. 부르심을 받은 하나님의 일을 우선으로 생각합니다. 하나님의 뜻을 최우선으로 생각하고 하나님께 쓰임 받기 위해 나아가는 것입니다.

바울은 하나님이 자신을 이방인의 전도자로 부른 것을 알았습니다. 다메섹 도상에서 죄인 중의 괴수인 자신을 부르신 하나님의 뜻이 이방인에게 복음을 전하기 위한 것임을 알게 된 후 그는 오직 그 일을 위해 살았습니다.

> "오직 성령이 각 성에서 내게 증언하여 결박과 환난이 나를 기다린다 하시나 내가 달려갈 길과 주 예수께 받은 사명 곧 하나님의 은혜의 복음을 증언하는 일을 마치려 함에는 나의 생명조차 조금도 귀한 것으로 여기지 아니하노라"(행 20:23-24).

많은 사람이 "너, 지금 저기 가면 결박되어서 죽어!"라고 했지만 바울은 죽음 앞에서도, 감옥에 갇히더라도 자신이 할 일은 이방인에게 복음을 전하는 것이라고 했습니다. 어떤 상황 속에서도 초점이 흐트러지지 않았습니다. 죽음조차 그를 막지 못했습니다. 바울은 사명을 위하여 자신의 로마시민권과 지혜와 지식을 사용했습니다. 인생의 모든 것을 하나님이 이루기를 원하시는 것에 맞추어 살았던 것입니다. 그것은 무엇에 가치를 두고 살아가는지를 보게 합니다.

여러분은 무엇에 가치를 두고, 무엇을 위해 살고 있습니까? 저는 하나님의 언약의 축복을 보지 못하고 절망 가운데 죽어가는 인생 속에 천국의 소망과 하나님의 사랑을 증거하는 것에 대해 계속해서 도전을 받습니다. 바쁜 삶 속에서 희미해진 그 사명을 다시 붙들고 그것을 위해 어떻게 살 것인지 계속해서 고민하며 나아가는 것입니다.

사명은 가치를 알게 하고 그 가치에 따라 선택하며 살게 합니다. 삶이 평안하고 자녀가 잘되고 인생이 좀 달라질 수 있겠다고 생각해서 하나님을 믿고 섬기는 것이라면 그것은 사명자의 삶이 아닙니다. '나는 왜 살까? 무엇을 위해 살아가는 것일까?' 이러한 질문 앞에 대답할 수 있는 사람이 행복한 사람입니다. 사명을 가진 사람은 하나님께 엎드려 이렇게 기도합니다. "하나님, 제게 주신 이 사명을 잘 감당하도록 은사와 능력을 주세요. 주의 성령이 도와주시지 않으면 하나님이 맡겨 주신 사명대로 살 수 없습니다." 사명대로 살기 위해서는 세상과 싸워야 합니다. 사명대로 살기 위해서는 사탄과 싸워야 합니다. 사명대로 살기 위해서는 자기 욕망과 싸워야 합니다. 그래야만 사명자로 살아갈 수 있는 것입니다.

부산에서 제일 오래된 교회는 초량 교회입니다. 초량 교회는 우리가 잘 아는 주기철 목사님이 1920년부터 1931년까지 시무하신 교회로, 주 목사님은 목회하시면서 사명을 따라 살아야 한다는 것을 강조하셨습니다. 그러면서 "자라나는 우리 자녀들에게 복음을 심어야 한다"라고 말씀하셨는데, 그것을 듣고 '아, 그렇다. 어린아이를 하나님 앞으로 인도해야 되겠다. 어린아이를 하나님 앞에 인도할 때, 이 아이를 통해 밝은 미래가 있구나' 하고 깨달은 사람이 있었습니다.

양성봉 집사라는 분인데, 그때 그는 주일학교 부장으로 말씀을 듣고 아이들을 하나님께 올려 보내는 것을 사명으로 받았습니다. 그때부터 그는 어린아이에게 복음을 전했습니다. 그 당시 그는 초량 교회에서 장로 임직을 받고 최초로 초량 교회 부설 삼일 유치원을 세워서 아이들 교육을 시작했습니다. 주일학교 운동을 벌인 것입니다.

그는 1945년에 부산 시장, 1949년에 경남 도지사, 1953년에는 농림부 장관이 되었습니다. 그런데 장관직을 하다 보니 자신의 제일 직업인 주일학교 아이들에게 복음을 전하는 일이 계속해서 방해를 받았습니다. 그래서 그는 대통령에게 사표를 냈다고 합니다. "아이들을 하나님께 인도하는 것이 하나님이 제게 주신 사명인데 이것을 하지 못할 정도로 방해를 받으니 저는 이 일을 그만두겠습니다."

이 정신은 계속 흘러갔습니다. 세계에서 가장 큰 주일학교가 부산에 있었습니다. 예전에 부산의 서부 교회는 교인이 5,000명인데 아이들은 13,000명이었습니다. 그때 만난 목사님이 "주일학교 교사 한 사람이 아이 100-200명의 담임"이라고 표현할 정도였습니다. 아이들이 많다 보니 교사는 다 개인 자동차를 승합차로 바꾸고 아이들을 싣고 다니며 복음을 전했다고 합니다. 그리고 그때 복음을 들었던 많은 학생이 신학교를 가고 하나님 앞에 헌신하는 사람이 되었습니다.

이렇게 세상은 사명자에 의해 바뀝니다. 사명자가 걸어간 길을 우리도 가게 되어 있습니다. 그러면 여러분은 남들이 만들어 온 그 길을 가겠습니까? 아니면 하나님이 주신 사명을 따라서 나의 길을 헤쳐 가겠습니까? 하나님은 하나님의 뜻을 이루는 사명자의 삶을 축복하신다는 것을 반드시 기억해야 합니다.

삶을 돌아보면 우리가 하나님의 은혜 가운데 살아있음을 느낄 수 있습니다. 집안에 믿는 사람이 있어서, 모태신앙이라서 예수님을 믿었다고 할 수도 있지만, 그것보다 더 근본적인 이유는 앞서 존 스토트가 이야기한 끈질긴 사냥개같이 물면 놓지 않고 끝까지 추적하시는 하나님의 은혜가 있었기 때문입니다.

우리를 포기하지 않으시는 하나님은 우리를 복된 하나님의 사람으로 세우기를 원하십니다. 하나님은 우리를 말씀에 순종하는 사람, 하나님의 때를 기다릴 줄 아는 사람, 사명을 따라 살아가는 사람이 되도록 인도하시길 원하십니다. 이 삶은 우리의 힘으로 되지 않습니다. 주의 성령이 함께하셔야 합니다.

이 삶을 살았던 다윗은 하나님의 성령을 사모했고 하나님과의 관계를 최우선순위로 삼았습니다. 그는 삶 가운데 하나님의 은혜가 중단되지 않도록 구했습니다. 죄를 짓고 회개할 때도 재산과 사회적 지위와 위신을 지켜 달라고 하지 않았습니다. 구원의 기쁨을 회복시키시고 자신을 멀리하지 마시며 성령을 거두지 마시며 자신을 불쌍히 여겨 달라고, 자신 속에 정한 마음을 창조하시고 정직한 영을 새롭게 해 달라고 기도했습니다. 그렇게 기도한 것은 자신의 삶이 하나님께 속해 있고 하나님의 영광을 드러내는 것이 사명인 줄 알았기 때문입니다.

인생의 어려움 가운데서도 함께 계신 주님을 볼 수 있는 믿음의 눈이 열리기를 바랍니다. 하나님의 축복 속에서 하나님이 원하시는 삶이 무엇인지를 깨닫는 지혜가 있기를 바랍니다. 다윗이 아둘람 동굴에서 부른 그 노래가 여러분의 삶 가운데 계속해서 울려 퍼지고 여러분이 다윗과 같은 축복의 사람이 되기를 주의 이름으로 축원합니다.

2

하나님이 크게 보이면 문제가 작게 보인다

사무엘상 17:32-51

하나님이 왜 우리를 선택하셨는지 우리는 잘 모릅니다. 하나님은 그것을 비밀이라고 하셨고, 우리는 그저 은혜라고 표현할 수밖에 없습니다. 우리를 선택하신 것 자체를 신학적으로 '칭의'(稱義)라고 합니다. 우리를 의롭게 여기신다는 말입니다. 하나님은 우리를 선택하고 내버려 두시는 것이 아니라 날마다 성장하게 하십니다. 그 방법에는 유혹(temptation)과 테스트(test)가 있는데, 유혹은 주로 사탄이 쓰는 방법입니다. 하나님은 우리를 미혹하게 하는 것에서 우리가 스스로 지킬 줄 알도록 훈련시키시고 우리를 계속 테스트하시면서 그리스도의 장성한 분량까지 우리의 인격과 역량을 길러 내십니다. 하나님은 복을 주실 때에 단순히 우리가 원하는 복뿐 아니라, 우리가 받은 복을 관리하고 나누어 줄 수 있도록 더 큰 복을 주십니다.

신학적으로 주님이 오시는 마지막 날, 하나님이 우리를 완전한 하나님의 인격체로 만들어 가는 것을 '영화'(榮花)라고 합니다. 그렇다면 하나님이 우리를 세워 가시는 방법은 무엇일까요? 그것은 앞서 존 스토트가 이야기한 천국의 사냥개처럼 우리를 끝까지 추적하시는 것입니다. '우리는 하나님께 잊혀진 존재일 거야', '하나님이 나를 버리신 거야'라고 생각하는 순간에도 다시 은혜의 눈을 들고 보면 하나님은 우리를 끝까지 붙들고 계십니다.

반면 우리를 좌절하게 하시는 방법이 있습니다. 내가 옳다고 생각하고 이 정도면 될 거라고 생각하는 것을 계속해서 하나님이 엎어 버리십니다. 하나님이 광야 생활 40년 동안 먹을 것과 거주의 자유를 제한하며 계속 꺾으신 것은 인간의 의지입니다. 그래서 하나님은 자기 의, 자기 주관, 자기주장이 강한 사람들을 계속 꺾으십니다. 자신의 예상과 계획대로 되지 않습니다. 때로는 수치감과 패배감이 들도록 그의 주관과 의와 방법을 계속 꺾어나가시는 것입니다.

베드로가 체험도 많이 하고 역사도 많이 일으켰지만, 진짜 생명의 역사는 그가 하나님의 인도하심 앞에 철저히 자신을 맡겼을 때 일어났습니다. 하나님은 우리를 좌절하게도 하시고, 이해할 수 없는 위로와 사랑으로 우리의 마음을 다시 감싸 주시기도 하십니다. 세상이 아니라 하나님이 주시는 위로라는 마음의 결론을 갖도록 계속 우리를 인도하시면서, 대나무 마디 같은 작은 결론들을 이어 삶의 성장으로 이루어 가십니다. 그렇게 우리는 하나씩 단계를 이루어 가는 것입니다.

훈련의 요소

성경을 보면 하나님이 공통적으로 하나님의 사람에게 순종하는 훈련, 복종하는 훈련을 시키십니다. 철저하게 하나님의 권위 앞에 순종하는 훈련을 먼저 시키시는 것입니다. 여러분의 자녀가 여러분에게 반항하면 어떻습니까? 기분이 안 좋고 주고 싶은 마음도 사라지지 않습니까? 우리 하나님도 똑같습니다. 나의 지혜와 지식과 판단과 경험을 가지고 나의 의를 내세우면 그것이 하나님을 대적하고 하나님 앞에 불순종하는 모습으로 나타나기 쉽습니다. 그래서 많이 가질수록 더 겸손해야 합니다. 하나님이 주신 축복이 하나님을 대적하고 순종하지 못하는 신앙의 요소가 될 수 있기 때문입니다. 그래서 세상에서 성공을 많이 한 사람일수록 순종의 훈련이 어려운 것입니다.

순종보다 더 어려운 훈련이 있습니다. 하나님은 순종을 넘어 우리에게 사랑하라고 하십니다. 순종의 단계를 넘어 우리에게 사랑으로 살아가는 것에 대한 과제를 주시는 것입니다.

그리고 하나님이 훈련시키는 또 다른 중요한 요소 중 하나는 하나님의 때를 기다리는 것입니다. 저는 하나님을 '역전의 명수'라고 생각합니다. 마지막 숨이 턱에 찰 때까지 기다리다가 상황을 반전시키시는 하나님이기 때문입니다. 하나님은 하나님의 약속을 얼마만큼 믿고 기다리는지를 테스트하십니다. 우리가 원하는 때와 방법이 아니라 하나님의 때와 방법으로 응답하시는 것입니다. 그런데 나중에 보면 하나님의 때와 방법이 더 유익하고 복되다는 것을 발견하게 됩니다.

또 하나님은 맡은 일에 성실하게 임하도록 훈련시키십니다. 일의 크고 작음과 상관없이 성실하게 임해야 한다는 것을 가르쳐 주시는 것입니다. 그러므로 하나님이 우리에게 원하시는 것은 바로 지금 여기서 하고 있는 이 일임을 깨닫고 하나님이 주신 그 일에 성실하게 임해야 합니다.

여러분 속에 많은 영적인 결론들이 있을 것입니다. '아, 기도해야 되는 구나.' '인생이 내 뜻대로 되지 않는구나.' 이러한 작은 결론들이 여러분을 하나님 앞으로 나아오게 만드는 강한 힘이 될 것입니다.

다윗의 반응

우리는 다윗의 생애, 다윗을 만들어 가는 하나님의 놀라운 역사 속에서 다윗이 어떻게 반응하는지를 자세히 살펴보아야 합니다. 그리고 그 반응 앞에 하나님이 어떻게 그를 인도하시는지, 어떻게 실패하고 어떻게 승리하는지를 삶에 적용할 수 있어야 합니다.

하나님은 다윗을 먼저 공중에서 시험하셨습니다. 집에서 인정받지 못하는 다윗에게 사무엘이 와서 머리에 기름을 붓고 "너는 장차 이 나라의 왕이 된다"라고 했습니다. 그런데 그 약속은 쉽게 이루어지지 않았습니다. 하나님이 사울을 버리시는데, 하나님이 버리시려는 사울 속의 요소가 다윗에게도 있었던 것입니다. 그래서 하나님은 시련과 환난을 통해 다윗 속에 있는 사울의 모든 요소를 뽑아내십니다.

하나님은 우리에게도 힘들고 어려운 과정을 통해 우리 속에 더 중요한 것을 만들어 가십니다. 우리 속에 있는 사울의 사고와 판단을 하나씩 뽑아 내시면서 우리의 삶이 하나님의 말씀에 순종하며 사는 것으로 결론이 나도록 이끄시는 것입니다. 이 땅을 살지만 썩어질 것을 위해 살지 않고, 하나님의 사랑을 받을 만한 사람으로 다루어 가시며, 내 뜻과 방법이 아닌 하나님의 방법을 받아들일 때까지 계속해서 우리를 만들어 가시는 것입니다.

다윗이 겪은 엘라 골짜기의 상황은 하나님이 만드신 기가 막힌 전쟁이었습니다. 이스라엘을 괴롭히는 블레셋 군대와 대치하고 있는 상황에서 거인 장수 골리앗이 나옵니다. 블레셋이 이스라엘 유다의 영토에 들어온 것이었습니다. 골리앗은 다윗이 싸울 수 있는 상대가 아니었습니다. 키가 3m에 입고 있는 갑옷의 무게만 해도 90kg 가까이 되었습니다. 들고 있는 창의 무게는 11kg나 되었다고 합니다. 그렇게 무장하고 무려 40일 동안 계속 공격해 온 것이었습니다.

우리의 영적 싸움도 상대쪽에서 먼저 싸움을 걸어옵니다. 중단하고 싶어도 중단할 수가 없습니다. 그래서 우리는 계속해서 말씀을 보고 기도해야 합니다. 우리는 우리의 삶을 무너뜨리려고 끝까지 공격하는 자들과 대적해 이길 수 있는 영적 무기가 필요합니다.

그 당시 다윗은 골리앗과의 전쟁이 그의 인생에 얼마나 큰 영향을 미칠지 몰랐습니다. 이 전쟁에서의 승리가 앞으로의 전쟁에서 승리의 원리가 되고, 이 전쟁에서의 승리가 믿음을 굳세게 만들고 나아가 자신과 싸워서 이기는 삶의 원리가 된 것입니다.

분명한 정체성

다윗이 이길 수 있었던 이유는 무엇일까요? 우리는 다윗의 말과 행동에서 그 답을 찾아볼 수 있습니다. 먼저 다윗은 정체성이 분명한 사람이었습니다. 그는 자신을 '하나님의 종'이라고 불렀습니다. 그것은 자신이 하나님께 속한 사람으로 하나님이 지키고 보호하시며 하나님의 뜻대로 사는 사람이라는 뜻입니다. 하나님은 여리고 땅을 앞두고 이스라엘 백성에게 길갈에서 할례를 받게 하셨습니다. 하나님의 뜻은 전쟁의 정체성으로 나아가는 것이 아닌 것입니다.

하나님은 이스라엘 백성을 사랑하신다고 가나안 땅에 있는 사람들을 싹 밀어내고 그 땅으로 백성을 인도하시는 분이 아닙니다. 그래서 하나님은 가나안 땅에 죄가 관영할 때까지 기다리셨습니다. 두고 볼 수 없을 정도로 죄가 창궐할 때까지 기다리시다가 그 땅에 하나님의 백성을 보내셔서 하나님의 의와 희락과 화평의 나라를 만들어 가게 하신 것입니다. 그런데 이 백성을 군사로만 보내면 그 일을 감당하지 못하니까 그들 속에 '이 전쟁은 너희가 하나님의 자녀, 하나님의 언약의 백성이라는 정체성을 갖지 않고서는 이길 수 없다'라는 것을 분명하게 심어 주신 것입니다. 분명한 목적을 가지고 있어야 사명을 포기하지 않습니다. '나는 하나님의 백성이다. 하나님의 나라를 세우기 위해서 이 땅에 나를 보낸 것이다'라는 확실한 정체성을 갖게 하려고 할례를 받게 하신 것입니다.

다윗은 이 정체성이 있었습니다. '나는 주님께 속한 사람이다. 하나님을 위해 살아가는 주님의 사람이다.' 다윗은 전쟁을 치르면서 이 확신이 좀 더 분명해졌습니다. 그리고 한참 후 시련과 고난을 당하는 때에 아둘람 굴에서 하나님이 자신을 부르신 이유를 깨닫게 됩니다. 따라서 우리도 영적 싸움 이전에 '나는 하나님께 속한 자로 하나님의 은혜로 살아가는 사람이다. 하나님이 나를 보호하신다'라는 분명한 정체성을 가지고 있어야 합니다.

하나님을 기억하는 것

다윗은 하나님이 행하신 일을 기억했습니다. 40일 동안 골리앗은 계속해서 고함을 지르며 이스라엘 백성이 과거에 그들에게 보여주신 하나님의 능력과 은혜를 다 잊어버리게 만들었습니다. 마찬가지로 우리에게 주어진 영적 싸움도 우리가 과거에 하나님이 행하셨던 일들을 다 잊고 문제가 얼마나 큰지, 문제에만 집중하도록 만듭니다.

그러나 다윗을 보십시오. 스무 살 아무것도 알지 못하는 청년이 모두가 두려워하는 골리앗 앞에서 어떻게 했습니까? 사울은 다윗을 보고 기가 막혔습니다. "이게 무슨 양이나 지키는 그런 일인 줄 아느냐! 이것은 이 민족의 생사가 달린 매우 중대한 일이다."

하지만 다윗에게는 분명한 고백이 있었습니다. "사자와 곰에게서 나를 지키신 하나님이 오늘도 동일하게 저 골리앗을 찢으실 것입니다. 지난날 함께하신 하나님이 오늘 나와 함께하실 것입니다." 그는 자신에게 주신 승리, 하나님이 함께하신 모든 것을 기억한 것입니다.

우리가 힘들고 어려울 때, 염려와 두려움으로 지쳐 있을 때, 고함을 지르는 골리앗 같이 두렵게 하는 일들이 우리를 위협합니다. 우리의 눈과 귀와 마음을 문제에 집중하게 하며 하나님께로 고정한 시선을 돌리게 합니다. 그때 우리는 지난날 나와 함께하신 하나님을 기억해 내는 지혜가 필요합니다.

다윗이 곤고함을 이길 수 있었던 중요한 영적 원리는 지난날 함께 하신 하나님을 잊지 않고 기억한 것입니다. 그래서 영적인 추억이 참 중요합니다. 어려운 것일수록 기억에 오래 남습니다. 정말 어렵고 힘든 순간, 버티고 견딘 시간은 지워지지 않습니다. 부부 관계도 마찬가지입니다. 사이가 안 좋고 힘들 때 지난날 배우자와 좋았던 것을 기억해 내면 관계를 회복해 갈 수 있습니다. 요즘은 상담에서도 단지 문제에만 집중하지 않습니다. 좋았고 아름다웠던 기억을 점점 넓혀가면서 문제를 작게 보게 합니다.

여러분, 우리 삶에 영적인 추억이 많아야 합니다. '내 삶이 하나님 앞에 있었구나. 우리가 함께 하나님 앞에 나갔구나' 하며 떠올릴 수 있는 하나님 함께한 시간들이 많아야 합니다. 하나님이 함께하셨던 영적인 추억이 되살아 날 때 삶 속의 문제를 이길 힘과 능력을 얻을 수 있습니다.

영적인 눈

셋째, 다윗은 영적인 눈을 가지고 있었습니다. 우리는 육적인 눈으로 거대한 골리앗을 보지만, 다윗은 결코 골리앗을 크게 보지 않았습니다.

> "자녀들아 너희는 하나님께 속하였고 또 그들을 이기었나니 이는 너희 안에 계신 이가 세상에 있는 자보다 크심이라"(요일 4:4).

다윗은 자신이 진정 두려워할 대상이 골리앗이 아니라는 것을 알았습니다. 그는 자신이 진정 두려워할 대상은 오직 하나님이심을 분명히 알았습니다. "나는 비록 작고 보잘것없지만, 내 안에 계신 하나님은 너보다 훨씬 크시다." 이러한 믿음의 눈을 갖고 있었던 것입니다. 이 믿음이 우리 속에 채워지면 두려움은 없어집니다.

> "하나님이 우리에게 주신 것은 두려워하는 마음이 아니요 오직 능력과 사랑과 절제하는 마음이니"(딤후 1:7).

두려워하는 마음은 하나님이 주신 것이 아닙니다. 그것은 받지 말아야 할 곳에서 받은 것입니다. 하나님이 주신 것은 능력과 사랑과 절제하는 마음이기에 믿음의 눈을 열게 합니다. 하나님이 어떻게 행하시는지를 볼 수 있는 눈이 우리 속에 열리는 것입니다.

여러분, 우리가 모여 찬송하고 말씀 듣고 기도하는 것은 자꾸 닫히는 우리의 영안을 조금씩 열어가는 과정입니다. 하나님의 역사 앞에 굳게 닫혀 있던 우리의 영적인 눈이 조금씩 열리면서 우리 가운데 계신 하나님을 보게 만드는 것입니다.

진짜 적을 아는 것

넷째, 다윗은 진짜 적이 누구인지 알았습니다. 하나님을 모독하는 골리앗을 가만히 두면 안 되겠다는 다윗에게 큰형이 면박을 주었습니다. "양 떼를 어떻게 하고 왔냐? 너의 교만과 마음의 완악함을 내가 잘안다. 너는 전쟁을 구경하러 왔다." 하지만 그때도 다윗은 응답하지 않았습니다. 얼마나 자존심이 상했겠습니까? 하지만 그는 자신의 적을 분명히 알았기에 아무런 응답을 하지 않은 것입니다.

영적인 눈으로 볼 때 우리의 싸움은 혈과 육에 속한 싸움이 아니라고 했습니다. 지금 우리를 미워하고 고통스럽게 하는 것 배후에는 우리를 파멸하게 하는 어둠의 영, 정사와 권세 잡은 자들이 있습니다. 타깃이 잘못되면 아무 이득이 없고 싸움에 진전이 없습니다. 우리를 죄와 파멸 가운데 빠뜨리고 낙담하게 만들고 기도와 감사와 순종을 못 하게 만들고 조급하게 해서 하나님의 일을 그르치게 만드는 것들이 우리의 싸움의 대상이라는 것을 다윗은 분명히 알았던 것입니다. 그러므로 우리는 영적 싸움을 할 때 배후에 진짜 적이 누구인지, 진짜 문제가 무엇인지 알아야 합니다.

한편 다윗은 골리앗을 대적하기 위해 무기가 필요했습니다. 사울이 준 투구와 갑옷은 세상 사람들이 만들어 준 좋은 무기이지만 다윗에게는 맞지 않았습니다. 다윗의 무기는 막대기와 물맷돌이었습니다. 그것은 하나님이 그를 지금까지 승리로 인도하신 무기였습니다. 여러분의 무기는 무엇입니까? 혈기, 고함, 지식, 물질, 능력 같은 것은 우리를 이기게 해주지 못합니다. 구체적인 문제를 이길 수 있는 나만의 무기가 있어야 합니다.

우리의 무기는 기도에서부터 나옵니다. 하나님의 도움을 구하는 기도의 무릎을 꿇을 때, 물맷돌을 손에 쥘 수 있는 것입니다. 그때 비로소 기도의 능력과 권세가 나타납니다.

기도 외에는 하나님의 능력으로 살아갈 방법이 없습니다. 영적 싸움에 내 지식과 연륜과 방법은 소용이 없습니다. 오직 기도의 무릎이 필요합니다. 그래서 사도 바울이 하나님의 전신갑주를 입으라고 한 것입니다. 다윗은 이미 전신갑주를 입고 있었습니다. 구원의 투구를 쓰고 의의 흉배를 붙이고 진리의 허리띠를 띠고 복음의 평안의 신발을 신고 믿음의 방패를 갖고 성령의 검을 차고 있었습니다. 바울은 이렇게 전합니다.

> "모든 기도와 간구를 하되 항상 성령 안에서 기도하고 이를 위하여 깨어 구하기를 항상 힘쓰며 여러 성도를 위하여 구하라 또 나를 위하여 구할 것은 내게 말씀을 주사 나로 입을 열어 복음의 비밀을 담대히 알리게 하옵소서 하리라"(엡 6:18-19).

기도는 평상시에 하는 것일 수 있으나, 간구는 부르짖는 것입니다. 그만큼 간절히 구하라는 것입니다. 그리고 깨어 구하기를 항상 힘쓰지 않으면 얻을 수 없다고 합니다. 기도는 쉽지 않습니다. 우리의 의지를 발동해야 합니다. 하나님의 도우심을 구하면서 기도의 자리로 나아가 엎드려야 하는 것입니다.

말씀에는 전신갑주로 무장하여 기도하는 이유를 이기고 난 다음에 바로 서기 위함이라고 합니다. 많은 사람이 승리한 다음에 스스로 서지를 못하기 때문입니다. 무슨 일을 하든지 기도보다 앞서지 않아야 합니다. 기도보다 앞서면 넘어지게 되어 있습니다. 사탄은 가룟 유다에게 예수님을 팔 생각을 넣으며 교묘하게 지성을 무너뜨렸습니다. 마찬가지로 사탄은 우리가 '어, 기분이 별로 안 좋아. 뭔가 다른 것 같아'라고 느낄 정도로 아주 교묘하게 우리 마음에 들어와 우리를 무너뜨립니다. 그러므로 빨리 깨어서 정신을 차려야 합니다.

공동체 의식

다섯째, 다윗은 공동체의 승리임을 믿었습니다. 다윗 개인의 승리가 아니라는 것입니다. 여러분이 기도할 때도 여러분 개인이 승리하는 것이 아니라 여러분의 가정이 승리하고 교회가 승리하는 것입니다.

다윗은 골리앗과 싸워서 마침내 이겼습니다. 하지만 블레셋과의 싸움에서 승리한 것은 다윗 개인이 아니라 이스라엘 백성, 이스라엘의 군대, 하나님의 군대였습니다. 그러므로 나의 승리가 우리 가정의 승리가 되고 나아가 우리 교회의 승리, 하나님의 역사의 승리가 되는 것을 믿고 서로 기도해야 합니다.

사도 바울은 무시로 깨어서 성령 안에서 기도하라고 한 다음에 자신을 위하여 기도해 달라고 합니다. 하나님의 복음을 전하는 일을 하며 하나님의 뜻 앞에 쓰임 받을 수 있게 해달라고 기도를 부탁하는 것입니다. 이처럼 우리도 서로 중보해야 합니다. 그때 우리는 우리를 승리하게 하시는 하나님을 보게 될 것입니다. 그리고 중요한 영적 교훈을 얻게 될 것입니다.

> "또 여호와의 구원하심이 칼과 창에 있지 아니함을 이 무리에게 알게 하리라 전쟁은 여호와께 속한 것인즉 그가 너희를 우리 손에 넘기시리라"(삼상 17:47).

다윗은 그 후로도 굉장히 많은 전쟁을 치릅니다. 그 많은 전쟁 가운데 골리앗과 싸워서 얻은 교훈을 늘 떠올렸을 것입니다. '전쟁은 여호와께 속한 것이다. 내게 있는 것이 아니다.' 다윗은 하나님이 함께하시면 이길 수 있다는 분명한 믿음이 있었습니다.

우리는 살아가며 여러 가지 어려운 일들을 만나게 됩니다. 그 가운데 우리가 인정할 것은 모든 문제가 하나님께 속하였다는 것입니다. 자녀가 지금 방황하고 있다면 자녀를 방황하게 만드는 요소를 살펴보아야 합니다. 어둠의 영이 일으킨 문제라면 자녀를 붙들고 이야기한다고 달라지지 않습니다. 그 자녀를 위해 영적 싸움을 싸워야 합니다. 기도의 자리로 나가야 하는 것입니다. 함께 기도하고 하나님을 의지하며 나아갈 때 하나님의 위로가 임할 것입니다.

직장에서 인간관계 때문에 어려움이 많습니까? 여러분을 힘들게 하는 그 사람을 위해 축복의 기도를 해보십시오. 그것은 하나님을 믿고 의지함으로 해야지 우리의 마음으로는 못 합니다. 하나님의 약속을 믿고 해야 축복할 수 있지, 내 마음대로 하면 저주할 뿐입니다. 하나님이 우리에게 주시는 그 믿음을 가지고 축복의 기도를 할 때 그것은 우리 삶에 큰 교훈을 줄 것입니다.

다윗은 수많은 전쟁에서 이 믿음을 굳건하게 지켰습니다. 전쟁 중에 적군을 막 뛰어넘고 저녁이 되어서는 잠을 잤다고 하는데 그 담대함이 어디서 왔겠습니까? 바로 하나님입니다. 전쟁은 여호와께 속한 것, 즉 칼과 창으로 이길 수 있는 싸움이 아니라는 것을 알았기에 믿음으로 승리할 수 있었던 것입니다.

여러분의 삶 속에도 이러한 믿음의 승리가 있기를 바랍니다. 우리 가운데 나타나는 이 전쟁은 진정 여호와께 속한 것이므로 하나님의 도우심을 구하고 성령님의 인도하심을 받기를 주의 이름으로 축원합니다.

3

요나단과의 만남을 통해 길을 열어 가시는 하나님

사무엘상 18:1-5

하나님은 다윗을 다양한 방법으로 훈련시키시며 그를 온전하게 만들어 가십니다. 우리에게는 이미 불순종이라는 죄가 들어왔기 때문에 하나님이 주시는 축복을 누리면서 살아가는 능력을 상실했습니다. 우리 속에 타락한 본성이 있는데, 하나님은 예수 그리스도의 보혈로 우리의 죄를 사하시고 우리를 하나님의 자녀로 삼아 주셨습니다. 그리고 우리를 예수 그리스도의 장성한 분량까지 자라게 하시며 그 성숙을 통해 우리에게 복을 주기를 원하십니다. 이렇게 하나님의 섭리와 역사가 우리 모두에게 있는 것입니다.

말씀을 가까이하는 것

하나님이 우리를 훈련시키는 것 중 하나는 말씀입니다. 말씀을 통해 우리를 만들어 가십니다. 다윗은 말씀을 가까이했습니다. 말씀을 "내 발에 등이요 내 길의 빛이니이다"(시 119:105)라고 고백하고 "고난 당한 것이 내게 유익이라 이로 말미암나 내가 주의 율례들을 배우게 되었나이다"(시 119:71)라고 했습니다. 고난을 해석하는 방법이나 인생을 살아가는 중요한 원리가 말씀이라는 것입니다.

다윗의 주위에는 하나님의 말씀을 붙드는 하나님의 종들이 항상 가까이에 있었습니다. 그래서 다윗은 그들을 통해 자신이 하는 일이 무엇인지를 깨달을 수 있었습니다. 그리고 잘못을 깨달으면 바로 돌이켰습니다. 위기 때마다 다윗을 붙들어 주고 말씀 가운데 인도해 주었습니다. 사무엘, 아비멜렉, 갓, 아비아달, 나단 등이 그러한 사람들입니다.

> "가르침을 받는 자는 말씀을 가르치는 자와 모든 좋은 것을 함께 하라"(갈 6:6).

이 말씀은 가르침을 받는 자는 가르치는 자와 인격적으로 가까이 지내야 한다는 뜻입니다. 우리는 우리와 관계가 있는 사람에게 큰 영향을 받습니다. 그중에서도 하나님의 말씀을 묵상하고 전하며 증거하는 사람을 가까이해야 합니다. 하나님은 말씀을 통한 영적인 관계 속에서 우리를 만들어 가시고 이끌어 가십니다. 우리는 그 말씀을 직접 들으면서 하나님의 뜻을 알고 깨달아 살아갈 수 있습니다.

하나님이 우리를 훈련시키는 또 한 가지는 환경입니다. 우리가 삶속에서 기도하고 말씀 듣고 예배드리려면 모든 환경을 조정해야 하는 어려움이 있습니다. 그러나 하나님은 이 과정을 통해 나를 세워 가시고 단단한 영적 근육을 만들어 가십니다. 우리가 고난 가운데 세상적으로 튕겨나가지 않고 말씀 안에 머물며 말씀을 붙들고 살아가려고 하는 것은 평소 단련된 영적 근육 때문입니다.

기도와 예배는 은행에 저축하는 것과 같은 것입니다. 만기 때까지 소멸되지 않습니다. 영적으로 건강하고 여유 있을 때 기도하고 예배드린 것을 하나님은 절대 소멸하지 않으십니다. 그리고 또 하나, 기도의 질도 중요하지만 그 양이 중요합니다. 기도의 분량이 차지 않으면 하나님은 그 분량이 찰 때까지 우리를 훈련시키십니다.

다윗과 요나단

하나님은 다윗에게 요나단이라는 친구를 주셨습니다. 여기에는 분명한 하나님의 계획이 있습니다. 다윗은 요나단이 있었기에 자신에게 주어진 길을 걸어갈 수 있었습니다. 우리는 영적인 눈으로 그 의미를 찾을 수 있어야 합니다.

본문을 보면 그 내용이 조금 이상합니다. 요나단은 차기 왕이었지만 자신의 옷과 갑옷을 다윗에게 다 벗어 줍니다. 그것은 '내가 아니라 네가 왕'이라는 의미였습니다.

다윗은 요나단을 만나지 못했다면 그 많은 시련과 어려움 가운데 넘어지고 죽을 수밖에 없었을 것입니다. 그 당시 다윗을 인정한 유일한 사람은 요나단이었습니다. 요나단이 없었다면 다윗은 목동으로 돌아가거나 그 속에 증오가 남아서 복수의 화신으로 살았을 것입니다.

그러나 하나님의 영적인 줄기가 요나단이라는 친구를 통해 다윗에게 계속 공급됩니다. 하나님의 위로와 사랑과 격려와 붙드심이 요나단을 통해 조금씩 흘러가 다윗을 메마르지 않게 한 것입니다. "다윗아, 너를 대적하는 자를 하나님이 대적하시기를 원한다." 여기서 대적하는 자는 요나단의 아버지 사울을 가리키는 것으로 그 말은 도저히 아들인 요나단이 할 수 있는 것이 아닙니다. 하나님이 요나단을 통해 성령의 역사를 다윗에게 주신 것입니다.

하나님이 행하시는 일에는 우연이 없습니다. 여러분의 삶에 일어나는 모든 일에 하나님의 뜻이 있습니다. 모든 것이 하나님의 기가 막힌 계획 속에 이뤄지는 것입니다.

성공과 승리, 실패와 좌절

하나님이 다윗을 훈련시키시는 과목은 우리에게도 동일합니다. 첫째, 승리와 영광, 인기와 성공은 그 속에 위기와 패배가 같이 들어 있다는 것을 알아야 합니다. 하나님은 그 훈련을 시키십니다. 패배의 요소가 승리 속에 있기에, 하나님은 성공과 승리를 관리하고 기도 응답을 관리하는 법을 훈련시키십니다.

기도 응답을 받고 우리에게 가장 먼저 다가오는 것이 무엇입니까? 혈기입니다. 그리고 절망과 좌절이 옵니다. 혈기는 우리가 받은 은혜를 한 번에 왕창 쏟을 수 있는 굉장히 무서운 통로입니다. 많은 사람이 은혜를 받고 나서 자신도 모르게 혈기가 찾아와 은혜를 확 쏟아 붓곤 합니다. 그러므로 잘 되고 있을 때 조심해야 합니다. 그 속에 실패와 아픔이 있다는 것을 반드시 기억하십시오. 다윗은 나라가 안정되고 이제는 전쟁에 직접 나가지 않고 쉬어도 되는 상황에서 하나님의 영광과 은혜가 아닌, 목욕하는 여인을 보게 됩니다. 그것이 가문에 비극을 만드는 중요한 계기가 되고 다윗이 베개를 적시며 회개할 수밖에 없는 이유가 된 것입니다.

승리와 편안함 가운데 있을 때 그런 일이 일어났습니다. 대부분 편안하면 기도가 어렵고 하나님 앞에 겸손하기가 힘듭니다. 그러므로 편안할 때일수록 기도하기 위해 의지적으로 몸부림쳐야 합니다. 하나님의 말씀대로 살도록 몸부림치지 않으면, 편안함 속에 있는 위험한 요소를 보지 못하게 됩니다. 따라서 잘되고 승리하고 성취하고 세상적으로 원하는 것을 이루었을 때, 그것 때문에 망할 수도 있다는 생각을 해야 하는 것입니다.

압살롬은 다른 사람들이 흠모할 만한 찬란한 그 머릿결 때문에 머리가 나무에 걸려서 죽었습니다. 바로 가장 잘난 것, 잘하는 것 때문에 망하는 것입니다. 또 기도 응답과 승리와 성취는 부패한 우리 속에 교만과 불순종을 심어주고 나도 모르게 내 의를 자라게 합니다. 내 기준으로 모든 것을 보게 합니다. 그래서 그 기준 앞에 개인과 가정과 공동체가 깨지는 것입니다.

우리는 하나님의 은혜를 항상 구해야 합니다. 다윗은 평안할 때 하나님을 계속 찬양했습니다. 하나님을 찬양하지 않으면 교만해지기 때문에 내가 이룬 것이 아니라 하나님이 하셨다고 찬양한 것입니다. 입술로라도 그렇게 해야 내 속에 있는 것이 잠겨 있습니다. 우리의 본성은 착하지 않습니다. 속을 뒤집어 놓으면 다 똑같이 더럽고 이기적입니다. 그래서 끊임없이 하나님의 은혜로 우리를 계속 눌러야 하는 것입니다.

하나님이 우리의 기도에 응답을 더디 하시는 이유 중 하나는 우리를 잘 아시기 때문입니다. 우리를 힘들고 안타깝게 하여 기도의 분량을 채우게 하시고, 우리는 어려움을 넘을 수 있는 힘을 얻게 됩니다.

숨어 있는 적

하나님이 우리를 훈련시키시는 두 번째 이유는, 드러나는 적보다는 숨어 있는 적이 더 무섭다는 것입니다. 다윗에게 나타난 적은 골리앗이었습니다. 도저히 이길 수 없는 무서운 사람이었습니다. 하지만 베일 속에 가려진 가장 무서운 존재는 사울이었습니다. 다윗의 삶 속에 부정적인 생각을 일으키는 주요인이었습니다. 사울이야말로 죄를 지을 수 있는 수많은 사건과 환경을 제공하는 가장 무서운 적이었던 것입니다.

하나님은 다윗 속에 있는 사울의 요소를 뽑아내는 훈련을 하셨습니다. 이스라엘 백성에게 40년 광야 생활을 시킨 것도 그들 속에 있는 잘못된 노예 근성을 뽑아내기 위해서였습니다. 그만큼 우리의 본성은 잘 바뀌지 않습니다. 하나님은 하나님의 백성을 만들기 위해 광야라는 무대를 만들어서 40년 동안 이스라엘 백성을 훈련시켰지만 그들 중 제대로 들어간 사람은 없습니다. 여호수아와 갈렙만 남고 다 죽었습니다. 하나님이 보시기에 그들이 안 되겠다 생각하신 것입니다.

하나님은 가장 무서운 것이 우리 안에 있다는 것을 보게 하십니다. 바로 나 자신을 보게 하시는 것입니다. 다윗에게 자신을 볼 줄 아는 지혜가 없었다면, 그렇게 맑고 아름다운 찬양이 나올 수 없을 것입니다. 다윗의 찬양은 겸손하고 하나님을 높였습니다. 모든 것이 하나님이 행하신 일이라며 함께하는 많은 사람을 귀하게 여겼습니다. 다윗은 자신을 살피고 자신 안에 있는 적을 다룰 줄 알았던 것입니다. 우리도 우리 안에 적을 다룰 수 있어야 합니다.

여러분, 여호수아가 끝까지 성공할 수 있었던 이유가 무엇일까요? 여호수아는 여리고 성 승리 이후에 아이 성을 쉽게 생각했습니다. 그러나 아이 성에서 패배한 후 생각이 확 바뀌었습니다. 하나님이 바꾸도록 만드신 것입니다. 하나님은 "여호수아야, 아간이 잘못한 놈이야. 아간을 쳐!"라고 하시면 끝나는 것인데, 이스라엘 백성 200만 명을 모아 놓고, 한 사람씩 제비뽑기를 하게 하셨습니다. 그 과정 속에서 여호수아는 '나도 아간이 될 수 있겠구나' 하고 자신의 내면을 보게 됩니다. 이스라엘 백성 모두 아간처럼 그럴 수 있겠다고 생각한 것입니다. 아간이 훔친 것은 대단한 것이 아니었습니다. 추운 날씨에 입을 만한 옷과 누구나 좋아하는 금과 은 장식이었습니다. 그런데 그것이 하나님의 뜻과 명령을 어기는 중요한 요소가 된 것입니다. 내가 필요로 한 것이 하나님의 뜻을 어기는 것이 될 수 있다는 것을 알게 된 것입니다.

그래서 여호수아는 이스라엘 백성을 이끌고 길갈로 돌아갑니다. 그리고 그곳에서 하나님의 언약을 새깁니다. 그들은 길갈에 있는 돌 열두 개를 보면서 '우리 힘으로는 결코 여기까지 건너올 수 없었다. 하나님의 은혜로 여기까지 온 것이다'라고 생각한 것입니다. 여러분의 인생도 하나님의 은혜가 깔려 있지 않으면 여기까지 올 수 없었다는 것을 분명히 보아야 합니다.

이후 이스라엘 백성은 할례를 받게 됩니다. 하나님의 자녀라는 정체성을 회복하게 된 것입니다. 그리고 유월절을 지켰습니다. 유월절이 무엇입니까? '주님의 피 값으로 네가 여기까지 온 것이지, 네 힘으로 오지 않았다'라는 것을 깨닫는 것입니다. 감사와 하나님께 영광 돌리는 삶, 바로 이것이 전쟁을 앞둔 이스라엘 백성에게 가장 필요한 것이었습니다. 그 후로 이스라엘 백성은 하나님의 은혜에 기대어 그들 안에 있는 적을 보고 싸웠습니다. 그 결과 한 번도 패배한 적이 없었습니다.

내 안의 적을 이기려면 어떻게 해야 할까요? 하나님의 언약의 말씀을 붙들어야 합니다. 그리고 내가 누구인지를 말씀을 통해서 살펴보아야 합니다. "나의 나 된 것은 하나님의 은혜라"(고전 15:10 참조)는 바울의 고백이 나의 고백이 되어야 합니다. 우리는 죄 지을 능력도 없습니다. 이스라엘 백성이 광야에서 금송아지를 만들 때 금이 그들의 것이었습니까? 아닙니다. 하나님이 주신 것이었습니다. 노예는 가질 수 있는 것이 아니었습니다. 결국 우리는 가질 수 없는 것 때문에 죄를 짓습니다. 하나님이 우리에게 구름 기둥과 불 기둥으로 환경을 열어 주시지 않으면 우리는 죄를 짓지도 못하는 것입니다. 하나님의 은혜가 아니면 죄를 지을 능력조차 없는 것이 바로 우리입니다.

사랑하는 여러분, 우리가 하나님의 은혜가 아니면 살아갈 수 없다는 것을 언제나 기억하십시오. 다윗의 노래에는 항상 하나님의 은혜가 들어 있습니다. 시편의 반이 다윗이 지은 것인데, 저는 곤하고 슬플 때 시편을 읽는데 과실이 풍성한 나무에서 싱싱한 열매를 따서 먹고 힘을 얻는 것 같습니다. 다윗이 고뇌와 고통 가운데서도 자신을 살피며 살아가는 것이 하나님의 은혜라고 고백하기 때문입니다.

믿음의 친구

우리가 믿음으로 살 때, 하나님이 주시는 선물이 있습니다. 그것은 요나단과 같은 믿음의 친구입니다. 다윗이 골리앗과의 싸움에서 믿음으로 나아갈 때, 요나단은 다윗을 친구로 삼았습니다. 믿음의 친구는 내가 믿음으로 살고 하나님의 뜻대로 살 수 있도록 나를 도와주는 사람입니다. 사자성어 중에 유유상종이라는 말이 있습니다. 우리가 죄를 지으면 죄의 친구가 따라오고, 비난하면 비난하는 친구가 따라오고, 험담하면 험담하는 친구가 따라오는 것입니다.

우리가 믿음의 친구를 만나지 못하면, 인생의 고비에 사탄이 기뻐하는 대로 하고 하나님의 말씀대로 살 수 없습니다. 우리가 믿음으로 살 때 하나님이 믿음의 친구를 붙여 주시는 것입니다. 바울은 바나바, 실라, 디모데, 디도, 브리스길라, 아굴라 같은 믿음의 친구들이 있었기에 사역이 살아날 수 있었습니다.

여러분의 주위에는 어떤 친구가 있습니까? 험담하는 친구? 불평하는 친구? 원망하는 친구? 자기 자랑하는 친구? 이런 친구들은 인생에 도움이 안 됩니다. 어차피 인생에서 자주 만나는 사람은 5~7명, 조금 더 확대하면 15~20명이라고 합니다. 우리는 제한된 시간 속에 살고 있기 때문에 선택을 제대로 해야 합니다.

우리가 믿음으로 살 때 하나님이 믿음의 친구를 붙여 주신다는 것을 기억하십시오. 그래서 큐티 모임을 가져야 하는 것입니다. 큐티는 하나님 앞에서 나를 살피는 것입니다. 영적인 친목 모임이 아니라 하나님 앞에서 나를 고백하는 모임입니다. 그 안에서 하나님이 내 인생을 어떻게 인도하셨는지를 함께 나누는 친구, 그래서 내가 세상적인 생각으로 살아갈 때 하나님의 말씀을 통해서 일깨워 줄 수 있는 친구를 만나야 하는 것입니다.

인간의 마음은 얼마나 약한지, 말하는 대로 의식의 방향이 흘러갑니다. 그러므로 나에게 믿음으로 이야기해줄 수 있는 사람을 옆에 두어야 합니다. 다윗에게는 요나단이 그런 사람이었습니다. "다윗아, 하나님이 너를 왕으로 삼으실 거야." 여러분은 인생에 깊은 고뇌와 어려움이 있을 때, 여러분이 하나님의 사람으로 살아갈 수 있도록 진실된 마음으로 함께 중보해 줄 수 있는 믿음의 친구가 있습니까? 우리는 모두 요나단 같은 영적인 친구가 필요합니다.

넘어뜨리려는 시도

본문에는 다윗을 넘어뜨리려는 사울의 악행이 몇 가지 나옵니다. 첫째, 사울은 다윗이 한 일을 알아주지 않았습니다. 사람들은 자신을 알아주지 않으면 참 서운합니다. 다윗이 골리앗과 싸워서 승리하고 돌아오니까 사울이 "쟤 누구지? 처음 보는 아이야"라고 말합니다(삼상 17:55 이하 참조). 다윗은 기가 막혔을 것입니다. 사울이 귀신 들려서 정신 못 차릴 때 다윗이 수금을 타서 사울을 귀신으로부터 자유롭게 해주었기 때문입니다. 그리고 다윗이 골리앗과 싸우러 가기 전에 사울이 자신의 갑옷과 투구를 벗어서 주기까지 했는데 참 이상했습니다. 다윗으로서는 당연히 서운할 만합니다.

우리도 사역할 때 몰라주면 서운합니다. 자식이 부모 마음을 모르면 서운하고 아내가 남편 마음을 모르고 남편이 아내 마음을 모르면 서운합니다. 그때 우리는 걸어가야 할 믿음의 길에서 조금 벗어나게 됩니다. 누가 알아주기를 기대하지 마십시오. 그것이 하나님의 테스트라는 것을 알아야 합니다. 우리가 섬기고 헌신하는 그 모든 것을 하나님은 알고 계십니다. 우리 인생이 하나님께 있지, 하나님이 주신 그 사람들에게 있지 않다는 것을 기억하십시오. 축복은 하나님이 주시는 것입니다.

둘째, 생명의 위협으로 넘어지게 하는 것이었습니다. 다윗은 사울과 가까이 지내면서 늘 생명의 위협을 느꼈습니다. 갑자기 창을 뽑아서 던지는데 당연히 마음이 불안하고 두려웠습니다(삼상 18:11 참조). 사울은 언제나 시기, 질투, 두려움, 분노로 다윗을 대했습니다. 다윗은 그로 인해 끊임없이 불편한 감정이 올라왔습니다. 그것이 다윗을 넘어뜨리게 하는 시험이 되었습니다.

여러분은 자신에게 상처를 준 사람을 어떻게 봅니까? 모든 것을 그 사람과 엮어 생각하지 않습니까? 나를 만날 때마다 신경질로 대하는 사람에게 내 속에 더러운 것이 드러나게 되어 있습니다. 다윗 속에 있는 악한 것이 드러나도록 자극할 때, 다윗은 이것을 어떻게 이겨냈을까요?

다윗에게는 하나님이 주신 지혜가 있었습니다. 지혜와 지식을 혼돈하는 사람이 있습니다. 하지만 지혜와 지식은 다릅니다. 지식은 정보의 축적된 내용으로 정보 자체는 아무런 힘이 못 됩니다.

반면 하나님이 주시는 지혜는 삶의 판단력입니다. 앞으로 나갈까, 뒤로 물러설까, 잠잠할까, 말할까, 앉을까, 일어설까를 판단하는 판단력인 것입니다. 또한 지혜는 삶의 태도입니다. 어떤 일이 생겼을 때, 어떻게 받아들이고 처신하는지가 바로 삶의 태도인 것입니다. 또한 지혜는 삶의 해석입니다. 내게 일어난 문제를 어떻게 해석하느냐는 것인데, 이것은 지식과는 전혀 상관없는 것입니다. 다윗에게는 하나님이 주신 바로 이 지혜가 있었습니다.

> "누구든지 지혜가 부족하거든 모든 사람 위에 후히 주시고 꾸짖지 아니하시는 하나님께 구하라 그리하면 주시리라"(약 1:5).

하나님이 우리에게 주시기를 기뻐하는 것은 바로 지혜입니다. 솔로몬이 지혜를 구할 때 얼마나 기뻐하셨는지, 지혜뿐 아니라 솔로몬에게 필요한 것을 다 준다고 하셨습니다. 그것이 하나님의 마음입니다. 다윗은 하나님께 바로 이 지혜를 구했습니다. 여러분도 지혜를 구하기를 바랍니다. 품어야 할 것과 버려야 할 것, 사랑해야 할 것과 미워해야 할 것을 분별하는 지혜, 문제를 해석하고 처신하는 지혜를 꼭 구하고 받으시길 바랍니다.

그리고 다윗에게는 겸손이 있었습니다. 본문 18장을 읽어 보면 이러한 이야기가 나옵니다.

"사울이 그의 신하들에게 명령하되 너희는 다윗에게 비밀히 말하여 이르기를 보라 왕이 너를 기뻐하시고 모든 신하도 너를 사랑하나니 그런즉 네가 왕의 사위가 되는 것이 가하니라 하라 사울의 신하들이 이 말을 다윗의 귀에 전하매 다윗이 이르되 왕의 사위 되는 것을 너희는 작은 일로 보느냐 나는 가난하고 천한 사람이라 한지라"(삼상 18:22-23).

다윗은 자신을 낮추었습니다. 사랑하는 여러분, 살면서 하나님이 낮추기로 작정하실 때는 밑바닥까지 납작 엎드리는 것이 좋습니다. 생각해 보십시오. 그 사람이 어떠해서 미워하는 것이 아닙니다. '나 저 사람 싫어' 하면, 싫어할 이유가 얼마든지 나오는 것입니다. 그러므로 나를 좋아하지 않겠다고 생각하고 다가오는 사람에게 아무리 반박해도 소용이 없습니다. 그때는 그냥 겸손하게 납작 엎드려야 합니다.

골리앗을 이겨서 국가를 구한 다윗에게 사울은 자신의 큰딸을 주겠다고 했습니다. 그 당시로는 그가 왕의 사위가 되는 것은 당연한 것이었습니다. 그러나 다윗은 당연하게 생각하지 않았습니다. '얼마나 크고 놀라운 일인가? 나에게 일어날 수 없는 너무나 귀한 일이다.' 이런 다윗을 누가 죽일 수 있겠습니까? 그러므로 우리는 인생을 겸손하게 살아야 합니다.

주님과 동행하는 것

다윗이 넘어지지 않을 수 있었던 세 번째 이유는, 그가 주님과 동행했기 때문입니다. 본문에는 "여호와께서 다윗과 함께하심을 사울이 보고 알았고 사울의 딸 미갈도 그를 사랑하므로"(삼상 18:28)라고 나옵니다. 하나님이 함께 하시며 보호해 주셨기에 다윗은 "여호와는 나의 목자시니 내게 부족함이 없으리로다"(시 23:1)라고 고백합니다. 목자와 양은 늘 붙어 있어야 합니다. 하나님과 늘 붙어 있으니까 하나님이 지켜 주신 것입니다. "여호와는 나의 산성이시오 나의 빛이요 나의 구원이시니 내가 누구를 두려워하리요"(시 27:1). 하나님이 언제나 함께하시니 어떤 것도 다윗을 건들지 못하는 것입니다.

> "요나단이 다윗에게 이르되 평안히 가라 우리 두 사람이 여호와의 이름으로 맹세하여 이르기를 여호와께서 영원히 나와 너 사이에 계시고 내 자손과 네 자손 사이에 계시리라 하였느니라 하니 다윗은 일어나 떠나고 요나단은 성읍으로 들어가니라"(삼상 20:42).

우리의 관계는 언제나 하나님 앞에서 이루어져야 합니다. 주님이 그 관계의 모퉁이돌이 되어 주시지 않으면, 우리는 살아갈 수가 없습니다. '내가 주님을 통해 이런 사랑을 받았는데 마음을 바꾸어야지' 하는 마음으로 가까워지고 관계가 회복된 적이 있지 않습니까? 우리의 관계 가운데 주님이 계시면 그 관계는 더 견고해지는 것입니다.

다윗은 왜 사울을 죽일 기회가 두 번이나 있었는데 죽이지 않았을까요? 요나단과의 우정이 다윗을 하나님의 사람으로 끝까지 갈 수 있도록 붙들어 준 것이었습니다. 다윗이 요나단과 맺은 언약 덕분에 결국 사울을 지지하던 나머지 열 지파 사람들도 다윗을 지지하게 되었습니다. 하나님이 다윗을 세워 가는 일에 도움이 된 것은 바로 다윗과 요나단의 우정 때문이었던 것입니다.

또한 다윗에게는 아비가일 같은 여자가 있었습니다. 믿음에서 튕겨져 자신의 성질과 생각대로 살아갈 때, 아비가일은 다윗에게 정말로 가야할 하나님의 종된 길을 일깨워 주었습니다. 우리에게도 하나님 앞에서 하나님의 사람으로 살아갈 수 있도록, 하나님의 종다운 행동과 결정을 할 수 있도록 붙들어 줄 사람이 필요합니다. 우리의 성질과 생각과 환경대로 행하고자 할 때, 믿음으로 붙들어 줄 사람들이 필요한 것입니다. 우리의 진정한 친구는 성령님뿐입니다. 마땅히 구할 것을 알지 못하는 우리를 대신해서 주님께 구해 주시는 성령님께 붙들려야 합니다.

하나님은 결코 우리를 포기하지 않으십니다. 우리를 복 받는 인생으로 만들기 위해 우리를 훈련시키십니다. 다윗을 세우신 것처럼 우리를 하나님의 사람으로 세우기를 원하시는 것입니다. 우리는 모두 하나님의 욕심과 기대의 대상입니다.

훈련 속에 지치고 힘든 여러분, 여러분 개인과 공동체 안에 하나님이 부어 주신 요나단과 같은 믿음의 친구들, 그리고 진정한 친구되신 성령님과 함께 고달프고 힘든 시간을 잘 이겨낼 수 있기를 주의 이름으로 축원합니다.

4

하나님의 임재를 경험하는 삶

사무엘상 18:6-16

우리가 살아가면서 모든 사람에게 사랑받거나 인정받는 것은 아닙니다. 모든 사람이 부모처럼 나를 귀하게 여기고 사랑하며 소중히 여기는 것이 아니라는 것을, 살아가면서 깨닫게 됩니다. 심지어는 무시, 조롱, 비판 등을 당하기도 합니다. 때로는 내가 최선을 다해 사랑하는 사람에게도 이런 일을 당합니다.

다윗은 사울에게 이전에 받아보지 못한 시련과 어려움을 당하고 부당한 대우를 받습니다. 그는 분명 바른 길, 곧은 길, 의로운 길을 걸어왔지만 사울에게 전혀 이해할 수 없는 수많은 저주와 욕설을 받고 생명을 위협당하는 어려움을 겪는 것입니다. 다윗은 그저 이스라엘을 블레셋으로부터 건져내고 사울의 왕위를 지켜주고 사울이 귀신 들렸을 때 수

금을 타서 귀신을 쫓아냈을 뿐입니다. 그렇다고 거짓말을 하거나 행실이 교만하지도 않았고 항상 겸손하고 진실하게 행했습니다. 하지만 결국 그에게 돌아온 것은 중상과 비판, 욕과 저주, 생명의 위협이었습니다. 다윗은 친구 요나단에게 이렇게 묻습니다.

"다윗이 라마 나욧에서 도망하여 요나단에게 이르되 내가 무엇을 하였으며 내 죄악이 무엇이며 네 아버지 앞에서 내 죄가 무엇이기에 그가 내 생명을 찾느냐"(삼상 20:1).

이유를 모르는 어려움과 고통을 받을 때, 그 고통보다도 힘든 것은 외로움과 억울함입니다. 이런 일은 상처가 되어 불행으로 이어지기도 하고 반대로 이것을 계기로 오히려 더 성숙한 사람이 되기도 합니다. 그 차이는 하나님을 떠나 있느냐, 하나님과 함께하느냐에 있습니다.

상담해 보면 "상처가 저 사람을 겸손하게 만들고 그것 때문에 이렇게 하나님이 붙드시는 사람이 되었구나. 상처가 인생에 보약이다" 하는 사람이 있는 반면에 그 상처가 삶 속에 안타까움으로만 남아 있는 사람이 있습니다. 그런 사람은 냉소적이고 비판적이라서 삶 속에 좋은 일도 없고 기쁜 일도 없으며 굉장히 방어적이고 공격적입니다.

누구든지 겉으로 보기에는 괜찮은 것 같아도 어떤 상황 속에 놓이게 되면 그 사람 속에 있는 것이 나오게 되어 있습니다. 그 사람이 아무리 지성과 인격으로 포장되어 있어도 시간이 지나고 어떤 상황이 되면 그 사람의 속에 무엇이 있는지 조금씩 보이는 것입니다.

하나님을 떠난 사람

오늘 본문에서 하나님은 다윗에게 수없이 다가오는 어려움을 처리하고 이러한 가운데서 하나님의 사람으로 아름답게 세워 가는 훈련을 사울을 통해 시키십니다.

하나님을 떠난 인생의 마음 상태는 어떨까요? 사람 속에는 '내 인생은 내가 선택하고 결정한다'라는 자기 주장이 있습니다. 그래서 인생이 정말 마음먹은 대로 이루어질 거라고 생각하고 열심히 살아갑니다. 그리고 그런 모습을 자랑스럽게 생각합니다. 그것이 어떤 의미에서 자기 의가 된 것입니다. 그리고 그렇게 살지 못하는 사람을 보면 속으로 무시하고 비난합니다. 표현하는 것이 아니라 마음속에 그런 마음이 들어온다는 것이 문제인 것입니다.

반대로 삶 속에 잘 이루지 못한 일이 있으면 너무 괴로워합니다. 최선을 다해 해보다가 실패하면 거기서 좌절을 겪습니다. 자신을 괴롭히고 심판하며 그 마음에 평안이 없습니다. 자신이 하지 못한 일에 집착하고 무능한 자신을 탓합니다. 이런 사람들은 좋고 싫음이 뚜렷합니다. 자신의 기준으로 생각해서 평가하기 때문입니다. 그래서 좋고 싫음, 바르고 그른 것에 대한 부분이 명확합니다. 남들이 보면 굉장히 신념이 강한 것처럼 보이지만 사실 그런 사람은 자기중심적으로 사는 것입니다. 그것이 하나님을 떠난 사람들의 특징입니다.

그런 사람들은 마음에 평안이 없습니다. 자신이 이루어 놓은 것이 있을 때는 평안한데, 이것이 사라질까 봐 늘 두렵고 불안하고 초조해합니다. 그 부분이 위협을 받으면 증세가 더 심해집니다. 자신의 인생이 완전하지 않은데, 그런 자신의 모습을 인정하지 못하니까 괴로운 것입니다.

본문에서 사울은 하나님을 떠난 사람입니다. 앞으로 우리는 하나님을 떠난 사람이 어떤 모습이고 그가 마음속에 어려움이 있을 때 어떻게 변하는지를 살펴볼 것입니다. 여러분에게도 그러한 모습이 있는지 점검해 보기를 바랍니다.

상한 감정

첫 번째, 사울은 다윗과 비교당하는 것을 굉장히 불쾌하게 생각했습니다. "사울의 죽인 자는 천천이요 다윗은 만만이로다"(삼상 18:7). 사울은 다윗을 더 높이 칭찬하며 자신과 비교하는 것이 굉장히 기분 나쁘고 불쾌했습니다. 모든 영광을 자신이 받아야 되는데 그것을 다윗이 받고 있다고 생각하니 마음속에 열등감과 분노가 일어나는 것입니다.

성경에도 사울의 감정이 상했다고 나옵니다. 마음이 상하면 사건이나 사람을 해석하는 것이 달라집니다. 기분이 좋고 나쁜 것에 따라 똑같은 대상에 대해서도 해석이 달라집니다. 자신의 감정이나 기준에 따라 달라지는 것입니다.

상한 감정은 잘 풀어야 합니다. 그런데 상처에서 오는 감정은 잘 안 지워집니다. 그 감정이 내 속에 머물러 있어서 심하면 기분 장애가 됩니다. 기분 장애란 어떤 문제가 딱 터지면 어떤 기분이 계속 마음속에 남아 있는 것입니다. 이것이 심해져 성격 장애가 되면 그것은 인격의 일부가 됩니다. 그때는 자각 증세가 없어서 기분이 나쁜지도 모릅니다. 그냥 기분이 상하면 나쁜 인간, 나쁜 일이라는 식으로 받아들이는 것입니다. 그래서 하나님을 떠난 사람, 하나님의 은혜가 없는 사람은 기분이 상하면 굉장히 어려움을 겪습니다.

좋아하는 일과 싫어하는 일의 구분도 명확하게 자신에게 있습니다.

사람이 살다 보면 비교를 당할 수도 있는데 하나님을 떠난 사람은 그것 때문에 기분이 굉장히 나빠집니다. 자신이 좋아하는 대상의 모습과 좋아하는 상황이 있습니다. 그래서 안 좋으면 계속 안 좋아지기 때문에 모든 일마다 상처를 받고 잘못된 반응과 응답으로 환경이 잘못되기도 합니다.

분노

두 번째, 사울은 심히 노하였습니다. 감정 처리가 되지 않고 분노한 것입니다. 분노 자체는 죄가 아니지만 죄로 이어질 가능성이 굉장히 많습니다. 분노에는 여러 가지 종류가 있습니다. 제일 먼저 우리가 일시적으로 한 번 나는것을 '분노'라고 합니다. 그 다음에 '분개'가 있는데, 한 번 화가 나면 잘 가라앉지 않고 오래가는 것입니다. 그리고 '격분'이라는 것이 있는데 이것은 무엇인가를 때려 부수어야 해결되는 것입니다. 마음에 상처가 되어서 자신을 죽이거나 남을 죽이는 것입니다.

우리는 기분이 나쁠 수도 있고 화낼 수도 있습니다. 적절한 대상에게, 적절한 시간과 환경에, 적절한 강도와 방법으로 화를 내는 것은 아무 문제가 없습니다. 그런데 우리가 이야기하는 분노는 그것과 다릅니다. 원하지 않는 대상에게 원하지 않는 방법과 예상하지 못한 강도로 예상하지 못한 시간에 터지는 것이 문제인 것입니다. 한 대 맞고 한 대 정도 때리는 것은 있을 수 있습니다. 그런데 한 대 맞았는데 세 대 때리고 싶은 것은 두 개만큼 해결되지 않은 감정이 상처로 남아 있는 것입니다.

우리는 모두 화를 내고 화를 내는 방법이 다릅니다. 때려 부수는 사람이 있는가 하면 말을 안 하는 사람도 있습니다. 또 다른 경우로 따지는 것이 있습니다. 하나하나 조목조목 따지면서 사람의 마음을 후벼 파는 것입니다. 이렇게 모두 화를 내지만 형태는 전부 다릅니다.

사울은 다윗을 향해 창을 던지면서 뭐라고 이야기합니까? "내가 다윗을 벽에 박으리라"(삼사 18:11). 다윗은 자신을 도와주고 살려준 사람입니다. 그런데 마음에 충동이 일어나니까 그 분노를 삭힐 수가 없는 것입니다. 이러한 사람의 또 다른 특징은 집착하는 것입니다. 문제에 묶여서 자유로움이 없습니다. 늘 그 대상이나 문제와 연관 지어서 생각하고 자신의 상처와 연결해서 세상을 해석하고 받아들입니다. 환경이 바뀌면 달라져야 하는데 여전히 그 문제를 떠나지 못합니다.

이런 마음을 상한 마음, 포로된 마음, 묶인 마음 이렇게 세 가지로 표현합니다. 상한 마음은 자각 증세를 느낍니다. 그 일에 대해 빠져나오기도 하고 묶여 있기도 하고 출입이 자유롭습니다. 내가 그 문제를 놓을 수도 있고 붙들 수도 있습니다. 하지만 그것이 심해지면 포로된 마음, 묶인 마음이 됩니다. 포로된 마음은 자각 증세를 느끼면서도 그 문제를 제어할 능력이 없습니다. 그래서 열 번 중 아홉 번을 실패합니다. '내가 이렇게 살아서는 안 되지' 하면서 제어가 안 되는 것입니다. 결국 그 마음과 감정에 완전히 갇혀 버리게 됩니다. 이것이 우울증이나 강박증 또는 편집증 같은 것으로 나타나면서 육체적으로 묶이게 됩니다. 또한 현재를 보지 못하고 과거에 묶이니까 현재가 아니라 과거 속에서 살아갑니다.

사울이 얼마나 고통스러웠을까요? 그에게는 다윗의 모든 것이 아픔이었습니다. 상한 마음으로 세상을 바라보고 해석하니까 다윗이 자신을 위해 어떻게 했는지는 생각하지 않고, '저 녀석이 이러다가 내 나라와 내 자식을 망하게 하겠구나' 하고 생각한 것입니다. 그러면서 마음속에 불안과 두려움이 점점 자라났습니다.

상처가 있는 사람은 인생의 목표가 달라집니다. 하나님이 사울을 왕으로 세우실 때는, 사울에게 하나님을 잘 섬길 뿐 아니라 하나님이 맡기신 백성을 사랑하고 아끼고 돌보아 주는 사명이 있었습니다. 그러나 상처가 생기고 사울의 목표가 달라집니다. 다윗을 죽이는 것이 가장 큰 목표가 됩니다. 아픔과 상처만 있기에 하나님이 없는 사람들은 정상적인 목표를 가지고 살지 않는 것입니다.

그 다음에 해결 방법도 찾지 않고 찾아도 잘못된 방법을 찾습니다. 분별력을 상실하는 것입니다. 자신에게 상처를 준 대상이 있으면 그 대상을 자신의 소유로 완전히 삼든지 아니면 죽여 버릴 생각을 합니다. 그래서 사울은 다윗이 나라를 구한 사람이요, 사위임에도 불구하고 다윗을 죽이면 모든 것이 해결될 거라고 생각했습니다.

그러면 악한 영이 들어오게 됩니다. 귀신이 들어와서 우리를 미혹케 하는 것입니다. 여러분, 귀신을 쫓아내면 귀신이 다시 안 들어올까요? 아닙니다. 내면이 제대로 치유되지 않으면 귀신은 항상 붙어 있습니다. 귀신은 거짓말하는 자요, 이간질하는 자요, 더러운 자라서 우리의 인지를 왜곡시키고 지성을 삐딱하게 만듭니다. 우리의 지성은 한 번 병들기 시작하면 무섭습니다. 잘못된 것을 진리처럼 믿고 받아들입니다. 바로 그것이 귀신이 하는 일입니다.

악한 영은 우리를 이간질시킵니다. 귀신은 우리 속에 들어와서 우리의 감정을 상하게 만듭니다. 차라리 정체가 드러나면 힘이 없는데 우리 속에 숨어서 계속 이간질하는 것입니다. 어떤 상황에서 어떤 말을 하는지 굉장히 중요한데 말을 잘못하게 하고 행동을 습관으로 묶어 버립니다. 귀신이 들어와서 잘못된 행동을 습관으로 내면에 설치해 버리는 것입니다.

습관은 정말 무섭습니다. 하나님의 뜻대로 살지 않고 생각하고 말하게 합니다. 그러나 하나님은 우리를 사랑하셔서 제멋대로 살게 하지 않으십니다. 우리 안에 하나님의 영과 말씀으로 찾아오십니다. 그때 나를 쳐서 복종시켜야 합니다. 그렇지 않으면 하나님의 말씀대로 살아갈 수가 없습니다. 결국 또 습관대로 돌아가는 것입니다. 돌이킬 수 없는 상태로 돌아가는 것입니다.

무엇이든지 불평으로 시작하는 사람이 있는가 하면 무엇이든지 자신을 비관하며 시작하는 사람이 있습니다. 사탄이 그 사람의 습관을 그렇게 묶어 둔 것입니다. 그것은 무조건 내쫓는다고 되는 것이 아닙니다. 우리 속에 있는 쓰레기를 치워야 합니다. 상처와 아픔을 치유해야 하는 것입니다.

문제의 반복

세 번째, 사울은 문제를 반복했습니다. 상처를 받는 것은 가슴에 창이 하나 꽂히는 것입니다. 사울은 이 창을 뽑아서 던집니다. 그런데 이 창을 뽑는다고 끝나는 것이 아니라 창이 딱 뽑히면 하나 더 생깁니다. 그래서 한 번 상처를 받으면 계속 상처를 주고 다닙니다. 내가 상처받았다고 하면서 보이는 대로 쉽게 던지는 것입니다.

이러한 사울의 모습은 나중에 미갈에게도 영향을 줍니다. 하나님의 법궤가 들어올 때 다윗이 너무 기뻐서 춤을 추다가 바지가 내려갔습니다. 그러자 미갈이 그를 비난하고 무시하며 멸시했습니다. 바로 이 모습이 사울로부터 온 것입니다. 그때부터 다윗은 미갈과 함께하지 않았습니다. 무시하고 멸시하는 것은 유전된 것입니다.

하나님과 함께하는 사람

하나님과 함께 하는 믿음을 가진 다윗은 어땠을까요? 그 특징을 살펴보겠습니다. 다윗이 고통과 무시를 당했지만 자신의 삶을 바로 세울 수 있었던 첫 번째 이유는, 하나님이 그 삶 속에 있었기 때문입니다. 하나님이 지혜를 주신 것입니다.

지혜는 적절한 말을 하는 것입니다. 또 상황을 잘 판단해서 어떻게 행동할지 잘 처신하는 것입니다. 하나님을 의지하는 사람은 자신의 기준이 아니라 하나님의 말씀을 따라 합니다. 내가 느끼고 생각하고 판단하는 대로 말하거나 행동하지 않으니까 실수할 일이 없습니다. 하나님의 말씀이 인생의 기준이 되니까 실패가 없는 것입니다. 그렇게 진리의 길을 걸어가게 되는 것입니다.

> "아무 일에든지 다툼이나 허영으로 하지 말고 오직 겸손한 마음으로 자기보다 남을 낫게 여기고 각각 자기를 돌볼뿐더러 또한 각각 다른 사람 되기를 돌아보아 나의 기쁨을 충만케 하라 너희 안에 이 마음을 품으라 곧 그리스도 예수의 마음이니"(빌 2:3-5).

주님의 마음을 품으니까 다툼이나 허영으로 하지 않습니다. 누구에게나 자신의 상처와 판단으로 대하지 않는 것입니다. 자신의 마음대로 할 때는 육체의 열매가 열리고, 하나님의 말씀대로 할 때는 성령의 열매가 열립니다. 하나님이 인생의 주인이니까 하나님이 원하시는 대로 하는 것입니다. 모든 상황 속에서 잠깐 멈추고 "하나님, 제가 지금 어떤 말을 하면 좋겠습니까?"라고 하나님께 물어보십시오. 내 생각과 행동이 맞는 것 같을 때도 "하나님, 제가 이 말을 해야 할까요?"라고 한 번만 물어 보십시오.

말씀과 믿음대로 살아야 믿음의 역사가 나타나는데, 우리는 마음대로 살면서 믿음으로 산다고 착각합니다. 여러분이 하는 말과 행동이 정말 하나님이 기뻐하시는 것인지, 내 방식과 가치관대로 하고 있는 것은 아닌지 자신을 한 번 살펴보십시오. 하나님의 사람은 상처와 아픔이 생길 수도 있지만 주의 말씀에 의지하기 때문에 삶 속에 생명의 열매, 성령의 열매를 맺을 수 있게 될 것입니다.

> "너희 각 사람에게 말하노니 마땅히 생각할 그 이상의 생각을 품지 말고 오직 하나님께서 각 사람에게 나누어 주신 믿음의 분량대로 지혜롭게 생각하라"(롬 12:3).

생각도, 착각도 자유입니다. 마음대로 하면 다 된다고 생각하지만 성경에는 그렇게 나와 있지 않습니다. 그러나 우리는 품지 말아야 할 생각을 품고 하지 말아야 할 일을 합니다. 남편이나 아내나 자녀들에게 하지 말아야 할 말과 행동을 해서 상처와 아픔을 줍니다. 공동체에서도 내 기준으로 해서 그렇게 상처와 아픔을 줍니다.

그러나 하나님의 사람은 하나님의 말씀이 기준이 됩니다. 다윗이 얼마나 사울을 죽이고 싶었겠습니까? 두 번이나 죽일 기회가 있었는데도 그는 그렇게 하지 않았습니다. 그 모습이 성령의 열매를 맺으면서 사울 편에 있던 많은 사람이 사울이 죽고 난 다음에 '아, 다윗은 정말 우리의 왕이 될 자격이 있구나' 인정하게 되었고, 그 결과 다윗은 통일 왕국의 왕이 될 수 있었습니다. 그것이 하나님이 인도하신 방법입니다.

묵묵히 하나님의 길을 가는 것

두 번째, 하나님과 함께하는 사람은 자신의 길을 갑니다. 힘들고 어렵고 괴로울 때도 있지만 감정이나 환경에 흔들리지 않고 하나님이 주신 그 길을 묵묵히 가는 것입니다.

주님을 의지하고 주님과 동행하는 사람은 하나님이 주신 길을 끝까지 갈 수 있는 힘이 있습니다. 나를 무시하는 상대에게 더 이상 사랑을 베풀지 않겠다고 생각되어도 "선을 행하다 낙심하지 말라"(살후 3:13)는 주님의 말씀을 기억하면서 자신의 길을 묵묵히 가야 합니다. 그것이 믿음이 있는 사람, 그 인생 속에 하나님이 있는 사람입니다.

다윗은 "여호와를 기뻐하라 그가 네 마음의 소원을 네게 이루어 주시리로다 네 길을 여호와께 맡기라 그를 의지하면 그가 이루시고"(시 37:4-5)라고 말했습니다. 하나님이 기뻐하시는 일을 찾으면, 굳이 소원을 이루어 달라고 쫓아다니지 않아도 하나님이 이루어 주신다는 것입니다. 이것이 다윗의 고백입니다.

여호수아는 전쟁에서 이기려고 하지 않았습니다. 좌로나 우로나 치우치지 않고 하나님의 말씀대로 살려고 할 때, 하나님이 승리를 주셨습니다. 우리가 우리의 목표가 아니라 하나님 앞에 충실할 때, 하나님은 더 귀하고 복된 것을 이루어 주십니다. 여호수아는 그 확신을 갖고 있었기에 꾸준히 자신에게 주어진 길을 갈 수 있었던 것입니다.

다윗에게 볼 수 있는 굉장히 중요한 점은 언제나 하나님을 찬양한 것이었습니다. 찬양할 때 우리 속에 있는 더러운 것들이 다 떨어져 나갑니다. 찬양은 치료제요, 보약입니다. 찬양은 하나님의 살아 계심을 인정하고 하나님이 인생 속에 행하신 것을 신뢰하며 그것에 감사하는 고백입니다. 그래서 하나님을 계속해서 찬양한 다윗은 시험에 들지 않을 수 있었습니다.

다윗은 참 지혜로운 사람이었습니다. 그가 시편의 절반이나 지었다는 것은 그만큼 힘들었다는 것을 의미합니다. 어려움과 유혹이 많았다는 것입니다. 그래서 다윗은 하나님 앞에 그 마음을 계속 토했습니다. "나의 반석과 요새 되시는 하나님, 나의 피할 산성이 되시는 하나님, 그 하나님이 나의 피난처 되십니다. 하나님, 감사합니다." 다윗은 일이 잘 안 되어도 모두 하나님의 뜻이라고 찬양했습니다.

하나님의 사람은 상처와 아픔이 있어도 그 속에 은혜와 감사와 찬양이 있습니다. 그러므로 상처와 아픔이 있을 때는 억지로라도 찬양해야 합니다. 찬양할 때 상처와 아픔이 치료되고 하나님이 그 찬양을 통해 교만을 막아 주시고 나를 정죄하고 비난하는 것을 붙들어 주실 것입니다.

우리는 이 땅에서 상처와 아픔, 상실과 결핍을 겪으면서 우리 속에 나쁜 마음이 들어옵니다. 하지만 그것이 나를 주장하게 만들지 말고, 과거가 나를 주장하게 하지 말고, 주의 말씀이 나를 주장해서 움직이게 하면 우리의 삶은 성령의 열매를 맺는 복된 인생이 될 것입니다.

5

언약한 대로 이루시는 하나님

사무엘상 18:17-30

다윗을 왕으로 세우시는 과정을 보면 하나님은 참 섬세하고 자상한 분이라는 생각이 듭니다. 다윗을 사울의 딸인 미갈과 결혼하게 하면서, 훗날 사울을 죽이고 왕위를 빼앗는 불명예스러운 왕이 되지 않게 하신 것입니다. 바로 그것이 하나님의 인도하심입니다. 다윗에게 "내가 너를 이 땅, 이 나라의 왕으로 삼겠다"라고 하셨을 때도 다윗이 사람들에게 조롱받지 않고 오해받지 않도록 다윗을 세워 가셨습니다. 마찬가지로 하나님은 우리를 인도해 가실 때도 우리보다 훨씬 더 섬세하게 준비하시고 우리의 삶을 이끌어 가십니다.

겸손과 지혜

세상에 공짜는 없습니다. 그 안에는 우리를 속이는 무엇인가가 있습니다. 사울은 다윗에게 블레셋과 싸우고 자신을 위해서 충성하면 딸 메랍을 주겠다고 했지만, 사실 사울은 다윗을 사위로 삼을 생각이 없었습니다. 다윗이 이 간계를 이길 수 있는 방법은 겸손이었습니다. 다윗은 "어떻게 내가 왕의 사위가 되고 왕의 가족이 될 수 있겠는가. 우리 가정은 비천하고 가난하다"라고 말했습니다. 하나님이 인생에서 위기를 넘기는 방법, 위기를 분별하는 방법을 훈련시키시는 것입니다. 왕이 되면 훨씬 더 위험하고 어려운 일이 많기 때문에 이것은 더 필요한 훈련이었습니다. 쉽게 말하면 우리가 힘들고 어려울 때도 위험하지만, 사실은 모든 것이 잘되고 평안할 때가 가장 영적으로 위험할 때이기에, 하나님이 바로 그 훈련을 시키시는 것입니다.

또 하나의 훈련은 지혜입니다. 앞서 지혜는 말과 행동에 연관이 있다고 했습니다. 지혜로운 사람은 말도 참 지혜롭게 합니다. 그래서 성경에서는 말에 대해 굉장히 중요하게 다루고 있습니다. 말 속에는 인간의 모든 것이 담겨 있기 때문입니다. 또한 다윗은 상황과 문제를 어떻게 처신해야 하는지에 대한 지혜를 훈련받았습니다. 품어야 할 것과 버려야 할 것, 사랑할 것과 미워할 것, 가까이할 것과 멀리할 것 등 다양한 것에 대한 분별력을 하나님이 주셨습니다.

이것은 주님과 동행하면서 생기는 것입니다. 여호와의 율법, 주의 말씀을 묵상하는 사람은 시냇가에 심긴 나무처럼 시절을 좇아 과실을 맺으며 잎사귀가 마르지 않음과 같이 주께서 시절을 떠나 과실을 맺게 할 뿐 아니라 지혜를 주십니다. 말씀 속에 지혜가 있고 말씀 속에 우리가 어떻게 살아야 할지 그 내용이 있습니다. 그래서 우리는 일어나면 말씀을 붙들고 하나님의 뜻을 물어야 합니다. 하나님 앞에 나아가지 않으면 내 방식대로 살게 되어 있습니다. 내가 옳다고 생각하는 기준으로 판단하면 육의 열매를 맺고 성령의 열매를 맺지 못하게 됩니다. 성령의 열매는 주의 인도하심을 받을 때 맺는 것입니다.

다윗은 사울의 계략에 휩쓸리지 않았습니다. 하나님은 사울의 생각대로 다윗이 왕의 사위가 되는 것을 막으시고 미갈을 통해 불씨를 붙이셨습니다. 미갈은 다윗을 굉장히 사랑하고 사모하였습니다. 하나님이 미갈의 마음속에 다윗을 사랑하는 마음을 주신 것입니다. 미갈이 다윗을 좋아한 것은 하나님의 큰 섭리와 역사 속에서 볼 때 하나님이 다윗을 왕의 가족으로 삼으시려는 계획 중 하나였습니다.

우리가 좋아하고 싫어하는 것을 모두 내 의지로 하는 것 같지만, 사실은 하나님이 큰 역사의 흐름 속에서 나를 훈련시키시고 만들어 가십니다. 하나님의 말씀에 순종할 때 하나님이 그 길을 인도해 가시는 것입니다. 그래서 신학자 라이놀드 니버(Reinhold Niebuhr)는 이렇게 기도했습니다. "하나님, 제가 끝까지 해야 할 것을 중간에 포기하지 않게 도와주시고, 하지 말아야 할 것을 끝까지 하겠다고 붙들지 않도록 도와주십시오. 그리고 이것이 끝까지 해야 할 일인지 하지 말아야 할 일인지, 그것을 분별할 지혜를 주십시오." 지금 우리에게도 이런 기도가 필요합니다.

이번에는 사울의 또 다른 방법이 나옵니다. 사위를 삼는 조건으로 블레셋 사람의 포피 100개를 원한 것입니다. 블레셋 사람들이 할례 받는 것을 증오하고 굉장히 싫어해서 할례 받은 사람을 끝까지 추격해서 죽이기 때문에 자신의 손에 피를 묻히지 않고 다윗을 죽일 수 있겠다고 생각한 것입니다. 그런데 하나님이 역사하셔서 다윗이 미갈과 결혼하고 왕의 가족으로 들어가게 됩니다. 이번에도 다윗을 왕으로 세우기 위해 하나님이 하신 것입니다.

일이 안 되는 것 같아도 하나님은 계속해서 다윗의 삶을 인도해 가십니다. 만약에 다윗이 사울의 첫 번째 제안을 수락했다가 안 되면 얼마나 낙심하고 실망했겠습니까? 그런데 다윗은 그 속에서 지혜를 배우는 것입니다. '아, 내가 겸손할 때 사울의 계략을 분별할 수 있는 지혜를 주시는구나.' 그런데 두 번째 제안은 블레셋 사람 100명의 목숨을 갖고 오라는 것이니 증거가 확실히 남습니다. 명분이 남는 것입니다. 아브라함이 막벨라 굴을 살 때 그것을 사람들이 공짜로 주려고 했지만 아브라함은 마땅히 값을 치렀습니다. 그런데 그 값은 나중에 이스라엘 사람들이 출애굽해서 가나안 땅에 들어갈 때, 그 땅을 주장할 수 있는 근거가 됩니다. 그만큼 값을 치르는 것이 참 중요한 것입니다.

하나님의 사랑은 은혜이지만 하나님은 분명히 우리에게 그 값을 치르게 하십니다. 하나님의 사랑 앞에 구별된 드림과 섬김과 사랑을 하나님이 그냥 두시겠습니까? 우리와 똑같은 인격체이신 하나님이시기에 가만히 있지 않으십니다. 연약한 믿음 때문에 하나님께 구별하여 드리지 않으면 그 정도 은혜로 살다가 죽을 수밖에 없습니다. 그냥 자신의 수준만큼 신앙생활 하다가 그 수준에서 끝나고 마는 것입니다. 순종해야 하나님의 귀한 복을 받을 수 있습니다. 하나님을 향한 드림과 섬김은 진실로 하나님을 믿고 순종하지 않으면 불가능한 것입니다.

인간관계의 훈련

또한 하나님은 하나님의 역사를 감당할 사람에게 인간관계를 훈련시키십니다. 철이 철을 연마하듯, 인간관계를 통해 우리를 훈련시키시는 것입니다. 다윗도 사울과의 관계를 통해 복종과 질서에 대한 부분을 훈련 받습니다. 다윗이 사울에게 복종한 것은 사울이 복종할 만한 가치가 있고 그가 말하는 내용이 동의할 만한 것이어서가 아닙니다. 다윗 속에 하나님의 법이 있기 때문에 그 법에 따라 사울에게 순종하고 그를 섬기고 사랑한 것입니다.

섬길 만한 가치가 있어서 섬기겠다는 것은 복종과 순종이 아닙니다. 그냥 우리 안에 하나님의 법이 있기 때문에 섬기고 사랑해야 하는 것입니다. 부모님을 섬길 때도 그렇습니다. 요즘에 부모가 부모 노릇을 해야 부모로 대우를 받는다는 사고가 퍼져 있는데, 부모님을 섬기는 것은 하나님이 주신 절대적인 명령입니다. 우리가 사랑하는 것도 마찬가지입니다. 주님과 사람 사이, 사람과 사람 사이에 주님이 모퉁이 돌이 되어 주시지 않으면 사랑할 수가 없습니다.

하나님이 이 훈련을 시키셨기 때문에 다윗은 왕이 되었을 때 백성을 귀하게 여길 줄 알았습니다. 왕이 되면 권세가 생기고 마음대로 하고 싶고 백성을 마음대로 다루며 자신의 목적을 위하여 이용하고 싶은데 그렇게 하지 않았습니다. 하나님의 말씀에 복종해서 백성을 귀하게 여기고 사랑했습니다. 또한 사울을 통해 이 부분을 훈련받으면서 동시에 인간에게는 의지할 것이 없다는 것을 알았습니다. 그래서 저절로 하나님께 시선을 두게 된 것입니다.

사람은 알아갈수록 실망합니다. 그때 우리는 주님을 더 가까이해야 합니다. 그 주님 때문에 사랑하고, 주님 때문에 가까워지고, 주님 때문에 함께할 수 있어야 합니다. 사람은 환경과 여건에 따라 바뀔 수밖에 없기에 우리의 마음을 하나님께 향하게 해야 합니다. 하나님이 바로 그 훈련을 시키시는 것입니다. 다윗은 그렇게 하나님을 의지하는 복을 사울을 통해 배웠습니다.

우리가 세상에서 실망하고 낙심할 때 '나의 진정한 천국은 하나님께 있구나. 내가 신뢰하고 의지할 분은 하나님밖에 없구나' 하고 느끼게 됩니다. 그러면 사람에게 실망하지 않습니다. 사람이니까 그럴 수 있겠다고 생각합니다. 믿고 의지할 대상이 하나님밖에 없음을 깨닫고 그 은혜로 살아가는 것입니다.

믿음의 친구

다윗은 요나단을 통해 친구의 소중함을 배우게 됩니다. 저는 요나단이 성령을 닮은 사람이라고 생각합니다. 참된 친구는 친구를 위해 희생하고 변호하며 친구의 존재를 진심으로 인정해 주고 끊임없이 격려해 줍니다. 바로 요나단이 그런 사람이었습니다. 하나님이 다윗에게 요나단이라는 사람을 붙여 주셔서 다윗은 '위기와 어려움을 이겨 나갈 때 믿음의 친구, 영혼의 친구가 필요하구나' 하고 알게 됩니다. 그러므로 우리는 우리를 격려해 주는 영적인 친구, 인생의 바나바를 만나게 해 달라고 구해야 합니다.

우리는 누구든지 격려와 도움과 위로가 필요한 존재입니다. 하나님의 훈련을 통해 그것을 겸손하게 깨닫게 되는 것입니다. 그래서 우리는 성령이 우리의 참 친구이자 스승 되시는 것을 깨닫습니다. 성령이 스승이 되어 주셔서 진리를 깨닫게 해주시고, 성령이 친구가 되어 주셔서 우리의 기도를 들어주시고 우리의 마음을 위로하며 감싸 주십니다. 또 성령을 닮은 바나바 같은 친구가 필요하다는 것과 동시에 나도 바나바 같은 사람으로 살아야겠다는 마음에 대한 훈련도 하게 됩니다.

사랑을 받아 본 사람이 사랑을 줄 수 있습니다. 교회 안에서 사랑을 받고 그 사랑을 세상에 줄 수 있어야 합니다. 도움 받는 것에 그치지 말고 도와줄 수 있는 마음을 활짝 열어야 합니다. 도움은 실컷 받고 남을 돕지 않는 것은 악한 것입니다. 그러나 도움을 안 받겠다는 것도 문제입니다. 우리의 인생 자체가 그렇게 살아갈 수가 없습니다. 바울도 자신을 위해 기도와 영적인 도움을 부탁하고 마음을 위로해 달라고 부탁했습니다. 그래서 우리에게 교회 공동체가 필요합니다. 그것이 세상의 모임이나 조직과 다른 것은 그 속에는 하나님의 위로가 있기 때문입니다. 또한 하나님은 백성과의 관계를 통해 다윗이 대중을 어떻게 다루어야 할지를 훈련시키십니다. 왕의 사위로 있었는데, 갑자기 사울이 다윗을 백성과 함께하는 천부장으로 떨어뜨렸습니다. 그래서 '이제는 다윗이 힘을 못 쓰겠지' 했는데 그곳에서 다윗은 겸손하고 지혜롭게 백성과 함께 지냅니다. 백성의 아픔과 사정을 함께 나누다 보니 백성이 그를 사랑하고 존경했습니다. 그래서 다윗이 왕이 되어서도 백성을 잘 다스릴 수 있었던 것입니다.

하나님이 모세를 세우실 때 모세는 왕궁에서 40년 동안 훈련을 받았습니다. 리더십과 어떻게 해야 단단하게 서는지를 배웠습니다. 또 광야에서 40년 동안 양 치는 법을 배웠습니다. 이스라엘 백성이 다 양 같다고 하지 않았습니까? 진짜 양을 다루는 법을 거기서 배운 것입니다. 또한 광야에 대해 잘 알게 하면서 모세가 사명을 잘 감당할 수 있도록 훈련시키셨습니다.

자녀를 대하는 방법, 교인을 대하는 방법, 곤란한 이웃을 대하는 방법, 힘든 사람을 대하는 방법 등 하나님은 여러 가지를 우리에게 훈련시키십니다. 힘든 사람이 있습니까? 그 부분이 약하기 때문에 하나님이 훈련시키시는 것입니다. 여러분을 힘들고 어렵고 낙심하게 하는 그것을 통해 하나님은 여러분을 온전하게 훈련하실 것입니다.

하나님은 미갈과의 관계를 통해서도 하나님의 섭리를 보게 하셨습니다. 다윗은 미갈을 통해 왕의 가족이 되고 나중에는 왕의 딸이 아니면 접할 수 없는 고급 정보를 알게 됩니다. 그것은 다윗이 잘 때 암살단을 보내서 그를 죽이겠다는 계획이었는데 미갈이 왕의 딸이었기 때문에 그 내용을 미리 알 수 있었던 것입니다. 결국 다윗은 미갈의 지혜로 살아나게 되었습니다.

하나님이 우연히 만나게 하시는 사람은 없습니다. 그 관계를 통해 우리를 훈련시키시는 것입니다. 그런데 시간이 흐르고 하나님은 다윗에게 붙여 주셨던 사람을 하나씩 떼어 내십니다. 친구 요나단, 아내 미갈, 따르던 백성들을 떼어 내시고 심지어는 굉장히 의지하던 사무엘까지 다윗의 인생에서 다 거두어내십니다. 골리앗의 본토 그곳까지 가지 않으면 살 수 없을 정도로 다윗을 완전히 밑바닥까지 낮추십니다. 자존심까지 다 버리게 만드신 것입니다.

하나님만 의지하는 것

하나님이 다윗이 의지할 만한 것을 주셨다가 하나씩 다 떼어 가시는 이유는 무엇일까요? 우리 인생에 내가 의지하고 좋아하는 것을 끝까지 두면 좋겠는데 하나님이 다 떼어 가십니다. 내가 의지하던 것을 계속 의지하면 아무 힘과 능력이 없는 그것을 하나님처럼 의지할 수 있기 때문입니다. 하나님은 세상 것이 아니라 하나님만 의지하기를 바라십니다.

"두려워하지 말라 내가 너와 함께 함이라 놀라지 말라 나는 네 하나님이 됨이라 내가 너를 굳세게 하리라 참으로 너를 도와 주리라 참으로 나의 의로운 오른손으로 너를 붙들리라"(사 41:10).

하나님만이 우리를 도우실 수 있습니다. 돈과 제도와 시스템 등 세상 것을 의지하면 하나님을 의지하지 않게 됩니다. 그래서 우리가 의지하던 것을 하나님이 떼어 가시는 것입니다. 하나님 대신 다른 것을 의지하면 수평적 사고만 할 뿐 믿음의 사고가 자라지 않습니다. 하나님을 의지해야 믿음의 사고가 열립니다.

가데스 바네아에서 여리고를 볼 때, 합리적이고 이성적이고 실용적으로 본 사람은 가나안 땅에 못 들어갔습니다. 하나님의 섭리와 역사는 믿음으로 보는 것이지, 인간적인 생각과 지성주의 신앙은 위험한 것입니다. 그러나 우리는 합리적으로 이해가 되어야 믿을 수 있고 세상 것, 인간적인 것을 붙듭니다.

하나님은 우리가 믿는 세상 줄을 하나씩 끊으시고 심지어 건강까지 끊으시기도 합니다. 건강보다 소중한 것이 하나님을 의지하는 것이기 때문입니다. 우리가 의지하는 모든 것을 끊어내 하나님만 붙들게 만드시는 것입니다. 그때 수직적인 사고가 이루어지고 수평과 수직이 입체적으로 조화를 이루면서 올바른 믿음의 생활을 하게 됩니다. 다윗은 하나님의 왕국을 만들어가는 사람이기에 하나님의 말씀과 능력을 의지했습니다. 우리도 이 시대 속에 하나님의 역사를 만들어 가는 일을 사명으로 받았습니다. 그런데 매일 인간적인 생각만 한다면 우리가 세상 사람과 무엇이 다르겠습니까? 우리는 현실을 넘어 믿음으로 나아가야 합니다.

그리고 하나님은 우리가 의지하는 것이 일시적이라는 것을 알려 주십니다. 우리가 의지하던 것은 하나님이 한 번 훅 불면 하루아침에 다 날아가 버립니다. 인간의 생각과 방법으로 아무리 많이 쌓아도 바람이 불면 허무하게 다 날아가는 것입니다.

그래서 하나님은 우리를 하나님만 의지하게 만듭니다. 하나님은 이스라엘 백성이 회개할 때마다 그들이 갖고 있는 장식과 모든 것을 다 버리라고 하셨습니다. 모세가 하나님께 기도하러 올라갈 때에도 이렇게 이야기하십니다. "몸에 있는 장식을 다 떼어라. 네가 너를 아름답게 만들고, 네가 의지하고 귀하게 만든 모든 것을 다 없애라." 야곱이 벧엘로 올라갈 때도 "우상을 다 가져와라"라고 했습니다. 주님을 섬기면서도 우상을 가지고 지내다가 벧엘로 올라갈 때 진짜 의지할 것은 우상이 아니라 하나님밖에 없다는 것을 깨달은 것입니다. 그래서 우상과 장식을 다 떼고 나무 밑에 묻습니다. 다윗이 의지하던 것을 모두 내려놓고 하나님만 발견할 때 지은 시가 바로 시편 59편입니다.

성경을 보면 시편 59편 위에 "다윗의 믹담 시, 인도자를 따라 알다스에 맞춘 노래"라고 써 있습니다. 의지하던 것이 다 사라져 희망이 없고 사울이 암살단까지 보내 자신을 죽이려고 집을 포위할 때, 미갈이 줄을 내려서 창밖으로 도망가지 않으면 안 되는 그 순간 다윗의 심정이 어땠을까요? 그때 지은 것이 바로 이 시입니다.

> "나의 하나님이여 나의 원수에게서 나를 건지시고 일어나 치려는 자에게서 나를 높이 드소서 악을 행하는 자에게서 나를 건지시고 피 흘리기를 즐기는 자에게서 나를 구원하소서"(시 59:1-2).

다윗은 지금 자신에게 남은 것은 주님밖에는 없다고 합니다. 지금까지는 친구와 아내와 백성이 자신을 지킨다고 생각했는데 하나님이 다 떼어 버리시고 아무것도 의지할 수 없게 되니 비로소 하나님을 향해 눈을 든 것입니다. "나의 힘이 되신 여호와여, 주님은 나의 피난처 되십니다. 나의 수고와 노력이 끝난 이 아침에 내가 주님을 의지합니다. 세상은 나를 버려도 주님은 나를 영접해주셨습니다."

다윗의 인생에 비록 실수가 있었지만 이스라엘 백성이 그를 하나님의 사람으로 기억하는 이유는 다윗이 하나님만을 의지했기 때문입니다. 사울은 모든 문제의 해답을 자신이 가지고 있었지만 다윗은 하나님께 철저하게 물었습니다. 그래서 다윗은 힘들고 어려운 상황에서도 주님으로 인하여 기뻐하라고 합니다. 우리에게 주님이 있고 그 주님이 나를 포기하지 않고 사랑하신다는 그 사실 자체로 기뻐할 수 있기 때문입니다.

시련과 환난 가운데 우리가 부를 노래는 절망이나 좌절의 노래가 아닙니다. 다윗처럼 주님만 바라보고 의지한다는 고백입니다. 모든 상황 속에서 그렇게 고백하는 여러분이 되기를 바랍니다.

사랑을 받아 본 사람이 사랑을 줄 수 있습니다.

교회 안에서 사랑을 받고 그 사랑을 세상에 줄 수 있어야 합니다.

도움 받는 것에 그치지 말고 도와줄 수 있는

마음을 활짝 열어야 합니다.

2부

어둠이
짙을수록
여명은 찬란하다

6

체험 후 다윗의 변화

사무엘상 23:1-14

어떤 일을 경험하면 사람이 변합니다. 그것이 극단적인 경험일 때는 삶이 변합니다. 그러면서 인생을 살아가는 태도나 목적도 바뀌게 됩니다. 우리의 삶에 영향을 주는 경험을 'peak experience', '절정 경험'이라고 합니다. 정말 내 인생 속에 지워지지 않는 경험을 말합니다. 아주 극단적인 상황으로 가든지, 계속 강도가 더해져 어떤 지경에 이르게 되면 지금까지 살아온 삶의 방식을 또 바꾸게 됩니다. 살면서 이런 변화는 그리 많지 않습니다. 살아온 모든 것을 통째로 바꾸는 것은 그만큼 어렵기 때문입니다.

여러분은 지금까지 살아오면서 많은 시련을 겪었을 것입니다. 그러나 그와 함께 풍성한 하나님의 은혜를 경험했을 것입니다. 사도 바울은 이것을 두고 그리스도 안에 있는 비밀이라고 했습니다. 우리가 주님을 의지하고 기도하는 것이 얼마나 귀한지를 알 때까지 얼마나 힘들었습니까? 많이 힘들고 지치고 포기하며 '아, 인생이 내 손에 있지 않구나' 하고 깨달았습니다. 그것을 깨달을 때까지 수많은 아픔과 상실을 거쳐야 했던 것입니다.

성장을 위한 변화

그런데 체험으로 좋게 변하는 사람이 있는 반면, 체험 때문에 불행으로 자신의 삶을 몰고 가는 사람도 많이 있습니다. 하나님은 이스라엘 백성을 40년 동안 광야에 두시며 이것저것 간섭하셨습니다. 인간에게 먹을 것을 마음대로 못 먹고 마음대로 거하지 못하는 것만큼 큰 고문은 없습니다. 하나님은 그들에게 그 목적이 "사람이 떡으로만 살 것이 아니요 하나님의 입으로부터 나오는 모든 말씀으로 살 것이라"(마 4:4)라는 것을 가르쳐 주려는 것이라고 말씀하셨습니다.

작은 결론, 작은 체험 하나가 이스라엘 백성이 건너지 못할 요단 강을 건너게 했고, 무너뜨리지 못할 여리고 성을 무너뜨리게 했고, 이기지 못할 가나안 땅의 적들을 이기게 했으며, 누리지 못할 가나안의 축복을 누리게 했습니다. '사람이 떡으로만 사는 것이 아니라 하나님의 말씀으로 사는 것' 바로 이 한 가지가 이스라엘 백성의 미래를 결정한 것입니다. 말씀을 듣고 따르기로 한 것입니다.

다윗도 마찬가지입니다. 체험한 후에 변화가 있었습니다. 그가 골리앗을 이기고 승리했을 때보다도, 백성의 사랑을 받았을 때보다도 더 결정적인 체험이 있었습니다. 하나님이 그를 축복하고 위로하며 함께해 주신 모든 것을 하나씩 제거하신 것입니다. 정말로 인생이 광야가 된 것입니다.

다윗은 인생에서 풍성하다고 생각했던 것이 모두 떨어져 나가자 미쳐 버릴 것 같았습니다. 미친 척하지 않으면 살아갈 수 없을 정도로 힘든 상황 속에서 그는 다시 기도합니다. 하나님을 바라본 것입니다. 다윗의 노래가 많은 것은 바로 그 이유입니다. 다윗은 '인생의 모든 것은 나에게 있는 것이 아니다. 나를 즐겁게 하고 지지해주는 사람들에게 있는 것도 아니다. 이 모든 일의 배후에 하나님이 계신다'라고 깨달은 것입니다.

하나님은 우리에게도 이런 훈련을 시키십니다. 우리에게 정말 복을 주시려고 훈련시키시는 것이지만 그 훈련의 과정은 많이 아픕니다. 그리고 그 과정을 통해 우리가 점진적으로 그리스도의 장성한 분량까지 성장하는 것을 '성화'(聖化)라고 합니다. 그런데 하나님이 체험을 주어도 변화가 안 되는 사람이 있습니다. 신앙생활을 하면서 우리는 성장을 위한 변화를 해야 합니다.

모든 일은 기도로

다윗은 모든 일이 자신의 뜻과 계획대로 되는 것이 아니라 하나님의 은혜와 역사 가운데 있다는 것을 깨닫고 삶의 근본적인 자세를 바꾸게 됩니다. 그 변화 중에 하나가 바로 하나님 앞에서 기도하는 일입니다. 하나님과의 관계가 회복되자마자 하나님은 그에게 바로 400명의 사람들을 붙여 주셨습니다. 하나님이 응답하시는 것이라면 굉장한 사람들을 붙여 주실 것 같은데 빚지고 억울한 사람들, 어쩌면 짐처럼 느껴지는 사람들을 붙여 주셨습니다.

하나님이 응답으로 좋은 것을 주시면 좋은데 꼭 무슨 과제를 주신 것

같습니다. 그런데 여기에도 하나님의 뜻이 있습니다. 첫째는 그 사람들을 통해 다윗의 리더십을 기르시려는 목적이었습니다. 자신의 힘과 권력으로 하는 것은 리더십이 아닙니다. 마음에서부터 자신을 따르게 만들고 신앙으로 하나 되게 하는 것이 필요합니다. 그래서 하나님은 다윗에게 어려운 사람들을 주신 것입니다.

마음에 상처가 있고 불평과 원망이 넘치고 부정적인 생각이 있는 사람들을 훈련시켜서 한 나라와 역사를 이끌어 가는 사람들로 만드는 것은 정말 힘듭니다. 그런데 하나님이 다윗에게 그 과제를 주신 것입니다. 우리 삶에 힘든 일이 자꾸 생기면 눈치를 채야 합니다. '아, 하나님이 나를 축복하시기 위해 이런 일을 주셨구나. 내가 이 부분이 약하니까 하나님이 나를 세워 가시려고 어려운 응답을 주셨구나.' 하나님의 응답은 우리에게 짐이 될 수도 있지만 거기에는 분명한 하나님의 뜻이 있습니다.

하나님이 다윗에게 또 하나 허락하신 것이 있습니다. 바로 하나님의 음성이 들리기 시작한 것입니다. 하나님이 선지자 '갓'이라는 사람을 통해 다윗에게 응답하십니다. 기도 응답에도 순서가 있습니다. 먼저는 기도 응답을 받을 자리에 있어야 하고 다음에는 하나님과의 관계가 회복되어야 합니다. 그때부터 하나님의 음성이 들리기 시작합니다. 하나님은 다윗에게 요새에 있지 말고 광야로 나가라고 합니다. 지금 모압 땅 증조모 룻의 고향인 그일라에 가서 모처럼 쉼을 얻었는데, 하나님이 이곳을 떠나서 광야로 가라고 응답하시는 것입니다.

우리는 하나님의 응답을 들을 때, 이해가 되고 이것이 하나님의 축복이라고 생각하면 잘 받아들입니다. 하지만 우리를 고생시키고 힘들게 하는 응답이면 잘 받아들이지 못합니다. 그러나 다윗은 곤란한 응답에도 순종했습니다.

그런데 순종했을 때 주어진 것이 위로와 기쁨이 아니었습니다. 제사장의 아들 아비아달이 도망을 와서 소식을 전해 주는데 더 슬프고 낙심할 수밖에 없었습니다. "네가 지나간 놉이라는 땅의 너를 도와준 놉 백성의 어린아이까지 싹 다 죽었다. 너를 도와준 그 제사장들까지 사울이 다 죽였다"라는 말만 듣게 된 것입니다.

우리가 신앙생활을 하며 지칠 때가 바로 이런 때입니다. 하나님께 기도하고 주의 말씀에 순종하면 더 기쁜 소식과 용기를 얻는 일이 생겨야 하는데, 더 절망적이고 좌절할 일들이 일어나는 것입니다. 그런데 다윗은 아비아달의 말을 듣고 크게 낙심하거나 절망하지 않고 이렇게 말합니다. "그 일은 다 나를 죽이려고 했던 것이다. 너를 잡으려고 했던 사람은 나를 죽이려고 하는 것이다. 이제 내 곁에 있으라. 하나님이 너를 안전하게 지켜 주실 것이다." 하나님이 그 일을 감당할 담대한 능력을 주신 것입니다. 하나님이 주시는 응답은 어려운 시련도 이기고 극복할 수 있는 힘과 지혜를 주십니다. 우리에게 그것을 감당하는 능력을 베풀어 주시는 것입니다.

이 글을 쓰면서 제 삶을 말씀에 비추어 보았습니다. 그때 '다윗을 인도하신 것처럼 하나님은 나를 인도하셨구나' 하고 깨닫는 은혜가 있었습니다. 생명을 잃어 버리지 않으면 아직 기회가 있는 것입니다. 혹 생명을 잃어 버려도 생명보다 더 귀중한 하나님의 사랑을 찾았다면, 생명을 잃어 버린 아픔도 그렇게 큰 것이 아닙니다. 밭에 있는 보물을 보고 모든 것을 팔았던 그 농부처럼, 내가 정말 소중히 여기는 것을 팔지 않으면 살 수 없는 하나님의 놀라운 은혜와 사랑을 발견했다면 그것이 더 값진 일인 것입니다.

담대한 다윗의 대답 이후 하나님의 테스트가 따릅니다. 그일라 지방에 블레셋 군대가 와서 1년 동안 농사지은 것을 싹 다 가지고 갔습니다. 그 지역의 사람들은 허무와 탄식 속에 울부짖으며 다윗에게 도움을 요청했습니다. 사실 그 백성은 사울이 지켜야 하는데 사울이 못 지키니 다윗에게 요청한 것입니다. 생각해 보십시오. 조금 전에 놉이라는 지역의 사람들과 제사장이 자신 때문에 죽었다는 이야기를 들었으니, 보통 사람이라면 마음속에 분노가 생길 것입니다. 그리고 '나는 쓸모없는 인생이야'라고 느낄 텐데, 오히려 나에게 도움을 구한다면 '아직 내가 쓸모 있구나' 하고 바로 그 요청에 응답할 것입니다.

그런데 다윗은 마음대로 결정하지 않고 하나님께 물어봅니다. 다윗은 가고 싶은 마음이 있었지만, 다윗을 따르는 400명의 마음은 달랐습니다. 빚지고 억울하고 원통한 자였던 그들은 인생에서 성공이라는 것을 한 번도 못 해본 사람들이었습니다. 죽기 전에 다윗에게 빌붙어서 살아 볼까 했는데 전쟁을 해야 한다니까 겁이 나고 두려움이 밀려온 것입니다. "다윗이여, 우리가 지금 진짜 겁내는 것은 사울의 군대인데, 사울이 우리를 칠 때 우리가 도망할 곳은 블레셋밖에 없지 않습니까? 그런데 그 블레셋의 군대를 쳐서 감정이 상하면 우리는 나중에 어떻게 합니까?" 그래서 다윗이 두 번 연속 하나님께 구합니다. 기도가 습관처럼 자리 잡은 것입니다.

다윗에게는 인생은 내 손에 달린 것이 아니라는 생각이 있으니까 계속해서 하나님께 묻습니다. 백성이 하는 말을 무시하고 밀어붙인 것이 아니라 다시 한 번 하나님께 기도합니다. 왜 그럴까요? 함께하는 400명의 사람도 같이 훈련되어야 하기 때문입니다. 그래서 "하나님, 이 백성이 지금 안 된다고 이야기하는데 이유가 타당한 것 같습니다. 그럼에도 갈까요?"라고 물을 때, 하나님은 "내가 블레셋 군대를 너희에게 붙이겠다. 가라"라고 말씀하십니다. 이제 백성도 하나님의 말씀에 용기를 얻고 갑니다. 우리는 무슨 일이든지 기도하며 주님의 응답을 먼저 받고 도움을 구하는 것이 중요합니다. 열심히 사는 것도 중요하지만 주님의 뜻대로 사는 것이 훨씬 더 지혜로운 삶인 것입니다.

결국 다윗은 전쟁을 치러서 승리합니다. 여기서 굉장히 중요한 요소는 다윗이 어떤 일이든지 상대적으로 대하지 않았다는 것입니다. '네가 나한테 잘못했으니까, 난 너에게 복수할 것이다'가 아니었다는 것입니다. 모든 사람의 일과 상황이 하나님의 장중에 있다는 것을 알기 때문에, 사람을 상대하지 않은 것입니다. 다윗은 적을 보복심이나 분노로 대하지 않았습니다. 그와 함께한 400명도 마찬가지였습니다. 그들의 마음속에는 한이 있었습니다. 하지만 그 한을 통해 '아, 인생이 내 손에 있는 것이 아니구나. 하나님이 허락하시지 않으면 무엇이든 이루어질 수 없구나' 하는 것을 깨닫게 된 것입니다.

다윗이 시므이에게 조롱과 저주를 받을 때, 아비새라는 사람이 "저 놈을 어떻게 할까요? 죽일까요?"라고 묻습니다. 그러자 다윗은 하나님이 하신 것이니 그냥 두라고 합니다. 그리고 다윗이 다윗 성을 떠나 도망칠 때도 제사장들이 법궤를 가지고 나오니까 "그만두어라. 이곳에 있어라. 하나님이 다시 허락하실 때에 내가 다시 이곳에 와서 법궤를 보리라"라고 말합니다. 모든 것이 하나님께 달려 있다고 믿는 것은 대단한 인생의 결론입니다.

인생이 억울하고 분통하면 기도해야 합니다. 그것밖에 없습니다. 다윗은 삶의 주인이신 하나님 앞에 묻고 기도했습니다. 다윗은 인생에 지식도, 지혜도, 사람도 다 경험해 보았지만 그 일을 주관하시는 하나님의 뜻을 모르기 때문에 실패했다는 것을 발견했습니다. 그래서 다윗은 그

일라 성에 가고 안 가고, 자신이 힘이 있고 없고, 상대가 크고 작은 것이 문제가 아니라 하나님의 뜻이 어디 있는지가 중요하다는 것을 알았습니다.

그러나 사울은 해답이 자신에게 있었습니다. 그는 정말 똑똑한 사람이었습니다. 인생이 어떻게 돌아갈지 알았고 실제로 맞는 것도 많았습니다. 그러나 궁극적으로는 하나님이 있다는 것을 잊어버렸기 때문에 하나님께 버림을 받았습니다. 잘되는 것 같지만 결국 사망의 길로 갈 수밖에 없었던 것입니다.

우리는 사울처럼 될지 안 될지를 스스로 판단합니다. 그러면 인생은 새로운 것이 없고 변화 없이 그 수준에서 끝납니다. 믿음이 없이는 새로운 미래를 열어갈 수 없는 것입니다. 환경을 딛고 일어서서 그 너머에 있는 하나님의 거룩하고 놀라운 축복을 바라보지 못하는 것입니다. 그래서 억지로라도 기도할 수밖에 없는 상황이 인간적으로 보면 참 불쌍하고 비참해도 영적으로 보면 복된 것입니다. 주님이 인생의 한계를 넘어 축복으로 인도해주시기 때문입니다.

다윗이 그렇게 하나님의 뜻을 구할 때 마침내 하나님이 가라고 하십니다. 하나님께 순종할 때 주시는 축복은 승리입니다. 그런데 승리가 끝이 아닙니다. 그 다음이 더 중요합니다. 다윗은 그일라 성을 생명을 걸고 지켰으니 좀 쉬어도 될 텐데 그때도 하나님께 묻습니다. "하나님, 제가 이 성에 거하리이까?"

언제나 예상 밖의 문제가 발생합니다. 진짜 원수는 집안에 있습니다. 내가 그토록 사랑과 은혜를 베풀었는데, 그 사람이 내 등에 비수를 꽂을 줄 누가 알겠습니까? 그 길이 축복이라고 생각했는데 망하는 길인 줄 누가 알겠습니까? 그러므로 '내가 이제는 정말 편안히 쉴 수 있도록 하나님이 승리하게 하시는구나' 싶을 때도 기도하며 물어보아야 합니다. 하나님의 생각과 우리의 생각이 다를 수 있기 때문입니다.

하나님의 목적은 이스라엘 백성이 고생했으니 쉬게 하는 것이 아니었습니다. 다윗 왕조를 만들고 하나님의 백성으로 훈련하시는 것이었습니다. 하나님은 첫 전투에서 승리하게 하는 것이 목적이셨던 것입니다. 그래서 그들에게 '하나님의 말씀을 믿고 나아갈 때 승리할 수 있구나. 전쟁의 승리가 하나님께 달려 있구나' 하는 확신을 주신 것입니다.

그 후 문제가 터졌을 때도 다윗은 실패하지 않았습니다. 하나님께 물었습니다. 하나님은 그들을 더 힘든 곳으로 가게 하셨고 그들 속에 굉장히 중요한 결론을 주셨습니다. 다윗은 하나님이 승리를 주신 것에 감사하며 자신의 인생이 하나님의 인도하심 아래 있다는 것을 알고 이렇게 말합니다. "주님, 제 인생이 당신 손에 있습니다."

다윗은 안전함이 성과 요새에 있는 것이 아니라 하나님의 말씀에 순종할 때 하나님이 자신을 지키고 보호하신다고 고백합니다. 바로 인생의 모든 것이 하나님께 있고 그 하나님이 언제나 동행하신다는 것입니다. 순종할 때 하나님은 오합지졸 같은 그들에게 승리의 역사를 주십니다. 그리고 그것이 목적이 되는 것이 아니라 궁극적인 하나님의 목적을 위해서 또 간구하게 하십니다. 그리고 간구할 때마다 승리하게 하십니다. 다윗의 인생이 다음 말씀 속에 있습니다.

"이스라엘의 하나님이 말씀하시며 이스라엘의 반석이 내게 이르시기를 사람을 공의로 다스리는 자, 하나님을 경외함으로 다스리는 자여 그는 돋는 해의 아침 빛 같고 구름 없는 아침 같고 비 내린 후의 광선으로 땅에서 움이 돋는 새 풀 같으니라 하시도다 내 집이 하나님 앞에 이같지 아니하냐 하나님이 나와 더불어 영원한 언약을 세우사 만사에 구비하고 견고하게 하셨으니 나의 모든 구원과 나의 모든 소원을 어찌 이루지 아니하시랴"(삼하 23:3-5).

사랑하는 여러분, 승리 앞에서도 교만하지 않고 기도하고 어려움 앞에서도 낙담하지 않고 기도하여 주의 음성을 듣는 삶을 살아가기를 바랍니다.

7

믿음이 연약해질 때

사무엘상 23:15-29

감정의 처리

우리에게는 여러 가지 감정이 있습니다. 그중에서도 극복하기 어려운 감정이 죄책감입니다. 죄책감이 마음속에 들어오면 견디기가 참 힘듭니다. 죄책감을 가지고 살면 인생이 너무 무겁게 느껴집니다. 또 우리가 해결하기 어려운 감정이 있는데 그것은 상실감입니다. 정말 소중한 것을 잃어버렸을 때, 잃어버린 것에 대한 갈증이 남습니다. 예상을 했는지, 얼마만큼 소중한지, 일시적인 것인지, 영원한 것인지에 따라서 상실감의 정도가 다릅니다. 그 정도가 어떠하든지 참 극복이 힘든 감정입니다. 사건이 지나간 후에도 그 감정 때문에 괴롭고 힘듭니다. 그래서 상실감은 아픔이요, 좌절과 절망이 됩니다.

또 하나 극복하기 어려운 감정은 배신감입니다. 우리는 절체절명의 위기 속에서 나를 배신하고 내 등에 비수를 꽂은 사람을 잊을 수 없습니다. 세상에서 가장 먼 거리는 나를 배신한 사람과의 거리일 것입니다. 얼굴을 보고 악수는 할 수 있지만 마음은 이미 멀리 피해 있을 것입니다. 왜냐하면 그 사람을 맞닥뜨릴 용기가 없기 때문입니다. 그런데 그 사람이 계속 마음속에 떠오르면서 나를 괴롭게 합니다. 이 마음으로 인생을 살아가는 것은 참 힘든 일입니다. 그리고 배신감은 두려움과 더불어 분노와 외로움을 동반합니다.

그런데 지금 이 세 가지 감정을 복합적으로 가지고 광야 길을 가는 사람이 있습니다. 바로 다윗입니다. 다윗은 소중한 것을 다 잃어 버렸습니다. 사랑하는 친구, 자신을 위로하고 붙들어 주던 요나단과의 관계를 잃었습니다. 아내였던 미갈과의 관계도 잃었습니다. 자신을 지지하고 사랑하고 인정해 주던 백성들과의 관계도 잃었습니다. 그리고 마지막 남은 자존심까지도 잃어 버렸습니다. 그 모든 것을 잃고 상실감으로 살아가고 있는 것입니다.

또 그에게는 죄책감이 있었습니다. 놉이라는 그 성에 대한 죄책감입니다. 자신을 도와 준 아히멜렉, 세마포 에봇을 입은 제사장 여든다섯 명, 그리고 그 성에 거하는 남녀노소, 가축에 이르기까지 모두 다윗으로 인해 죽었습니다. 아히멜렉의 아들 아비아달만 하나 살아와서 자꾸 눈에 띄는 것입니다. 그 아들을 볼 때마다 죄책감이 듭니다. 죄책감이 다윗의 마음속에 머무르며 그를 괴롭게 한 것입니다.

그리고 다윗에게 그일라는 생명과 같은 곳이었습니다. 그일라를 쳐서 이기면 그 성에 좀 머물면 되겠다고 생각하고, 이제는 방랑하거나 방황하지 않아도 되겠다고 생각했는데, 누가 사울에게 밀고하면서 사울이 쳐들어온다는 이야기를 듣고 그일라 성을 서둘러 떠나게 됩니다. '나 때문에 이 성이 또 망할 것 같다. 사울은 분명히 그일라 사람들을 다 죽일 것이다. 나 때문에 또 사람들이 어려움을 겪어서는 안 된다'라는 지도자의 마음으로 그 성을 떠난 것입니다.

그리고 다윗의 마음속에 지울 수 없는 배신감이 있었습니다. 오합지졸 400명, 빚지고 원통하고 억울한 사람들을 모아서 블레셋과 싸워 하나님의 은혜로 승리하고 재산과 생명을 다 구해 주었더니, 그중에 누군가 사울에게 고자질했습니다. 또 광야를 갈 때마다 은혜를 베풀었던 지역의 사람들이 사울에게 가는 행로를 다 이야기해서 숨을 곳이 없어집니다. 은혜를 갚지 않는 것도 문제지만, 배신으로 계속해서 어려움이 다가올 때 다윗의 마음은 무너졌을 것입니다.

게다가 다윗에게 계속해서 죽음의 어두운 칼을 들고 다가오는 사울의 그림자는 너무 부담스럽고 힘이 듭니다. 하나님이 다윗을 사울에게 붙이지 않아서 그렇지, 정말 막판까지 간 것입니다. 날마다 사울을 피해 쫓겨서 도망 다녀야 하는 다윗의 마음은 어떨까요? 굉장한 불안과 두려움이 있었을 것입니다. 그리고 다윗이 겪은 것 중 가장 심한 것은 광야와의 전쟁이었습니다. 광야는 숨을 곳도, 먹을 것도 없습니다. 생존에 가장 기본적인 것이 흔들리는 곳입니다.

다윗에게 이 모든 짐이 한꺼번에 밀려왔습니다. 우리의 삶은 어떻습니까? 마음속에 죄책감이 있지 않습니까? 어쩌면 상실의 아픔을 안고 살아가거나 배신을 당하여 무거운 짐을 안고 살아가고 있을 수도 있습니다. 그러면 인생이 두렵고 사람이 무섭고 앞으로의 삶에 아무런 희망이 없어집니다. 딱 다윗이 그랬습니다.

문제는 다윗을 따라오는 사람들이었습니다. 그들이 원통한 일, 억울한 일, 빗진 일을 만나는 동안 얼마나 수많은 좌절이 있었을까요? 다윗은 그들을 이끌고 돌보고 격려하며 광야 길을 가야 했습니다. 하지만 다윗도 돌봄과 격려가 필요했습니다. 차라리 이 세상에 혼자 버려졌으면 편할 텐데 그 많은 사람을 격려하면서 끌고 가야 하는 다윗의 무거운 짐은 누가 대신 질 수 없는 것이었습니다. 아마 다윗이 걸었던 발자국은 푹푹 파여서 누가 보아도 인생의 무거운 짐으로 인한 걸음인지 알 수 있었을 것입니다. 다윗을 위로하고 일으킬 사람은 광야에 아무도 없었습니다.

하나님의 위로

하나님은 다윗을 버리지 않으십니다. 우리도 버리지 않으십니다. 하나님은 놀랍게도 친구 요나단을 다윗에게 보내셨습니다.

> "사울의 아들 요나단이 일어나 수풀에 들어가서 다윗에게 이르러 그에게 하나님을 힘 있게 의지하게 하였는데 곧 요나단이 그에게 이르기를 두려워하지 말라 내 아버지 사울의 손이 네게 미치지 못할 것이요 너는 이스라엘 왕이 되고 나는 네 다음이 될 것을 내 아버지 사울도 안다 하니라 두 사람이 여호와 앞에서 언약하고 다윗은 수풀에 머물고 요나단은 자기 집으로 돌아가니라"(삼상 23:16-18).

요나단의 등장은 하나님의 방법이었습니다. 요나단을 통해 하나님의 음성을 들려주신 것입니다. 또한 다윗을 통해 우리에게 들려주시는 하나님의 음성입니다.

제일 먼저 요나단을 통해 주신 말씀이 무엇입니까? 두려워하지 말라는 하나님의 위로입니다. 이때 다윗이 지은 시에서는 두려움과 불안과 연약한 마음으로 울부짖는 모습을 볼 수 있습니다. 그만큼 다윗의 마음에 두려움이 가득했던 것입니다.

또 요나단은 이렇게 말합니다. "지금 상황이 아무리 절망적이라고 해도 너는 결코 아버지 사울에게 해를 당하지 않을 거야. 절망과 어려움과 힘든 일만 보지 말고 지금 너를 지키시고 붙드시고 인도하시는 그 하나님을 바라봐. 내가 아버지 사울과 함께 너를 죽이기 위해 칼을 들고 간 그 순간에도 너는 죽지 않았고 잡힌 적도 없어. 하나님은 언약하신 대로 너를 분명히 지키실 거야. 아버지 사울이 아무리 광대하다고 해도 너는 결코 못 넘어뜨려. 그러니까 두려워하지 마!"

두려움은 우리를 얼어붙게 만듭니다. 하나님이 우리에게 행하신 모든 기억을 다 얼어붙게 만드는 것입니다. 나에게 남아 있는 가능성과 좋은 면도 다 얼어붙게 합니다. 문제만 크게 보이고 그 문제가 나를 지배하고 넘어뜨리고 죽일 것 같은 마음이 듭니다. 그런데 그 두려움을 넘어서 하나님을 보는 믿음의 눈을 가지라고 합니다. 현실의 눈이 아니라 믿음의 눈으로 하나님을 보라고 요나단이 다윗을 일깨워 주는 것입니다.

두려움은 외로움을 동반하고 좌절하게 만듭니다. 주님이 두려워하고 무서워하는 이스라엘 백성에게 주신 말씀이 있습니다.

> "두려워하지 말라 내가 너와 함께 함이라 놀라지 말라 나는 네 하나님이 됨이라 내가 너를 굳세게 하리라 참으로 너를 도와 주리라 참으로 나의 의로운 오른손으로 너를 붙들리라"(사 41:10).

바로 이 약속은 우리에게도 주시는 하나님의 말씀입니다. 여전히 삶의 문제로 두렵고 무섭고, 죄책감과 상실감과 배신감으로 마음이 어려워 살아갈 용기가 없는 우리에게 주신 하나님의 약속인 것입니다. 그 주님을 언제나 바라보기를 바랍니다.

여호수아는 자신의 연약함을 보았습니다. 자신과 함께한 백성이 전혀 도움이 안 되는 것도 보았습니다. 해야 할 일도 너무 많았습니다. 그 현실이 두려워서 장막 밖을 나가지 못할 때 주님이 찾아오셔서 "내가 너에게 명령한 것이 아니냐? 강하고 담대하라. 두려워하지 말고 놀라지 말라. 네가 어디로 가든지 네 하나님 여호와가 너와 함께하느니라"라고 말씀하셨습니다.

사람들의 인정

하나님이 요나단을 통해 주신 두 번째 말씀은 모든 사람이 다윗이 왕이 될 것을 알고 인정하고 있다는 것이었습니다. 이 말을 들은 다윗은 사람의 마음이 돌변하는 것을 여러 차례 겪었기 때문에 '세상에는 전부 나를 배신하는 사람들뿐이다' 하는 마음이 듭니다. '인생이 적으로 가득 찼고 도와주는 사람은 아무도 없다.' 이런 마음로 살면 얼마나 힘들까요?

그런데 요나단이 이렇게 말합니다. "아니다. 사람들이 너를 고발하고 사울이 너를 죽이려고 한 것은 사실이지만 진짜로 수많은 사람, 백성이 네가 왕이 될 것을 알고 있다. 너를 인정하고 있다는 말이다. 너를 죽이려고 하는 사울까지도. 너는 정말 왕이 될 만한 사람이다. 모두 그것을 알고 있다. 너는 외롭지 않다."

어려운 일에만 초점을 맞추면 그것이 인생의 전부인 것처럼 보입니다. 모두 괜찮다고 해도 한 사람이 비난하고 비판하면 마음이 무너집니다. 그것이 인생이고 사람인 것입니다. 다 좋다는데 한 사람이 싫다고 하면, 싫다는 그 사람이 내 감정의 기준이 됩니다. 하지만 그렇지 않습니다. 세상이 다 싫어하는 것이 아닙니다. 이 세상에 적밖에 없다고 생각하는 그 마음이 그렇게 받아들이게 하는 것입니다.

우리의 인생은 구겨질 때도 있고 밟혀서 찢어질 때도 있습니다. 그러나 하나님이 우리의 가치를 취소하시지 않는 한, 우리는 그 가치 그대로 있습니다. 하나도 변함이 없는 것입니다. 그래서 하나님은 오늘도 우리를 붙드시고 "이 세상에 너를 인정하고 사랑하는 사람이 정말 많다"라고 하시며 그것을 보게 하십니다.

상담에서는 이것을 '해결 중심 법'이라고 합니다. 문제만 보는 것이 아니라 긍정적인 면과 좋은 면을 발견하고 그것을 점점 넓혀가면서 스스로 해결해 가게 하는 치료 요법입니다.

성령이 우리를 도우십니다. 무엇을 기도할지도 모르는 나를 위해 깨어서 기도해 주십니다. 또 하나님은 절대 우리를 포기하지 않으십니다. 이것만으로도 우리는 분명히 살 만합니다. 결국 세상은 짐이 아니라 나를 지켜주고 붙들어 주는 것으로 가득 차 있습니다. 바로 그것을 요나단이 다윗에게 일깨워 준 것입니다.

하나님의 언약

세 번째, 하나님은 요나단을 통해 다윗에게 하나님의 언약을 일깨워 주십니다. 하나님이 다윗을 이스라엘의 왕으로 삼으실 거라는 확신을 다시 주시는 것입니다. 죽음의 위협 앞에 쫓기는 신세로 챙겨야 될 사람만

넘쳐나는 상황에서 하나님의 약속을 일깨워 주는 것입니다.

하나님이 약속하신 것을 반드시 이루시기 위해 우리에게 보여 주신 것은 무엇인가요? 우리가 연약한 인생일 때도, 하나님이 기뻐하시지 않는 길을 걸어갈 때도, 심지어 하나님을 대적하고 하나님을 향해 삿대질하며 공격할 때도 하나님은 여전히 나를 사랑하신다는 것입니다. 우리가 예수님을 믿겠다는 마음이 없이 여전히 죄를 짓고 있을 때도 하나님은 우리를 사랑하셔서 그분의 아들을 십자가에 못 박으셨습니다. 아브라함과 이삭과 야곱과 믿음의 조상에게 했던 약속 때문이었습니다. 하나님은 인생이 아니기에 식언하지 않으십니다. 하나님의 약속은 변하지 않습니다.

제 삶을 돌아 볼 때 '하나님은 약속한 것을 반드시 이루시는 분이구나' 하는 깨달음이 있습니다. 여러분에게도 동일하게 하나님이 그 약속을 붙들고 함께하십니다. 본문에서 하나님은 광야를 배경으로 죄책감과 상실감과 배신감에 휩싸여 있는 다윗에게 요나단을 통해 하나님의 말씀을 전하십니다. 하나님의 일하시는 방식에는 위로가 반드시 있습니다. 사울이 다윗을 포위합니다. 그런데 그 순간에 블레셋이 쳐들어왔다는 전갈이 옵니다. 사울이 눈앞에 먹이를 놓고 가고 싶겠습니까? 그의 평생 소원이 다윗을 죽이는 것이었지만 얼마나 다급했으면 그 포위를 풀고 가 버립니다. 이것은 누가 보아도 하나님이 하셨다는 것을 인정하도록 하나님이 만드신 것입니다.

우리는 조금만 지나면 '내가' 했다고 합니다. 그 속성이 우리 안에 있는 것입니다. 그래서 하나님은 우리가 꼼짝 못하는 증거를 만드십니다. 다윗에게도 그렇게 하셨습니다. 그리고 다윗은 바로 이 일을 통해 하나님의 훈련을 계속 받을 수 있는 큰 힘을 얻었습니다.

하나님은 다윗을 인도하신 것처럼 우리의 인생도 인도하십니다. 현실 속에서 다윗처럼 무거운 감정을 지고 광야를 지나는 여러분, 다윗에게 요나단이 나타난 것처럼 주의 성령이 여러분의 마음속에 함께하셔서 다시 하나님의 약속을 붙들고 믿음으로 살아가기를 바랍니다.

8

기회인가? 유혹인가?

사무엘상 24:1-15

사람들은 성공한 사람들을 많이 연구합니다. 옛날에는 IQ(지능지수)가 뛰어난 사람들이 성공한다고 이야기했습니다. 그런데 계속해서 연구해 보니 정말 성공하는 사람은 EQ(감정지수)와 관련이 있었습니다. 감성지수가 높은 사람이 성공한다는 것이었습니다. 감정지수는 감정의 통제력입니다. 다른 사람의 감정을 이해하고, 내가 하고 싶을 때도 하지 않을 수 있는 힘 또는 하고 싶지 않을 때 할 수 있는 힘을 말합니다. 이렇게 정서적인 부분에서 얼마만큼 스스로 통제가 되는지가 성공의 중요한 요소인 것입니다.

감정 절제

중요한 것은 하고 싶은 것, 하고 싶지 않은 것을 감정적으로 어떻게 조절하는지에 따라 성공 여부가 달라진다는 것입니다. 우리 신앙도 마찬가지입니다. 우리가 오해하지 말아야 할 것은 우리가 아는 다윗과 다윗을 돕는 600명이 어떤 과정을 통해서 만들어진 사람들이라는 사실입니다. 다윗은 원래부터 대단한 사람이 아니었습니다. 그를 따르던 사람들도 대단한 사람들이 아니었습니다. 그들은 그저 갈 데가 없어서 다윗에게 온 것이었습니다. 하나님이 다윗에게 그들을 보냈지만 이들의 상태는 여전히 빚지고 억울하고 원통한 모습 그대로였습니다. 그런데 하나님이 그들을 훈련시키셔서 하나님의 역사 무대에 아름답게 세우신 것입니다.

신앙생활을 하며 가장 많이 넘어지고 실패하는 경우는 나락으로 떨어지다가 '아, 이러면 안 되지' 하고 방향을 틀었는데 언제나 똑같은 곳이라는 것입니다. 그때 우리는 '새롭게 살기로 마음먹었는데 나는 왜 이것밖에 안 되지?' 하며 스스로 실망합니다. 그러나 당연한 것입니다. 계속 그 자리에 있기 때문입니다. 옛날처럼 사는 것이 아니라 하나님의 훈련을 통해서 올라가야 바뀔 수 있습니다. 내가 예수님을 믿어야겠다고 생각하면서 그대로 적응하면 우리의 모습은 역시나 그대로입니다. 삶이 성장하지 않으면 예수님을 믿든지 안 믿는지 하는 짓은 똑같은 것입니다.

훈련과 변화

그래서 하나님은 우리를 훈련시키십니다. 우리는 그동안 우리의 인생이 마음대로 되는 것이 아니라 하나님께 엎드릴 때 하나님이 인도하셨음을 깨달았습니다. 삶의 모든 과정을 통해 이만큼 성장한 것입니다. 우리는 계속해서 물질과 힘에 대한 훈련을 받아야 합니다. 성경에도 "모든 것이 가하나 모든 것이 유익한 것은 아니요"(고전 10:23)라고 나와 있습니다. 내가 할 수 있고 힘을 마음대로 쓸 수 있다고 해서 그 자유를 다 사용하면 안 됩니다. 하나님이 훈련하시는 부분에 대하여 성실하게 임해야 삶의 모든 영역에서 하나님의 거룩함을 나타낼 수 있습니다.

하나님은 다윗을 계속해서 훈련시키십니다. 다윗이 얼마나 낙심하고 절망했습니까? 하나님이 그가 기뻐하던 것을 다 거두어 가시고 결국 다윗 혼자 남았습니다. 자존심마저도 다 구겨졌습니다. 이 세상에 기댈 것이 하나도 없을 때, 그는 자신의 삶을 돌아보았습니다. 사람은 잘될 때는 앞만 보다가 힘들고 어려울 때 '내가 어떻게 살아왔지? 왜 이렇게 사는 걸까?' 하며 자신을 돌아보고 살피게 되는 것입니다.

시련과 고난은 사람을 두 가지 방향 중 하나를 선택하게 합니다. 하나는 자신을 돌아보며 앞으로 복되게 살려면 어떻게 해야 하지 하며 마음을 돌이키는 것이고, 다른 하나는 '인생은 다 이런 거야'라는 식으로 생각해서 굉장히 폐쇄적이고 공격적으로 바뀌어 이 세상의 것에 집착하게 되는 것입니다.

다윗이 하나님과의 관계를 회복하자마자 하나님은 다윗에게 400명을 붙여 주셨습니다. 아무리 힘들고 어려워도 내가 살 수 있는 곳으로 가서 붙어야지, 쫓겨 다니는 다윗에게 붙는 것은 하나님이 붙여 주시지 않으면 있을 수 없는 일이었습니다. 빚지고 억울하고 원통한 사람은 창조적인 새 일을 못합니다. 잘되는 일도 망칩니다. 하지만 하나님이 그들을 바꾸셔서 그 상처가 새로운 에너지가 된 것입니다.

하나님은 그들을 변화시키십니다. 하나님의 능력과 체험과 비전으로 새롭게 변화시키셔서 무너져 가는 이스라엘을 세우는 일, 다윗 왕조를 세우는 일에 쓰십니다. 새로운 비전이 그들 속에 들어갈 때, 그들이 어디에 있든, 그들의 상태가 어떠하든, 하나님이 마음의 소원을 두고 기도하게 하신 것을 통해 그들의 인생을 바꾸어 가시는 것입니다.

공동체는 병든 것도 낫게 하는 힘이 있습니다. 다윗이 죄를 지어서 타락하고 아들에게 쫓겨 갈 때도 공동체가 다윗과 왕권을 회복시킵니다. 마찬가지로 서로 품어 주는 것이 살아 있는 가정입니다. 건강한 가정은 병든 사람, 지친 사람, 잘못된 사람을 회복시켜서 정상적으로 살아가게 합니다.

주님은 선지자를 통해 다윗에게 음성을 들려주셔서 그 말씀을 따라가게 하십니다. 평소에 우리는 내 뜻과 계획대로 하고 하나님의 말씀이 들려도 그대로 행하지 않습니다. 내 계획과 내 뜻대로 했는데 유익이 없고 더 큰 어려움을 겪을 때 비로소 집착하던 것을 버립니다. 그리고 하나님의 말씀을 따라 내 생각과 내 삶을 바꿔 나가기 시작합니다. 다윗은 하나님의 말씀에 순종했습니다.

하나님은 다윗을 오히려 더 깊은 광야로 보내십니다. 더 고통스럽고 지치게 만드시는 것입니다. 하나님의 말씀에 순종했으면 축복해 주셔야 하는데 더 힘들게 만드십니다. 주님이 바다를 건너자고 하셔서 배 타고 건너가는데 풍랑을 만나 죽을 뻔합니다. '순종했는데 왜 내 삶은 더 어렵고 더 힘들지?' 그것은 하나님이 훈련을 한 단계 업그레이드하신 것입니다. 그렇게 지치고 힘들게 만든 다음, 만날 수 없는 자리에서 요나단을 만나게 하십니다. 성령을 닮은 그 요나단을 통해 하나님의 언약과 약속과 비전을 다시 되새기게 하는 것입니다. 그것이 재충전입니다.

여러분이 힘들고 어렵고 지치고 병들고 어떻게 살아야 할지 몰라 방황할 때 하나님은 말씀을 통해 위로해 주십니다. 하나님의 언약도 위로

속에 있고, 하나님이 나를 버리지 않고 인정하신다는 것도 위로 속에 있고, 하나님이 약속하신 것을 반드시 이루신다는 것도 위로 속에 있는 것입니다.

그러나 또다시 유혹이 다윗을 찾아옵니다. 다윗이 엔게디 동굴에 숨었을 때였습니다. 사울이 3,000명의 군사를 이끌고 와서 그 동굴에 혼자 용변을 보러 들어갔다가 그곳에서 잠시 쉽니다. 말씀을 보니 옷자락을 베어도 몰랐다고 합니다. 그때 그 굴 안에 마침 다윗과 다윗의 군사들이 있었습니다. 수많은 굴 중에 왜 하필 다윗이 숨어 있는 굴 속에 들어왔을까요? 다윗의 마음에 어떤 마음이 들까요? '아, 이제는 내 고통과 괴로움을 끝낼 시간이 되었다. 수많은 동굴 중에 여기 들어왔다는 것은 하나님이 사울을 내게 붙여 주신 것이다.'

다윗이 그렇게 생각할 만합니다. 사울이 자기 발로 다윗이 숨어 있는 동굴에 들어왔고 사울 혼자 있기에 수많은 군사가 아무 의미가 없었습니다. 사울을 죽여도 백성이 나를 원망하는 것이 아니라 죽을 사람이 죽었다고 여길 거라고 생각했습니다. 또 하나님이 때에 맞게 기회를 주시는구나 싶었을 것입니다. 그리고 자신과 함께한 600명이 생각났을 것입니다. 다윗 때문에 군사로 훈련된 사람도 아닌데 전쟁을 치르고 죽을 고비를 넘기며 지금까지 함께해 왔는데 그들을 위해서도 이제 끝장을 내야겠다는 생각이 들었을 수도 있을 것입니다.

분별하는 지혜

하지만 우리에게 기회가 주어질 때가 가장 넘어지기 쉬운 때입니다. 하나님은 내가 할 수 있는 것과 할 수 있을 때에도 하지 말아야 할 것을 분별하도록 훈련시킵니다. 반대로 내가 할 수 없는 것과 할 수 없을 때에도 하나님의 말씀과 명령이기에 순종하는 훈련도 시키십니다. 둘 다 분별하기 참 어렵지만, 그중에 더 어려운 것은 내가 할 수 있고 하고 싶을 때도 주님의 뜻 앞에 중단하고 물러설 줄 아는 것입니다. 성경에는 "모든 것이 가하나 다 유익이 아니라"라고 나와 있습니다. 그리고 로마서에는 "내가 마땅히 해야 되고 품어야 될 것 이상을 품지 않는 것이 믿음"이라고 했습니다. 혼란스럽고 어려운 일입니다.

그러면 다윗은 어떻게 행동했습니까? 다윗의 부하들은 하나님의 말씀을 인용하면서 정말 이것은 하나님이 주신 기회라고 했지만 다윗은 그렇게 하지 않았습니다. 자신과 공동체가 더 큰 고통을 당할 수 있는데도, 다윗은 그렇게 하지 않았습니다. 하지만 그것은 결과적으로 굉장히 큰 유익을 낳았습니다. 다윗이 사울을 죽이지 않았기 때문에 사울을 지지하는 수많은 사람이 다윗을 인정했고, 중도에 있던 사람들도 사울이 죽었을 때 슬퍼하고 애도하는 다윗의 모습을 보며 '저 사람이야말로 진정한 왕의 인격과 성품을 가진 사람이구나' 하고 최초의 통일 왕국의 왕으로 받아들이게 되었습니다. 그리고 다윗이 사울을 죽이지 않았기에 그와 함께한 600명이 신앙의 삶, 믿음의 삶이 무엇인지를 배우게 되었습니다.

나를 통해 함께한 사람들, 공동체, 자녀들이 믿음의 삶에 대해 깨닫게 됩니다. 서로 영향을 주는 것입니다. 다윗과 함께한 사람들은 세상 속에서 버림 받은 사람들로 자신의 운명과 관련된 일에 극도로 날카롭고 예민한 상태였습니다. 그런데 다윗을 보면서 하나님의 것은 절대적으로 지켜야 한다는 것을 배우는 것입니다. 그리고 그 유익은 고스란히 다윗에게 옵니다. 위에 있는 사람을 마음대로 죽이면 밑에 있는 사람도 기회가 될 때 자신을 죽일 수 있는 것입니다.

그리고 또 하나, 다윗이 마음대로 사울을 죽이지 않은 것은 사울이 잘못을 깨닫게 하는 중요한 역할을 했습니다. 하나님은 바로 이렇게 사울을 돌이키고 깨닫게 하셨습니다. 잘못을 지적해서 '아, 내가 잘못했구나' 하는 사람은 별로 없습니다. 사람 속에는 자신을 방어하고 싶은 마음이 있기 때문입니다. 그러나 진심으로 받아들일 때 스스로 깨닫게 됩니다. 그때 비로소 다윗은 "내 사위야, 내 아들아, 네가 정말 나를 사랑하는 줄 알겠다. 내가 잘못했다"라고 깨닫게 되었습니다. 사람은 지적하고 고쳐주는 것도 불편해합니다. 그러나 삶을 통해서 보여주면 그것을 보고 깨닫습니다.

우리는 살아가면서 우선 이익이 될지언정 나중에 보이지 않는 소중한 것을 잃어버릴 때가 많습니다. 그러므로 기도하고 기다려야 합니다. 이야기할 때도 기다리고 하나님께 물어야 합니다. 기다림이 길어질 때, 하나님이 때를 주실 것입니다.

하나님의 주권

다윗이 마음대로 사울을 죽이지 않은 이유는 무엇일까요? 우리가 이런 유혹과 어려움 속에서 이것이 기회인지, 유혹인지 어떻게 분별하느냐는 것입니다. 첫 번째, 다윗은 인생의 모든 일이 하나님의 주권에 있다는 것을 믿었습니다. 이것은 저절로 생긴 믿음이 아닙니다. 그때까지 살아온 인생을 돌아보며 깨닫는 것입니다. 완전히 엎어지고 죽고 망할 순간인데도 살아납니다. 한 나라의 왕과 싸워서 이기고 죽음을 면하게 됩니다. 하나님이 피할 길을 주신 것입니다. 정말 죽을 수밖에 없는 상황 속에서 살아난 것이 놀라운 은혜라는 것을 깨닫는 것입니다.

인생은 하나님의 절대 주권 아래 있습니다. 그래서 다윗은 악한 사람이 형통한 것을 보고 안타까워하지 말라고 합니다. 그리고 이렇게 생각합니다. '사울 왕은 하나님이 세우신 종이야. 하나님께 속한 사람을 내가 어떻게 하겠어? 죽이거나 살리는 것은 하나님께 있어.' 지금 다윗은 자신의 운명을 걸고 이 결단을 하는 것입니다. 사울이 죽으면 왕이 되고 그동안 함께한 사람들과도 고생 끝 행복 시작인데 그렇게 하지 않습니다.

우리는 무엇이든지 할 수 있습니다. 하나님이 우리 인간에게 주신 최대 축복은 자유입니다. 우리가 타락할 줄 알면서도 하나님은 우리에게 자유를 주셨습니다. 그런데 내 마음대로 말하고 행하는 것은 궁극적으로 유익이 되지 않습니다. 다윗이 사울을 보면서 무슨 생각을 했을까요? 다윗을 죽이려고 대군을 이끌고 온 사람인데, 지금 그 사람의 목숨이 자신의 손에 달려 있는 것입니다. '내가 쫓긴다고 해서 완전히 독 안에 든 쥐만은 아니구나. 이 일은 하나님의 장중에 있구나.' 다윗은 이렇게 생각했을 것입니다.

다윗의 이 경험이 훗날 그가 왕이 되었을 때 굉장한 유익이 됩니다. 그는 왕권에 의지하지 않았습니다. 세상이 주는 권세와 능력과 부귀와 영화에 자신의 인생을 걸지 않고 인생을 결정하는 중요한 잣대가 하나님의 주권임을 알고 하나님께 순종했습니다.

반면 사울은 왕권이 주어졌을 때 마음대로 했습니다. 하나님의 명령과 상관없이 내가 죽일 수 있으니까 죽이고 살릴 수 있으니까 살릴 수 있다고 생각한 것입니다. 그래서 하나님이 소와 양을 다 죽이라고 해도 자신의 뜻대로 제사로 드리겠다며 살려서 다 끌고 왔습니다. 하지만 하나님은 제사가 아니라 순종을 원하십니다. 하나님의 말씀에 얼마나 순종하는지를 보시는 것입니다.

하나님은 우리에게 여러 가지를 훈련시키시는데, 궁극적인 훈련은 순종하는 것입니다. 이스라엘 백성이 행군할 때, 하나님은 성막에 구름이 뜨면 가고 안 뜨면 안 가게 하셨습니다. 원칙이 무엇인지도 모른 채 그들은 그대로 따랐습니다. 그 과정을 통해 하나님은 우리가 예상하고 옳다고 생각하는 기준을 하나씩 다 뭉개시는 것입니다. 그리고 하나님의 인도하심 앞에 우리의 인생이 있다는 것을 고백하게 만드십니다.

믿음의 친구

두 번째, 다윗이 사울을 죽이지 않은 것은 좋은 친구를 가까이 두었기 때문입니다. 다윗은 요나단에게 받을 수 없는 사랑과 은혜를 받았습니다. 요나단이 다윗의 편을 드니까 사울은 아들 요나단을 죽이려고까지 했습니다. 그때 다윗은 요나단이 나를 위해 죽을 수도 있는 친구라는 것을 알았습니다. 그들의 관계에는 하나님이 계셨습니다. 결국 다윗은 하나님의 언약 속에 만난 친구, 영적으로 유익을 주는 친구인 요나단 때문에 친구의 아버지인 사울을 안 죽였습니다. 스쳐지나간 모든 것이 다윗의 마음에 쌓이고 이것이 울타리가 되어서 사울을 죽이지 못한 것입니다.

영적인 친구는 굉장히 중요합니다. 하나님의 말씀을 통해 하나님과의 언약을 기억하게 합니다. 낙심할 때 하나님이 인도하셨던 은혜를 나누게 합니다. 내 삶 속에 함께하셨던 하나님을 돌아보게 합니다. 이러한 간증과 나눔이 우리에게 영향을 주면서 우리가 죄를 짓는 것을 막게 하는 것입니다. 그래서 나를 하나님 앞에 순종하도록 이끌어 줍니다.

그래서 믿음의 교제 속에 들어가는 것이 중요합니다. 그냥 혼자 신앙생활을 하는 것은 의미가 없습니다. 내 삶이 변화되고 새로워지는 것은 소그룹 속에서 교제할 때 이루어집니다. 세상 것으로 이야기를 나누는 것은 인간관계 훈련입니다. 정말 내게 유익이 되는 것은 하나님이 인생을 통해 어떻게 역사하시는지, 내 삶을 지금까지 어떻게 붙들어 주셨는지 영적으로 일깨워 주는 친구들입니다. 반면 나에게 잘못된 영향을 주는 친구는 멀리해야합니다. 여기에도 영적인 분별력이 필요한데 지나고 보면 알 수 있습니다.

순종하는 마음

세 번째, 다윗이 사울을 죽이지 않은 것은 그에게 하나님의 뜻에 맞추어 살겠다는 마음이 있었기 때문입니다. 다윗의 인생을 보십시오. 하나님의 말씀에 순종했습니다. 성전을 짓고 싶었지만 하나님이 성전을 짓지 말라고 하시니까 안 짓습니다. 다윗이 얼마나 하나님의 전을 짓고 싶은 마음이 가득했을까요? 하지만 하나님이 "너는 손에 피를 너무 많이 흘려서 안 돼. 손에 피를 많이 흘린 사람이 하나님의 전을 짓게 할 수는 없어"라고 하시니 순종하는 것입니다. 하나님의 뜻대로 살겠다는 그 마음이 중심에 있기 때문입니다.

우리가 분별할 때 중요한 것은 '하나님의 뜻'입니다. 따라서 기도해야 합니다. 기도하면 내가 옳다고 생각하는 그 기준에 주님의 영이 들어와서 주님의 관점으로 생각하고 보게 됩니다. 반대로 기도하지 않으면 계속해서 내가 살아온 방식대로 살아가게 됩니다. 하나님 앞에 계속 문제를 붙들고 기도해 보십시오. 그러면 생각이 바뀔 것입니다. 마음속에서부터 변화가 생깁니다. 밉고 원망했던 사람을 이해하고 용서할 수 있게 되는 것입니다.

기뻐할 때는 어떤 일이 일어납니까? 기뻐할 때는 이미 나에게 주신 하나님의 축복을 돌아보는 지혜가 찾아옵니다. 우리에게는 욕구라는 것이 있어서 해야 할 것, 안 된 것, 못 한 것이 마음속에 머물러 있습니다. 그래서 그런 것 때문에 이미 나에게 주신 하나님의 은혜를 모를 때가 많습니다. 그러면 기쁨과 감사가 사라지는 것입니다. 그러나 우리가 기뻐하고 순종하면 이미 주신 하나님의 뜻을 바라볼 수 있고 믿음과 감사로 하나님 앞에 나아갈 때 문제는 저절로 해결됩니다. 모든 것을 감사함으로 볼 것을 결단하십시오. 그 감사가 기적을 만들 것입니다.

여러분은 유혹과 기회를 판단할 때 어떻게 합니까? 우리가 나눈 세 가지만 기억하십시오. 첫째, 모든 것이 하나님의 절대 주권 속에 있다는 것을 인정하자. 둘째, 믿음의 친구를 두자. 셋째, 하나님의 뜻에 순종하자. 이렇게 살아갈 때, 다윗이 받은 축복의 은혜가 여러분의 것이 될 것입니다.

9

돌이킴과 깨우침을 위한 만남

사무엘상 25:23-35

목동에서 왕이 되는 다윗의 생애를 살피다 보면 다윗에게 중요한 세 사람과의 만남이 있습니다. 그 첫 번째 만남은 사무엘입니다. 사무엘은 여덟 번째 아들로 태어나서 존재감이 없었던 다윗에게 이렇게 말합니다. "너는 이 나라의 왕이 될 거야. 하나님이 너를 왕으로 세우실 거야." 꿈과 비전을 갖게 된 다윗의 삶은 그때부터 왕이 되기 위한 하나님의 인도하심 속에 들어갑니다. 다윗의 마음속에는 그 꿈이 생긴 것입니다. 그것은 비전의 만남이었습니다.

두 번째 만남은 나단이라는 선지자입니다. 다윗이 모든 시련을 이겨내고 풍성하고 넉넉한 삶을 사는 동안 원하지 않는 죄악이 그 마음속에 들어오기 시작합니다. 우리아의 아내 밧세바를 범하고 그뿐만 아니라 남편 우리아를 전방으로 보내서 전사하게 만들어 그 여인을 자신의 아내로 취하기까지 합니다. 그 당시 문화나 환경에서는 그럴 수 있었기에 별로 죄책감도 없었습니다. 그러나 다윗은 선지자 나단을 통해 잘못을 깨우치게 됩니다. 멸망당한 사울이 걸어간 길을 갈 수 있는 갈림길에서 나단이라는 선지자를 통해 다시 한 번 생명의 길, 하나님의 길로 걸어가게 되는 것입니다.

그리고 세 번째 만남은 아비가일이라는 여인과의 만남입니다. 다윗은 많은 것을 잃어버렸습니다. 하나님은 다윗을 왕으로 세울 때에 왕이 되기 위해 필요한 것을 하나씩 붙여 주셨습니다. 그러나 일정한 시간이 지나고 나서 다윗이 의지하고 그의 삶을 풍성하게 만들었던 것을 하나씩 제거해 가십니다. 정말 귀한 친구였던 요나단과 떨어지고 미갈과도 분리되고 자신을 칭송하고 인정해 주었던 백성들과도 만나지 못하고 그에게 가장 중요한 버팀목이 되었던 사무엘마저도 세상을 떠났을 때, 그는 모든 것을 다 잃어버린 상실감에 빠질 수밖에 없었습니다. 게다가 사울은 이런 슬픔에 빠져 있는 다윗을 집요하게 따라다니면서 그를 죽이겠다고 위협하는데 다윗은 그때 아무것도 할 수 없었습니다.

깊은 상실감을 경험하면 마음이 좁아집니다. 마음의 여유가 있는 사람은 넉넉하게 이것도 품고 저것도 품는데 상실에 대한 위기를 느끼는 사람은 마음이 굉장히 좁아져 바늘 하나도 담을 수 없을 정도로 좁아집니다. 그리고 마음이 복잡합니다. 어디로 가야 하는지 잘 모르는 것입니다. 또 마음이 거칠어져서 세상에서 가장 거친 곳이 자신의 마음이라는 것을 시간이 지나고 나서야 발견합니다.

그때 삶의 의욕이 없어집니다. 내가 하는 일에 대한 의미도 발견하지 못하고 내가 지금 무슨 일을 하고 어떤 목표를 가지고 살아야 하는지 다 잃어버립니다. 정서적인 마비가 오면서 사람이 굉장히 단순해지고 공격적으로 변해 버리는 것입니다. 생리적, 심리적, 사회적 불균형이 일어나면서 심각한 정신 장애를 겪게 되는데, 그때 다윗이 아비가일과 만납니다. 침체되었던 다윗이 다시 한 번 일어나고 회복되어서 하나님이 주신 사명의 길을 걸어가도록 만든 사람이 바로 아비가일인 것입니다.

다윗처럼 우리도 세 종류의 사람을 만나야 합니다. 나에게 꿈을 주고 비전을 주는 사람, 희망이 없이 무너져가는 세상 속에 어떻게 살아야 할지 비전을 주는 사람을 만나야 합니다. 그리고 잘못된 길인지 알지 못하고 나아갈 때 분명히 가르쳐 주면서 생명의 길로 가도록 일깨워 주는 사람도 필요합니다. 고통이든 아픔이든 사람이든 상관없이 그 깨달음이 없이는 우리의 인생은 그대로 끝나기 때문입니다.

살아가며 얼마나 주저앉을 일들이 많습니까? 계속해서 일과 사람과 문제에 얼마나 많이 시달립니까? 주저앉고 싶지만 그럴만한 형편이 안되어서 힘겹게 걸어가야 할 때도 있습니다. 그러한 삶 속에서 나를 다시 일으켜 세워 주고 내가 누구이고 어디로 가야 하는지를 이야기해 줄 수 있는 아비가일 같은 여인이 우리에게 필요합니다. 아비가일이 어떻게 했기에 회복될 것 같지 않았던 다윗이 다시 일어설 수 있었을까요? 아비가일을 통해 다윗이 어떻게 회복되었는지 살펴보겠습니다.

겸손한 태도

첫 번째, 아비가일은 겸손한 태도를 갖고 있었습니다. 다윗은 아비가일의 남편 나발에게 당한 모욕 때문에 이성적으로 판단하지 못하고 수치감으로 분노가 폭발했습니다. 보통 때는 그냥 분노로 끝나지만 상처를 자극하는 분노는 너무 폭발적이라서 막을 사람이 아무도 없습니다. 다윗이 이렇게 말합니다.

"내가 그에게 속한 모든 남자 가운데 한 사람이라도 아침까지 남겨 두면 하나님은 다윗에게 벌을 내리시고 또 내리시기를 원하노라 하였더라"(삼상 25:22).

세상이 뒤집어져도 나발의 집에 있는 모든 사람을 죽이겠다고 굳게 결심한 것입니다. 그런데 이 분노를 그치게 하고 다윗을 돌이키게 한 첫 번째 요소가 바로 아비가일의 겸손한 태도였습니다. 아비가일은 다윗을 기다리지 않고 종들에게 이야기를 듣자마자 다윗이 오는 길목으로 먼저 나갔습니다.

"아비가일이 나귀를 타고 산 호젓한 곳을 따라 내려가더니 다윗과 그의 사람들이 자기에게로 마주 내려오는 것을 만나니라"(삼상 25:20).

다윗은 어떻게 보면 게릴라이므로 그들이 다니는 길은 무척 험합니다. 그런데 그 길을 가련한 여인이 나귀를 타고 가는 것입니다. 이것이 겸손의 시작입니다. 아비가일은 다윗을 만나자마자 나귀에서 내려 다윗 앞에 코가 땅에 닿도록 엎드렸습니다. 고대 지방에서 코를 땅에 대는 것은 최상의 예의와 겸손의 모습입니다. 다윗 앞에 자신을 낮춘 것입니다. 성경을 보니 아비가일이 다윗 앞에서 자신을 여섯 번씩이나 '당신의 여종'이라고 표현합니다. 그리고 스물다섯 번이나 다윗을 '내 주'라고 합니다.

그리고 아비가일은 남편의 죄를 자신의 죄로 인정했습니다. 시비가 붙은 것을 보면 일방적으로 한쪽만 잘못한 것은 없습니다. 그리고 특별히 가족에 대해서는 내 가족을 챙기며 변명하게 되지, 100% 잘못했다고 인정하지 않습니다. 하지만 아비가일은 그렇게 하지 않았습니다. 전적으로 자신의 잘못이고 허물이라고 했습니다. 그리고 다윗의 그 분노를 이해한다고 했습니다. 그대로 받아들인 것입니다. 그리고 짧은 시간이었지만 다윗이 필요로 하는 수많은 물건을 준비해서 다윗에게 줍니다.

아비가일의 겸손함으로 다윗의 분노가 가라앉기 시작했습니다. 왜 "교만은 패망의 선봉"이라고 하는 걸까요? 교만한 마음은 마음속에 감동을 주지 못합니다. 교만한 사람은 자신의 마음을 전달할 수가 없습니다. 사람의 마음을 진실로 열지 못하는 것입니다. 세상에는 잘못을 지적하고 바로잡고 가르치려고 하는 사람들이 많습니다. 하지만 그것이 분쟁과 다툼으로 이어지고 원수로까지 이어지는 이유는 겸손한 모습이 없기 때문입니다.

복음을 알고 하나님의 은혜를 받은 그리스도인들은 사람을 이렇게 대해야 합니다. 겸손한 마음으로 남을 낫게 여기라고 했습니다. 그러나 이것은 쉽지 않습니다. 잘난 내가 못난 너를 가르치고 지적한다는 마음이 있기 때문입니다. 그러나 우리는 예수님과 같은 마음을 품어야 합니다.

> "너희 안에 이 마음을 품으라 곧 그리스도 예수의 마음이니 그는 근본 하나님의 본체시나 하나님과 동등됨을 취할 것으로 여기지 아니하시고 오히려 자기를 비워 종의 형체를 가지사 사람들과 같이 되셨고 사람의 모양으로 나타나사 자기를 낮추시고 죽기까지 복종하셨으니 곧 십자가에 죽으심이라"(빌 2:5-8).

아비가일의 겸손함이 아비가일 집안의 남자, 식구들을 다 살리고 하나님의 종 다윗이 범죄하지 않게 했습니다. 또 예수님의 겸손함이 온 인류를 구속하는 역사를 만들었습니다. 예수님이 겸손하게 인간의 몸으로 오셔서 십자가에서 우리의 죄를 위하여 못 박혀 죽는 모습을 보여 주셨고, 그렇게 겸손함을 보여 주셨기에 우리가 예수 그리스도의 진리를 받아들이게 된 것입니다.

우리의 겸손함은 우리가 사랑하는 많은 사람을 살리고 이 민족과 이 시대를 살리는 놀라운 능력이 될 것입니다. 생명을 살리는 역사가 우리의 겸손함에서 시작된다는 것을 기억하고 아비가일 같은 겸손함을 갖기를 바랍니다.

함께하신 하나님의 은혜

두 번째, 아비가일은 다윗에게 과거에 도우시고 함께하셨던 하나님의 은혜를 기억하게 했습니다. 겸손한 자세로 다윗의 분노를 누그러뜨린 다음에 하나님이 지금까지 다윗과 함께하신 일들을 돌아보게 만든 것입니다. 지금 다윗은 자신이 당한 일들로 마음이 많이 상해 있었습니다. 게다가 나발의 무시는 다윗에게 단순한 분노가 아니라 깊은 상처를 자극했습니다. 과거에 도우신 하나님보다는 자신에게 초점이 맞추어져 있었던 것입니다.

사람이 상처를 받고 위기라고 느끼기 시작하면 시야가 굉장히 좁아지고 자기중심적으로 변합니다. 왜냐하면 심리적으로 내 것을 잃고 마음이 상해 보았기 때문에 더는 잃어버리고 싶지 않은 것입니다. 더 잃어버리면 너무 고통스러우니까 안 잃어버리려고 꽉 움켜쥡니다. 내가 나를 지키지 않으면 이 세상에 나를 지킬 것이 없다는 그 마음이 시야를 좁게 만드는 것입니다. 거기에 갇혀서 모든 것을 판단하니까 상처와 상실 이후에 내리는 판단은 잘못될 가능성이 굉장히 많습니다. 그래서 깊은 상처와 아픔을 경험한 다음에는 큰 결정을 하지 않아야 합니다.

그러나 자신과 문제에 집중하는 다윗, 방어적이고 자기중심적인 다윗을 아비가일이 지혜롭게 깨뜨립니다.

> "사람이 일어나서 내 주를 쫓아 내 주의 생명을 찾을지라도 내 주의 생명은 내 주의 하나님 여호와와 함께 생명 싸개 속에 싸였을 것이요 내 주의 원수들의 생명은 물매로 던지듯 여호와께서 그것을 던지시리이다"(삼상 25:29).

다윗의 삶에서 그가 생각하는 가장 짜릿하고 멋있는 순간은 언제일까요? 자신이 물맷돌로 골리앗을 쓰러뜨린 것 아니겠습니까? 그것을 절정 경험이라고 하는데 이 경험은 우리 마음속에 깊게 새겨져 지워지지가 않습니다. 그런데 아비가일이 다윗의 절정 경험과 연결되는 '물매'라는 표현을 쓰면서 과거에 도우시고 함께하신 그 하나님을 돌아보게 만든 것입니다.

아비가일의 이 말을 듣고 다윗은 무슨 생각을 했을까요? 목동이었던 자신을 사용하신 주님, 가정에서도 인정받지 못한 나를 왕으로 세우시겠다는 비전을 주신 주님, 칼과 창으로 무장하고 나오는 거인 골리앗을 물맷돌로 단번에 쓰러뜨리도록 능력을 주신 주님, 승리의 기쁨과 감격을 주시고 여기까지 인도하신 그 주님을 회상할 수밖에 없었을 것입니다. '아, 나는 잃어버린 것이 없구나. 내가 의지하고 내가 사랑하던 것을 다 잃어버려도 그것을 주신 하나님이 여전히 나의 하나님이시고 나와 동행하시며 내 삶을 인도해 가시는구나'라고 다시 한 번 깨닫는 것입니다. 그것은 하나님의 은혜를 기억하며 회복하는 과정입니다.

하나님의 은혜가 내 속에 들어와 나를 흔들면 마음이 부드럽고 겸손해집니다. 나를 둘러싸고 있던 이기주의와 자기중심적인 두터운 벽들이 무너져 내리기 시작합니다. 전후, 좌우, 앞뒤를 살필 줄 아는 여유와 넓은 마음이 하나님의 은혜를 체험하는 순간 스며들기 시작합니다. 새 마음이 들어오는 것입니다.

치유는 과거의 사건을 바꿀 수 없지만 과거를 해석하는 것은 달라지게 합니다. 받아들이고 해석하는 것이 달라지니까 그 다음 선택과 행동이 달라집니다. 아픔을 하나님의 은혜라는 관점으로 보면서 그 속에 계신 절대적인 하나님, 나를 놓지 않으시는 그 하나님의 섭리와 손길을 느끼게 되는 것입니다. 나와 함께하시는 하나님을 깨달을 때 힘이 나고 담대해져서 두려움을 물리칠 수 있습니다.

우리가 어려운 인생을 기쁘게 걸어갈 수 있다면 얼마나 행복할까요? 감사함으로 상처를 볼 수 있는 눈이 있다면 얼마나 복된 인생일까요? 사랑하는 여러분, 삶 속에 문제와 아픔과 고통만 보이는 것 같아도 그 속에서 과거에 도우신 하나님의 손을 발견할 수 있다면 우리는 분명히 다시 일어설 수 있습니다. 그 은혜가 여러분에게 있기를 바랍니다.

하나님의 언약

세 번째, 아비가일은 다윗에게 하나님의 언약을 다시 붙들도록 권면했습니다. 지금 다윗은 과거와 현재의 당한 일로 다른 것을 생각할 여유가 없습니다. 그러나 아비가일은 다윗이 하나님의 약속을 다시 붙들게 하면서 그가 누구이고 지금 무엇을 해야 하는지를 깨닫게 해줍니다. 지금 나발을 죽이는 것은 하나님이 세우시려는 다윗이 할 일이 아니라는 것을 일깨워주는 것입니다.

그리고 이렇게 덧붙입니다. "이것은 단순히 내 생각이 아닙니다. 성령이 나를 통해 당신에게 증거하기를 원하시는 것입니다."

다윗도 이것을 인정합니다. 아비가일이 하는 말이 하나님의 말씀이심을 깨달았습니다. 그래서 이렇게 말합니다.

> "다윗이 아비가일에게 이르되 오늘 너를 보내어 나를 영접하게 하신 이스라엘의 하나님 여호와를 찬송할지로다"(삼상 25:32).

'하나님이 나를 이 자리로 인도하셨구나. 때로는 상황과 고통을 통해 주님이 말씀하시는구나.' 이것을 깨닫게 될 때 하나님의 언약을 다시 붙들고 싶은 마음이 생기는 것입니다. 아비가일은 여전히 지쳐 있고 문제에 붙들려 있는 다윗이 하나님의 인도하심과 신실하신 약속을 느끼고 깨달아서 그 은혜를 고백하게 합니다.

유진 피터슨은 아비가일의 말을 이렇게 해석했습니다. "다윗이여, 원수를 갚는 일은 당신이 할 일이 아닙니다. 원수 갚는 일은 하나님이 하실 일이고 당신은 하나님이 아닙니다. 당신이 여기 광야에 있는 것은 하나님이 무슨 일을 하시며 하나님 앞에서 당신이 누구인가를 발견하기 위해서입니다. 광야는 당신이 스스로 실험해보며 당신이 얼마나 강인하고 꼿꼿한지 시험하는 시험장이 아닙니다. 광야는 당신의 삶 속에서 그리고 당신을 통해 일하시는 하나님의 신실하심과 능력을 발견하는 곳입니다. 나발은 어리석은 자에 불과합니다. 하지만 당신도 어리석은 자가 되렵니까. 여기서 어리석은 자는 한 사람으로 족합니다."

복수심에 가득 차서 피를 보려고 달려갔던 다윗은 자신이 하나님의 기름 부음을 받은 종이고 하나님이 영광을 받으셔야 하는 삶을 살아야 하며 하나님이 그 영광을 받기 위해 자신을 기다리고 기대하고 계신다는 것을 아비가일을 통해 바라보았습니다. 하나님의 종은 하나님의 더 크고 놀라운 일을 위해 힘써야 할 존재라는 것을 다시 한 번 깨닫게 된 것입니다.

아비가일은 다윗에게 확정적인 말을 해줍니다. "다윗이여, 하나님이 당신을 세우실 때에 나를 잊어버리지 마십시오." 이 말은 아비가일 자신을 기억해 달라는 것보다 하나님이 다윗을 반드시 세울 거라는 확신이었습니다. 하나님의 약속을 바라보십시오. 하나님은 약속대로 이루어주시는 신실하신 분이고 앞으로도 우리의 삶을 주의 뜻대로 인도하실 것입니다.

며칠 후에 아비가일의 남편인 나발이 죽습니다. 하나님이 치셔서 죽은 것입니다. 그때 다윗은 아비가일을 아내로 삼습니다. 아비가일은 다윗이 피로 복수하는 것을 막고 하나님의 약속을 붙들고 하나님의 사람으로 다시 걸어가게 한 현명한 여인이었기 때문입니다. 결국 아비가일은 하나님의 역사의 중심부로 들어가게 됩니다. 격려하는 사람이 받는 축복입니다. 이후로 성경에 아비가일에 대한 이야기는 나오지 않습니다. 그러나 다윗에게 걱정거리가 되거나 문제를 일으켰다는 이야기도 나오지 않습니다. 아마도 아비가일은 끝까지 다윗이 하나님의 사람의 길을 걸어가도록 옆에서 도왔을 것입니다.

여러분 속에도 아비가일 같은 여인이 있습니다. 바로 성령님입니다.

성령님은 우리와 함께하시는 하나님의 말씀을 기억나게 하십니다. 삶의 모든 상황 속에서 하나님이 함께하셨던 그 놀라운 일들을 끊임없이 말씀하십니다. "네 자신의 문을 열라. 네가 열어야 내가 들어가서 너를 어루만지고 바꿀 수 있다." 주님이 문밖에서 두드리는 것을 보면 그 문에는 문고리가 없습니다. 그 문은 안에서 열기 전까지 열리지 않는 것입니다. 그러므로 내가 문을 열고 성령님이 나와 함께 계심을 깨달아야 합니다. 그때 고난과 시련 가운데 하나님이 여전히 나와 함께 계신다는 것, 내가 다 잃어버리고 아무것도 없을 때에도 하나님이 모든 것을 공급해 주신다는 것을 깨닫게 됩니다. 성령님은 하나님의 약속을 붙들게 하시며 우리의 입술에 찬송의 회복을 주실 것입니다.

우리는 하나님의 말씀을 들을 때 깨달을 수 있습니다. 하나님께 우리의 마음을 열지 않으면 다윗처럼 감정이 시키고 상황이 시키는 대로 인생을 결정하며 살아갈 수밖에 없습니다. 하지만 아무것도 남아 있지 않은 상황에서도 여전히 나를 기대하시는 하나님의 길로 가도록 아비가일 같은 성령님이 우리를 깨우치실 것입니다. 하나님은 성령님이 우리에게 하시는 것처럼 우리도 아비가일처럼 살기를 원하십니다. 겸손한 태도로 복음을 전하고 삶 속에서 함께하신 하나님의 은혜로 사람을 세워 나가는 귀한 사역을 하기를 바랍니다.

사랑하는 여러분, 겸손이 우리를 살리고 가정을 살리고 이 시대를 살릴 것입니다. 우리 속의 성령님께 우리의 마음을 내려놓으면 우리는 이 세상의 것을 넘어 하나님을 바라보는 눈을 열게 될 것입니다. 그리고 이 모든 것을 주신 하나님이 우리 삶 속에 계실 때 섬기고 사랑하고 봉사하며 구제할 수 있게 될 것입니다. 아비가일처럼 우리를 통해 가정이 살고 가문이 살고 민족이 사는 놀라운 역사가 이루어지길 주의 이름으로 축원합니다.

10

승리 후의 영적 관리

사무엘상 27:1-12

우리는 목동에서 왕이 된 다윗의 생애를 통해 하나님이 사람을 세워 가시는 영적인 원리를 살펴보고 있습니다. 저는 여러분에게 존 번연의《천로역정》이라는 책을 권하고 싶습니다. 책이 조금 어려우면《이동원 목사와 함께 걷는 천로역정》(두란노, 2016)이라는 해설서를 읽어 보시기를 바랍니다. 하나님이 우리를 다루시는 방법을 알 수 있는 굉장히 좋은 책입니다.

또 하나 보기를 추천하는 것은 에릭슨(Erik Erikson)이라는 심리학자가 발표한 "심리사회적 발달 단계"입니다. 그것을 통해 '사람은 과정을 통해 성장하고 그 사이에 상처와 아픔도 겪으며 마음이 발달하는구나'를 입체적으로 깨닫게 됩니다. 우리를 결코 포기하지 않으시는 하나님, 우리를 죄 가운데 버려두거나 죄로 인해 멸망하지 않게 하시는 하나님의 사랑과 은혜를 발견하게 되는 것입니다.

그래서 우리가 그때그때 감사하는 것이 중요합니다. 인생을 정리하며 나아갈 때 감사하지 못한 것, 용서하지 못한 것, 풀지 못한 것을 다 해결해야 합니다. 왜냐하면 이것이 숨어서 있다가 나를 흔드는 요인이 되기 때문입니다. 이것을 심리학 용어로 말하면, 무의식 속에서 의식 세계에 영향을 준다고 합니다.

사탄이 역사하면서 우리에게 거짓말, 지적인 왜곡, 정서적인 혼란을 주고 더러운 짓을 하게 합니다. 사탄은 우리의 습관과 생활을 지저분하고 복잡하게 만듭니다. 앞서 이야기했듯이 모든 것은 하나님이 주셔야 가능하지, 우리는 죄를 지을 능력조차 없습니다. 주의 보호하심이 없으면 죄도 못 짓는데, 구름 기둥과 불 기둥 아래에서 죄를 짓는 것이 바로 우리의 모습입니다. 죄를 지을 능력조차 없는데, 내가 무엇을 할 수 있다고 생각하는 것입니다.

그런데 그것을 깨닫기까지는 참 무수한 시련과 아픔과 어려움을 지나야 합니다. 수없이 깨지고 깨지면서 그 속에서 붙드신 하나님의 은혜를 보게 됩니다. 우리가 하나님께 받은 복을 쏟아 버리게 만드는 것은 사탄의 전략 중 가장 큰 것입니다. 복을 받지 못하게 하기도 하지만, 사탄은 우리가 받은 신령한 복을 쏟아 버리게 만듭니다. 또 복이 주는 소망과 기쁨과 감사라는 풍성한 은혜를 사용하지 못하게 합니다.

성경을 쭉 읽어 보면서 말씀대로 살지 못했던 순종의 문제를 점검해 보십시오. 하나님 앞에 순종하지 못한 그 일의 배후에는 반드시 사탄이 붙들고 있습니다. 하지만 우리가 성령을 받고 충만하기 시작하면 그것이 보이고 그 사슬에서 놓임을 받게 될 것입니다.

또 하나 사탄이 우리를 건드리는 적극적인 방법은 보급로를 차단하는 것입니다. 우리에게 보급로를 차단하는 것은 무엇일까요? 우리의 관계를 틀어지게 만드는 것입니다. 특별히 말씀을 전하는 목사와의 관계가 틀어지면 목사가 무슨 말을 해도 안 들립니다. 목사가 문제가 있을 수는 있지만 그때 관계를 이간질하는 어둠의 영이 있다는 것을 알고 빨리 대처해야 합니다. 영적으로 공급받지 못하면 힘들기 때문입니다. 말씀의 생명줄을 놓치면 큰일 납니다. 내가 아는 지식도 생명줄과 연관되면 포기해야 하는 것입니다.

그래서 바울은 자신이 아는 모든 이론을 다 사로잡아서 예수 그리스도의 진리 앞에 꿇어앉게 만든다고 했습니다. 바울은 정말 대단한 사람입니다. 그는 헬라 철학의 대가로 요즘 철학이 아무리 발달해도 그 당시 철학을 능가하지는 못한다고 하는데 그는 헬라 철학의 대가였습니다. 그런데 그는 그가 아는 지식을 배설물로 여겼습니다. 보급로를 차단한 것입니다. 사탄은 우리의 관심을 계속 빼앗아갑니다. TV나 인터넷으로 우리를 현혹합니다. 그래서 그것을 분별하는 것이 참 중요합니다.

사탄이 쓰는 방법이 거짓말, 이간질, 더러운 짓인데, 더러운 짓은 우리의 습관을 말합니다. 습관 때문에 삶의 방식을 못 바꾸게 만드는 것입니다. 익숙한 것이 편하게 만들고 내가 생각한 것이 옳다고 여기게 합니다. 또 사탄은 우리의 먹고사는 문제를 죄의 문제와 같이 연결시킵니다.

그런데 이 모든 것의 시작은 하나님의 말씀에 대한 의심입니다. 사탄은 우리가 하나님을 의심하게 만듭니다. 아담과 하와에게도 하나님이 주신 그 약속의 말씀에 의혹을 갖게 했습니다. 작은 의심부터 영적으로 하나씩 양보하게 되면 우리의 삶 전체를 송두리째 빼앗기게 됩니다. 그때까지 우리는 전혀 눈치채지 못합니다. 그래서 영적인 분별력이 있어야 합니다. 의심을 통해 시작된 사탄의 전략은 다양하지만, 그 전략의 특징을 알면 당하지 않을 수 있습니다. 첫째, 영적인 것보다는 육체적이고 물질적인 것에 관심을 갖게 합니다. 둘째, 영원한 것보다는 현실적이고 실용적인 것에 마음을 빼앗기게 합니다. 셋째, 하나님보다는 문제에 집중하게 합니다.

사탄이 노리는 때

사탄의 궁극적인 목적은 우리를 하나님의 보호하심과 인도하심 속에서 벗어나게 하는 것입니다. 다행인 것은 사탄이 승리를 예상하고 공격해 오지만 그때 우리는 하나님께 더 많이 매달리게 된다는 것입니다. 어려울 때는 차라리 하나님께 더 가까이 붙어 있는 것입니다. 그렇다면 사탄이 노리는 승리의 적기는 언제일까요? 바로 승리한 그 이후입니다. 그래서 하나님은 승리하고 난 다음 우리가 어떤 경우로 무너지고 넘어지는지 다윗을 통해 보여주시고, 그 가운데서 하나님이 어떻게 일으켜 세우시는지를 보여주십니다.

여러분도 믿음으로 승리하고 은혜를 받았을 때 다가오는 유혹과 넘어지게 되는 일들이 있었을 것입니다. 주로 은혜를 많이 받고 나서 은혜를 한꺼번에 쏟게 되는 원인은 혈기입니다. 그래서 은혜를 받고 나면 화날 일이 참 많습니다. 하지만 혈기를 부리고 싶을 때 하나님이 나를 붙들고 은혜를 주고 계신다고 여기며 마음을 다스려야 합니다. 그리고 막 혈기를 부리는 사람이 옆에 있으면 "주님, 고맙습니다. 저 사람의 혈기를 통해 나를 사랑하시고 사탄의 공격이 시작된다는 징표를 알려 주셔서 감사합니다. 같이 대항하지 않도록 도와주세요"라고 기도해야 합니다. 사람을 미워하지 않고 죄를 미워하는 영적인 분별력이 우리에게 필요한 것입니다.

다윗은 사울을 통해 크게 시험을 당합니다. 아마 일생일대의 시험이었을 것입니다. 사울을 죽이면 자신의 모든 고통과 고난이 끝나고 자유해진다는 마음이 당연히 들었을 것입니다. 하지만 하나님의 기름 부음을 받은 종에 대해서는 자신이 다룰 문제가 아니라고 생각했습니다. 모든 것이 하나님의 주권에 있다는 그 믿음을 하나님이 테스트하신 것입니다. 할 수 있지만 믿음 안에서 절제하는 것은 굉장히 어렵습니다.

다윗은 함께하는 600명과 그들의 가족의 미래를 생각하면 결정하기 어려웠지만 믿음을 가지고 결정했습니다. 그러자 사탄의 노예처럼 쓰임을 받던 사울이 잠시나마 정신을 차리고 하나님 앞에서 자신을 돌아보게 될 뿐 아니라 그 600명은 믿음과 신앙생활에 대해 교훈을 얻게 됩니다. 대 승리였습니다. 다윗은 마음속에 '아 내가 옳은 일을 했구나. 이제 다시는 사울이 나를 쫓지 않을 것이다'라는 확신을 갖게 됩니다. 사울이 이렇게 이야기했기 때문입니다.

"보라 나는 네가 반드시 왕이 될 것을 알고 이스라엘 나라가 네 손에 견고히 설 것을 아노니"(삼상 24:20).

이것은 자신이 죽이려고 쫓는 사람에게 할 말이 아닙니다. 성령이 사울의 입술을 통해 외친 것입니다. 다윗을 죽이려고 하던 사울이 600명이 모인 그 자리에서 다윗이 진짜 왕이 될 거라고 말한 것입니다. 그리고 600명은 '맞아, 다윗은 분명히 하나님이 함께하시는 사람이야'라고 확신하게 되면서 다윗의 리더십이 더 견고하게 세워지는 것입니다.

하지만 다윗이 '이제 괜찮구나' 할 때 사울이 또 쳐들어옵니다. 사울이 큰 결심을 하고 다시는 안 온다고 했는데 다시 올 때는 정말 기가 막힙니다. 다윗이 부하와 함께 사울과 아브넬 장군이 머무는 진영 안으로 숨어 들어갑니다. 자고 있는 사울을 본 아비새가 창으로 찔러 죽이겠다고 말합니다. 그러나 다윗은 여호와의 기름부음 받은 자를 치면 안 된다며 그것을 제지하고 그의 물병과 창만 가지고 나옵니다. 그리고 건너편 먼 산에 올라 사울을 향해 외칩니다. "나를 왜 또 죽이려 합니까?" 그때 사울이 이야기합니다.

"사울이 다윗에게 이르되 내 아들 다윗아 네게 복이 있을지로다 네가 큰 일을 행하겠고 반드시 승리를 얻으리라 하니라 다윗은 자기 길로 가고 사울은 자기 곳으로 돌아가니라"(삼상 26:25).

다윗이 큰일을 이루고 승리하면 자신은 죽겠다는 말입니다. 다윗에게 확신을 주는 것입니다. 이렇게 다윗은 두 번이나 결정적인 시험과 유혹에서 이겼습니다. 정말 대단한 승리입니다.

인간적인 생각

"다윗이 그 마음에 생각하기를 내가 후일에는 사울의 손에 붙잡히리니 블레셋 사람들의 땅으로 피하여 들어가는 것이 좋으리로다 사울이 이스라엘 온 영토 내에서 다시 나를 찾다가 단념하리니 내가 그의 손에서 벗어나리라 하고"(삼상 27:1).

그런데 충격적이게도 다윗이 이 일 후를 생각합니다. 그가 영적인 것보다는 인간적인 것을 생각하게 됩니다. 영원한 것보다는 일시적인 것을 생각하게 됩니다. 하나님과 하나님의 약속보다는 현실적인 문제에 마음과 생각을 고정하게 됩니다. 사탄이 우리에게 다가와서 우리의 믿음을 떨어뜨릴 때, 다양한 방법을 쓰지만 그 핵심은 영원한 것보다는 이 땅에 썩어질 것에 마음을 두고 결정하게 하는 것입니다.

영원한 것보다는 현실적이고 눈으로 확인할 수 있는 것, 그 다음에 하나님과 하나님이 행하신 것에 초점을 맞추기보다는 지금 당하고 있는 문제에 초점을 맞추게 합니다. 그래서 자신이 지금 엄청난 어려움과 고통을 겪고 있다는 것으로 관심을 돌립니다. 이 관심에 따라 생각이 마음속에 들어오는 것입니다. 그러므로 여러분이 생각하고 판단하는 것이 다 맞다고 생각하면 안 됩니다.

저는 확신이 있어도 하나님께 자주 물어봅니다. 그렇게 해서 실패한 적이 없습니다. 안 되는 것 같아도 하나님이 다 나중에 유익하게 하셨습니다.

하나님 앞에서 내 생각이 났다고 해서 그것을 맞다고 생각하면 안 됩니다. 영적으로 분별해서 하나님의 생각인지 사탄의 생각인지를 찾아야 합니다. 특히 감정에 따라 생각하고 행동하고 결정하면 안 됩니다. 그것이 정말 하나님 앞에 덕이 되고 기쁨이 되는 일인지를 의식하면서 계속 노력해야 하는 것입니다.

습관을 잘라 내는 것은 엿을 자르는 것과 같아서 잘라도 붙고 또 잘라도 또 붙습니다. 죄의 습관은 너무 즐겁습니다. 쾌락의 즐거움이 있어서 잘라 내기 힘듭니다. 스스로 열 번 결심해야 한 번 겨우 할까 말까 합니다. 그러므로 성령의 도우심을 구해야 합니다.

잘못된 생각의 근거

다윗의 생각 속에는 여러 가지 근거가 있었습니다. 첫째, 인간에 대한 실망과 불신입니다. 그는 블레셋 땅으로 가는 것이 차라리 낫겠다는 생각을 했습니다. 그것은 굉장히 합리적이고 이성적인 판단이었지만 이 배경에는 인간에 대한 불신이 있습니다. '인간은 큰 은혜와 사랑을 베풀어도 또다시 마음대로 하고 싶은 것을 하는구나. 사울은 내가 이렇게 해도 또 얼마 지나면 나를 죽이러 올 거야. 사울의 손에서 벗어날 길은 없어.' 다윗은 너무 지쳐 있었습니다.

하나님을 향한 소망과 사람에 대한 기대와 소망이 사라지는 것은 사실상 사람을 죽이는 것과 같습니다. 우리는 사람에 대한 실망을 하는데, 그 실망이 주는 생각을 따라가면 안 됩니다. 하나님은 우리에게 실망하셔도 끝까지 우리를 붙들어 주십니다. 예수님은 자신을 세 번 부인한 베드로에게도 반석이라며 축복해 주셨습니다. 그러므로 예수님을 믿는 사람은 하나님이 주신 소망을 붙들고 계속해서 기도해야 합니다. 실망과 낙심이 가득한 그 생각에 나를 맡기면 안 되는 것입니다.

둘째, 다윗의 생각에 영향을 준 것은 사무엘의 죽음입니다. 사무엘의 죽음은 이스라엘 백성에게도 충격이었지만 다윗에게는 더 큰 충격이었습니다. 사무엘이 죽고 난 다음에 충동적으로 나발도 잡아서 죽이려 하고 평정심을 잃어버린 다윗의 모습을 말씀에서 볼 수 있습니다. 사무엘이 죽었다는 것은 다윗의 인생에 버팀목이 사라지는 것이나 마찬가지였습니다. '이제 이 세상에 나를 지켜 주는 사람이 없구나.'

셋째, 다윗의 생각에 영향을 준 것은 다윗과 함께하던 600명과 그 가족에 대한 염려였습니다. 다윗은 사무엘이 죽고 사울은 포기하지 않는 상황에서도 자기 옆에 있어 주는 그들이 고마웠습니다. 그래서 다윗이 이렇게 결론을 내게 되는 것입니다. '저들에게 더는 몹쓸 짓을 해서는 안 되겠다. 그러면 우리가 함께 살 길은 무엇일까? 블레셋으로 돌아가자. 그것이 우리가 함께 살 길이다.' 그리고 다윗은 이스라엘 백성이 생명을 다해 물리쳤던 블레셋을 향해 자신을 '당신의 종'(삼상 27:5)이라고 표현합니다.

27장에서는 다윗이 상황을 판단하는데 하나님께 기도하지 않고 자신의 생각대로 하는 장면이 두 번 나옵니다. 첫 번째는 하나님께 기도해 보지 않고 현실과 자신의 생각대로 결정하고, 하나님의 사람이 있어야 할 곳과 해야 할 일을 포기하고, 사울을 피해서 블레셋으로 향합니다. 두 번째는 거짓말을 합니다. 다윗을 실패하게 한 죄의 첫 번째 현상이 거짓말입니다. 거짓말로 요나단이 죄를 짓게 만들었고 거짓말로 놉의 모든 사람을 죽게 했습니다. 몸에 면역성이 떨어지면 아팠던 부위가 다시 아픕니다. 그것이 몸에서 보내는 위기의 신호입니다. 영적인 면에서 다윗이 거짓말을 하는 것도 바로 그 점에서 보아야 합니다.

생각과 기도

생각과 기도의 차이는 무엇일까요? 생각은 자신의 경험, 현실적인 필요, 객관적인 환경을 종합해서 판단하는 것으로 굉장히 정확합니다. 눈에 보이는 문제 중심이니까 확실한 것입니다. 그러나 하나님은 우리의 생각대로 움직이지 말라고 하십니다. 그 속에 하나님의 생각이 없기 때문입니다.

그럼 기도는 무엇일까요? 현실적이고 경험적이며 환경 속에서 하나님의 뜻이 무엇인지를 생각하게 하는 것입니다. 상황 속에서 하나님이 나에게 하기를 원하시는 것이 무엇인지를 생각하게 하는 것입니다. 기도하면 우리의 패러다임이 바뀝니다. 문제를 보는 관점이 달라지는 것입니다. '지금 도망갈 것이 아니라 바로 이곳이 내 사명지구나. 미워할 것이 아니라 더 사랑해야 할 하나님의 사람이구나' 하고 생각이 달라집니다. 그리고 성령의 열매를 맺습니다. 기도의 결과는 성령의 열매로 이어지지만 육신의 생각은 육체의 열매로 이어지는 것입니다.

우리가 믿음으로 승리하고 난 다음, 그때가 가장 위험할 때입니다. 그러므로 겸손한 마음으로 하나님께 감사하며 기도의 끈을 놓지 마십시오. 그러나 현실을 보는 눈이 있어야 합니다. 성경에 나오는 예언자들도 현실과 역사를 직시할 줄 아는 사람이었습니다. 그들이 쓴 예언서를 보면 예리하고 현실적입니다. 그러나 그런 상황 속에서 비난하고 잘라 내고 죽이는 것이 아니라 품습니다. 그것이 하나님의 사랑입니다. 힘들지만 현실적인 것을 바라보지 말고 영원한 것을 바라보기를 바랍니다. 육체적이고 물질적인 것을 바라보지 말고 하나님의 귀중하고 영적인 것을 바라보기를 바랍니다. 문제가 아니라 하나님께 초점을 맞추기를 바랍니다.

다윗이 가드 람 마옥의 아들 아기스에게 블레셋의 땅, '시글락'이라는 곳으로 자신을 보내 달라고 이야기합니다. 시글락은 원래 시므온 땅입니다. 하나님이 이미 승리해서 분배를 해주셨지만 시므온 지파는 가나안 사람들이 농사짓는 법도 알고 유익이 있다고 여겨서 그들과 더불어 살았습니다. 하나님의 말씀에 따라 그들을 쫓아내지 않고 적당히 현실과 타협하며 살아가다가 결국 그 땅은 다시 블레셋으로 돌아간 것입니다. 그러므로 시글락으로 돌아갔다는 것은 적당하게 타협하며 사는 것을 말합니다.

내가 현실적인 문제에 초점을 맞추어서 결정하니까 현실적인 문제가 해결이 됩니다. 사탄도 해결되었다고 생각하게 만듭니다. 목적한 바를 일시적으로 얻을 수 있는 것입니다. 그러나 여기서부터 영적으로 타협하면서 살아갈 수밖에 없는 삶이 시작됩니다. 삶 속에 죄가 나도 모르게 들어와서 굉장히 무관심, 무기력해지고 영적인 가치를 점점 잃어버리게 됩니다.

그때부터 문제가 생깁니다. 편할 줄 알았던 그 땅이 전쟁을 치르지 않으면 살아갈 수 없는 곳이 된 것입니다. 이전에는 다윗이 광야에 살았어도 어떻게 먹고살았다는 이야기가 안 나옵니다. 그런데 그곳에서는 주변의 작은 부족들을 쳐서 전리품을 얻어야 먹고살았다고 합니다. 고달픈 인생이 시작된 것입니다. 평안함이 없고 속임수와 거짓의 악순환이 계속됩니다. 다윗이 기본 양심이 있으니까 유대 땅은 치지 못하고 블레셋과 아말렉을 치는데, 블레셋을 쳤다고 해서 그것을 사실대로 말할 수 없었습니다. 그래서 그 땅의 어린아이까지 싹 다 죽여 버렸습니다. 아이를 데려왔다가 그 아이가 사실대로 말하면 골치가 아프기 때문입니다. 다윗의 삶이 얼마나 힘들었겠습니까? 그런데 또 그들이 나간 사이에 아말렉이 와서 그들의 터전을 다 쳐버립니다. 젊은 여자와 어린아이들을 다 잡아갔습니다. 그러자 다윗을 따르던 사람들이 다윗을 돌로 치려고 합니다. 모든 것을 다 잃은 다윗이 얼마나 허무하겠습니까?

믿는 우리는 하나님이 말씀하신 삶을 살아야 합니다. 내가 할 수 있다고 다 할 수 있는 것이 아닙니다. 하나님이 약속하시고 말씀하셔야 그 땅에 거할 수 있는 것입니다.

모든 것이 하나님께 있다면 내 생각과 내 주장이 중요하지 않습니다. 내 인생을 쥐고 계신 하나님이 나에게 무엇을 원하고 찾으시는지에 인생의 초점을 맞추는 것입니다. 하나님은 길이 참으시지만 계속해서 버티다가는 크게 맞습니다. 그러므로 우리는 깨어 근신하여 기도해야 합니다.

예수 그리스도를 구세주로 영접했다면 믿음을 다시 회복해야 합니다. 인생의 시글락으로 들어가서 편안하게 안주하면서 살면 영적으로 살 수 있는 구조는 깨집니다. 세상과 타협하며 사는 것이 익숙해지는 것입니다. 하지만 그것은 영원하지 않습니다. 우리는 그것을 기억하고 신랑이 올 때를 대비해야 합니다. 믿음으로 기도하면 주님이 역사하십니다.

참새 한 마리가 떨어지는 것도 하나님의 뜻이 아니면 안 된다고 했는데, 주님은 왜 다윗에게 이 고통과 아픔을 주셨을까요? 그것은 바로 다윗에게 깨닫게 하실 교훈이 있었기 때문입니다. 주님이 원하신 방법은 아니지만 깨우치실 것이 있기에 다윗을 그냥 내버려 두신 것입니다. 우리도 마찬가지입니다. 우리가 꼭 하고 싶다면 그냥 내버려 두시지만 반드시 그 결과는 보게 만드십니다.

그러므로 시글락으로 간 다윗같이 내 생각대로 행동하지 말고 그 생각 위에 다시 한 번 기도하며 하나님의 뜻을 구하고 찾고 현실 속에서 하나님의 인도하심을 따라가기를 바랍니다.

11

인생의 벼랑 끝에서 다시 하나님을 찾는 다윗

사무엘상 30:1-31

하나님은 "내가 너희에게 주는 생각은 평안이요 축복이라"라고 하셨습니다. 그러므로 우리를 화평케 하고 우리에게 복을 주시는 것이 하나님의 언약입니다. 때로는 그 언약이 우리의 삶을 굉장히 간섭하는 것처럼 보이지만 하나님의 궁극적인 목적은 우리에게 평안을 주고 복을 주시기 위함임을 기억해야 합니다.

말씀을 보고 기도하는 것은 참 중요합니다. 그것은 육신적으로 끌려가는 것을 막고 영적인 것을 찾는 것입니다. 육신적인 것이 매력적이고 달콤하지만 그것은 우리를 멸망하게 하는 것이고 반대로 영적인 것은 우리에게 복이 됩니다. 사탄이 우리에게 와서 지, 정, 의로 역사할 때 제일 먼저 우리의 마음부터 바꿉니다. 영적인 것보다는 물질적인 것을 보게 합니다. 현실적인 것, 눈앞에 있는 것만 보게 만드는 것입니다.

그리고 사탄은 자꾸 문제에 초점을 맞추게 합니다. 어차피 실타래는 꼬여 있기 때문에 잘 풀리지 않습니다. 문제에 초점을 맞추면 골치만 아프고 문제가 안 풀립니다. 문제의 해답이 거기에 없기 때문입니다. 하나님께 초점을 맞출 때 문제를 직면할 수 있는 것입니다.

사탄은 우리가 잘못 결정하고 선택해서 우리를 하나님의 축복의 자리에서 벗어나게 합니다. 그것이 일정한 시간이 지나면 사고가 되고 사탄은 그것으로 우리 속에 구조를 만듭니다. 사고와 삶의 구조를 만들어서 사탄이 스위치만 딱 켜면 우리를 마음대로 움직이게 하는 것입니다. 이것이 바로 사탄의 견고한 지혜라는 것입니다.

그래서 죄를 한 번 저지른 사람은 죄의 기억이 이미 지도처럼 되어 있기 때문에 죄악의 길을 가게 됩니다. 사탄은 우리가 하나님의 백성으로 하나님의 계획과 뜻대로 살지 못하도록 계속해서 우리에게 나쁜 생각을 넣으면서 거짓말과 이간질을 합니다. 우리는 성령의 도우심을 구해야 합니다. 죄를 이길 수 있는 방법은 우리에게 없습니다. 우리가 죄인이기 때문에 죄를 짓는 것이지, 죄를 지었기 때문에 죄인이 아닌 것입니다. 우리 본성 자체가 그렇습니다.

그래서 우리는 주님께 시험에 들게 하지 마시고 모든 악으로부터 건져 달라고 기도해야 합니다. 시험에 들려고 하면 끝이 없습니다. 서운하고 괘씸하게 생각하면 견딜 수가 없는 것입니다. 이런 시험이 들어오면 죄를 지을 수밖에 없습니다. 악이 구조를 만들고 우리를 어렵게 만들면 벗어날 길이 없는 것입니다.

그래서 저도 아침에 눈을 뜨면 제일 먼저 악에서 건져 달라고 주님 앞에 기도합니다. "하나님, 오늘도 시험에 들게 하지 마시고 나를 지켜 주십시오." 만일 여러분 중에 이러한 소송에 걸려 있거나 이웃과의 관계에 어려움이 있다면 이 기도를 계속 드리시길 바랍니다. 주님의 돌보심을 경험하게 될 것입니다.

저는 축복하는 기도를 많이 합니다. 그 사람을 축복하는 것입니다. 축복할 때의 마음은 기쁘지 않지만 하나님의 뜻이 내게 이루어져야 나도 편안하고 저 사람도 편안합니다. 그것이 우리 모두 화평케 하는 것입니다.

곤궁에 빠진 다윗

본문에서 사무엘이 죽었습니다. 여전히 사울은 변하지 않았고 자신과 함께한 사람들을 보니 안쓰럽습니다. 자신이 계속 이렇게 사는 것이 그들에게 죄를 짓는 것 같다는 생각이 들어 안전한 블레셋을 찾게 됩니다. 그래서 주님의 종이었던 다윗이 블레셋의 종이 된 것입니다.

사탄은 우리가 하나만 양보하면 그 하나로 줄줄이 엮어 가기 시작합니다. 그때 다윗은 별로 하고 싶은 것이 없었습니다. 하지만 다윗이 블레셋에 들어가자 때마침 블레셋이 이스라엘을 공격하기로 결정합니다. 이 블레셋은 다섯 개의 부족 국가가 모여서 만든 나라로, 부족마다 왕이 다 있었습니다. 그리고 평소에는 따로 생활을 하지만 제사를 드리거나 전쟁을 할 때는 다섯 부족이 연합했습니다.

그때 다섯 부족의 왕 중 아기스 왕이 다윗을 많이 신뢰했습니다. 블레셋 백성을 잡아서 죽이고 물건을 빼앗아 오는 줄 모르고 유대 백성을 쳐서 블레셋을 유익하게 한다고 생각한 것입니다. 다윗을 장수로서 존경할 만한 사람이라고 인정한 것입니다. 그래서 다윗에게 이스라엘을 치러 같이 가자고 합니다.

다윗이 큰 곤궁에 빠졌습니다. 자신의 민족을 쳐야 하는 상황인 것입니다. 만약에 못 하겠다고 도망치면 시글락에 있는 백성이 볼모로 잡히고 다 죽습니다. 그렇다고 블레셋과 힘을 합쳐서 이스라엘을 치면 다윗은 절대 이스라엘의 왕이 되지 못합니다.

이 상황 속에 들어가면 우리가 할 수 있는 것은 아무것도 없습니다. 그런데 그 속에 보이지는 않지만 하나님의 역사하심이 있습니다. 하나님은 다윗을 이스라엘의 왕으로 세우실 것이기 때문에 다섯 부족의 왕이 다윗과 같이 전쟁에 나가는 것을 반대하게 만드십니다. "전쟁에 나가서 저 사람이 돌이켜 우리를 치면 곤란하다"라며 적극적으로 반대한 것입니다. 그래서 다윗이 사흘 길을 걸어서 시글락에 돌아와 보니 아말렉이 쳐들어와서 그곳을 모두 불태우고 사람들을 모조리 잡아갔습니다.

다윗은 그야말로 망연자실했습니다. 600명 중 특별히 400명의 다윗의 사람들을 한번 생각해 보십시오. '우리가 어떻게 우리 백성과 싸워야 하나' 생각하며 전쟁에 나갔다가 다행히 돌려보내 주어 사흘 길을 걸어왔는데 성은 불타고 아내와 자식들이 없는 것입니다. 사실 가족들 때문에 지금까지 살아왔는데 너무 억울한 것입니다.

그리고 그들은 많은 경험으로 전쟁의 결과를 알고 있습니다. 잡혀가면 분명히 여인들은 능욕을 당하여 죽고 아이들도 다 죽을 것입니다. 그래서 그들은 이 모든 일이 다윗 때문이라며 다윗을 돌로 치려고 합니다. 하나님은 여기서 다윗을 훈련시키십니다. 모든 것을 다 잃어버리고 함께했던 사람들도 자신을 대적하고 스스로 식구를 잃은 슬픔도 추스를 시간도 없이 다윗은 절체절명의 위기를 만나게 됩니다. 다윗은 굉장히 당황했습니다. 어떻게 이 문제를 풀어야 할지 알지 못했습니다.

그때 다윗은 하나님을 기억해 냈습니다. 다윗은 비록 블레셋 땅에 있었지만 하나님을 향한 마음이 늘 마음속에 있었습니다. 하나님의 언약이 있었던 것입니다. 그래서 약탈할 때에도 아말렉이나 블레셋 족속의 마을을 약탈한 것이 아닙니까? 이스라엘에 대한 생각과 사랑, 하나님에 대한 의식이 죄의 종이 되어 죄를 지어도 계속 마음속에 있었던 것입니다.

그럼에도 하나님을 찾는 것

우리가 하나님이 기뻐하는 생활을 안 하더라도 우리 속에 하나님에 대한 생각과 믿음은 남아 있어야 합니다. 급할 때 찾게 되어 있기 때문입니다. 다윗은 하나님 앞에 구하며 이렇게 고백합니다.

> "사망의 줄이 나를 얽고 불의의 창수가 나를 두렵게 하였으며 스올의 줄이 나를 두르고 사망의 올무가 내게 이르렀도다 내가 환난 중에서 여호와께 아뢰며 나의 하나님께 부르짖었더니 그가 그의 성전에서 내 소리를 들으심이여 그의 앞에서 나의 부르짖음이 그의 귀에 들렸도다"(시 18:4-6).

다윗이 경험한 하나님은 곤고한 중에 도와줄 사람이 없고 하나님께 자랑할 것이 하나도 없고 아무것도 없이 하나님 앞에 나아가도 자신의 기도를 들어주신다는 것입니다. 이 고백은 모두 그의 경험에서 나온 것이었습니다.

지난날 블레셋에서 넘어지고 시험 들 때도 있었지만 그때 다윗은 블레셋 땅에 들어온 자신의 생각이 잘못되었다는 것을 깨달았습니다. 사람은 깨달음이 참 늦습니다. 그런데 그렇게 깨달았을 때도 하나님은 모큰척 하지 않으시고 우리를 기억해 주십니다.

> "의인이 부르짖으매 여호와께서 들으시고 그들의 모든 환난에서 건지셨도다 여호와는 마음이 상한 자를 가까이 하시고 충심으로 통회하는 자를 구원하시는도다"(시 34:17-18).

여기서 의인은 하나님이 기뻐하시는 일을 하는 사람이 아닙니다. 우리는 아무리 노력해도 스스로 의로워질 수 없습니다. 예수님을 의지할 때 예수님의 그 보혈이 우리를 둘러싸서 감싸는 것입니다. 그래서 우리가 죄인의 모습이 아니라 흰 옷을 입은, 하나님의 기뻐하시는 모습으로 되는 것입니다. 의인은 보혈을 의지하는 사람을 말합니다. 우리가 예수님의 이름과 예수님의 보혈로 기도하는 이유가 바로 이것입니다. 그렇게 해야 하나님이 나를 온전한 자로 받아들이시는 것입니다.

다윗의 회복

그러면 이제 다윗이 어떻게 회복되는지, 그 과정을 보겠습니다. 먼저 다윗은 하나님께 무엇을 해야 할지 묻기 시작했습니다. 우리가 힘들어서 기도할 힘조차 없을 때도 우리가 할 일은 하나님께 그 문제를 묻는 것입니다. 혼인잔치에서 포도주가 떨어졌을 때 예수님의 어머니는 예수님을 믿음으로 다른 이야기는 하지 않고 포도주가 떨어졌다는 상황만 알려주었습니다. 예수님은 우리의 상황을 아시면 당연히 개입하십니다. 그래서 우리의 상황을 하나님께 그대로 아뢰는 것이 참 중요합니다. 제일 먼저 다윗은 변명하지 않고 하나님 앞에서 정신을 차렸습니다.

그러자 하나님은 "쫓아가라. 그러면 내가 저 사람들을 너에게 붙이리라"라는 말씀을 아비아달을 통해 주셨습니다. 하나님께 약속을 다시 받은 것입니다. 그런데 아말렉은 굉장히 잔인하고 거대한 적이었습니다. 다윗과 함께하는 자들은 많은 전쟁을 치르면서 전쟁에 숙달은 되었지만 아말렉을 이길 수는 없었습니다. 그러나 하나님께 기도하고 말씀대로 쫓아갑니다. 쫓아가다가 200명은 못 가겠다고 처지는데, 그때 다윗은 지혜롭게 그들에게 많은 장비를 지키게 하고 전쟁을 치를 수 있는 날쌔고 힘 있는 군사들 400명을 데리고 아말렉으로 갑니다.

다윗은 전쟁을 치르고 승리하기 위해 무엇을 해야 하는지 정확히 안 것입니다. 다급하고 힘들고 어려울 때 기도는 비상 대책입니다. 이것저것 다 따지면 못 하는 것입니다. 바로 기도하십시오. 기도만이 살 길입니다.

다윗이 전쟁을 치르러 가는데 아이 하나가 열병으로 죽어 갑니다. 어차피 보니까 다른 민족이고 다 죽은 것 같습니다. 그럼에도 다윗과 사람들은 그 아이에게 먹을 것을 주고 아이를 돌보아서 살려 주었는데, 나중에 보니 그 아이는 아말렉 장수의 종이었습니다. 그 아이가 아말렉이 어디로 갔는지 알려주었습니다. 하나님의 인도하심은 구제 속에 있습니다. 이것이 신앙의 영적 원리입니다. 그래서 다윗이 깨달은 것이 무엇일까요?

"또 여호와를 기뻐하라 그가 네 마음의 소원을 네게 이루어 주시리로다"(시 37:4).

바로 하나님이 기뻐하시는 일을 할 때 마음의 소원을 들어주신다는 것입니다. 이것은 참 중요합니다. 어려운 사람과 함께 더불어 마음을 나누며 살아야 합니다. 그것이 우리의 신앙고백이 되어야 합니다. 내가 믿는 하나님과의 관계 속에서 하나님을 기쁘게 하고 영화롭게 하는 것이 삶의 목적이면 가난하고 어려운 이웃을 도와야 하는 것입니다.

그 다음 다윗이 회복되는 가장 중요한 요소는 하나님이 시기를 맞추셔야 한다는 것입니다. 하나님이 왜 전쟁에 나갔다가 사흘 만에 돌아오게 하고 기도할 때 쫓아가라고 하며 도중에 아이를 만나게 하셨을까요? 아말렉이 전역을 다니면서 탈취하고 승리한 후 다 퍼져서 놀고 있을 그 시기를 맞추신 것입니다. 다윗은 기다릴 줄 알았습니다. 하나님의 계획과 뜻이 때가 있다는 것을 알고 있었던 것입니다.

믿음은 기다림입니다. 기다릴 때는 기도하면서 주의 뜻이 무엇인지 구해야 합니다. 또 하나, 우리는 승리했을 때 하나님의 은혜를 반드시 기억해야 합니다.

다윗은 아말렉과 전쟁하여 이겼습니다. 아말렉에게 빼앗긴 물건과 가족을 모조리 되찾아오는데 같이 갔던 자들 중 몇 명이 자신들이 탈취를 했으니까 장비를 지키며 기다리고 있던 자들에게는 처자만 데리고 가게 하자고 합니다. 이것은 내가 노력하고 애써서 이루었다는 생각에서 나온 것입니다. 그러나 그때 다윗은 이렇게 말합니다. "우리가 이룬 것이 아니다. 모든 것을 하나님이 하셨다. 그리고 그들이 여기서 보급품을 지켜 주지 않고 같이 갔다면 우리는 전쟁에서 이기지 못했을 것이다." 이렇게 하나님의 은혜의 관점에서 보니까 다 귀한 것입니다,

어떤 일을 이루고 난 다음 그 모든 것이 하나님의 은혜였다고 여길 때 마음에 여유가 생기고 용서도 하게 됩니다. 하나님의 은혜로 우리가 여

기까지 온 것입니다. 모든 것이 하나님 은혜로 주어졌고 우리는 다 거저 받은 것입니다. 다윗처럼 모든 것이 하나님의 은혜라고 고백할 때 승리가 시험이 되지 않고 분열이 나지 않습니다.

다윗의 영적 감각을 보십시오. 자신이 받은 전리품을 안 가지고 다 나누어 주었습니다. 그래서 다윗이 나중에 왕이 되었을 때, 전리품을 받은 사람이 그를 도와주는 사람이 됩니다. 그래서 베푸는 것이 중요합니다. 하나님은 나눔을 통해 축복하시기 때문입니다. 다윗과 관련된 사람들을 다 헤브론으로 보내는데 나중에 그들이 다윗이 통일 왕국의 왕이 될 때 다윗을 지지하고 하나님의 뜻을 이루는 데 쓰임을 받게 됩니다. 이것이 회복의 역사입니다.

사랑하는 여러분, 어려움과 곤경에 있을수록 더 열심히 해야 합니다. 물질의 회복이 아니라 마음의 회복이 먼저 되어야 합니다. 내 영이 먼저 살아야 물질도 끌려오기 때문입니다. 다윗처럼 여러분의 삶의 영역에서도 온전한 회복이 있기를 바랍니다.

3부

기다림은 뛰쳐나가기 위한 출발선이다

12

고통과 슬픔을 지혜롭게 이기는 사람

사무엘하 1:1-16

사람을 연구하는 학자들이 실험을 통해 사람의 행동이나 마음의 반응이 자극에 의해 만들어진다는 것을 발견했습니다. 사람은 어떤 자극을 주느냐에 따라서 그 행동이 달라진다는 것입니다. 그래서 좋은 자극을 주면 좋은 반응이 일어나고 나쁜 자극을 주면 나쁜 반응이 일어나는 것입니다. 좋은 말을 들으면 미소가 번지고 나쁜 말을 들으면 인상을 팍 쓰는 것도 바로 이런 원리가 아닐까 생각합니다.

그런데 조금씩 수정된 이론이 나오고 있습니다. 사람은 자극에 의해 반응하지만 그 변수가 있다는 것입니다. 자극과 반응이 바로 연결되는 것이 아니라 바로 상황과 환경에 따라 달라진다는 것입니다. 그것은 같은 자극이 주어져도 상황과 환경에 따라 반응이 각각 다를 수 있다는 것입니다.

또 형태심리학에서는 이미 우리 속에서 만들어진 형태에 의해 반응한다고 합니다. 자극대로 반응하는 것이 아니라 우리 속에 반응하는 구조가 만들어져 있다는 것입니다. 그래서 나쁜 기억이나 어려운 상황이 많이 저장되어 있으면 어떤 것을 받아들이고 해석할 때 부정적이고, 좋은 추억과 좋은 상황이 많이 저장되어 있으면 어떤 것을 받아들이고 해석할 때 긍정적이라는 것입니다.

그리스도인의 반응

그런데 또 하나의 진짜 변수가 있습니다. 예수님을 믿는 우리에게는 상황과 환경보다 하나님의 뜻이 우선이 됩니다. 예수님을 믿는 사람은 예수님이 어떻게 이 문제에 대해 반응하기 원하시는지를 생각합니다. 환경과 어떤 자극이 중요한 것이 아니라 하나님의 말씀이 무엇인지를 먼저 생각하는 것입니다. 그리고 성령의 인도하심을 구합니다. 자극이나 환경, 자신의 습관과 생각과 기준을 내려놓고 하나님의 말씀에 따라 반응하기를 원하는 것이 바로 그리스도인의 마음입니다.

성경에는 하나님의 말씀을 따라 반응하면 성령의 열매를 맺지만 환경이나 내 기준에 따라 반응하면 육체의 열매를 맺는다고 말씀합니다. 우리의 존재 자체가 근본적으로 부패했기 때문에 우리의 선과 의로움은 진정한 선과 의로움이 아닌 것입니다.

우리의 신앙은 몇 가지 깨달음을 통해 이루어지는데 그것이 우리의 경험입니다. 내가 원하고 기뻐하는 대로 살았는데 내 속에 정말 기쁨이 있지 않다는 것을 깨달으면서 돌이키기 시작하는 것입니다. 사람이 자신이 옳은 대로 하다가 어느 순간에 딱 부딪혀서 그것이 아니라는 사실을 깨달았을 때는 이미 많이 늦은 것입니다. 아마 사울이 죽을 때 '이렇게 사는 것은 옳은 것이 아니구나' 하고 깨달았을 것입니다. 그러나 그 깨달음이 우리에게 고통과 비극처럼 보이는 이유는 무엇일까요? 그 깨달음을 따라서 살 수 있는 시간이 그에게 없기 때문입니다. 그래서 살면서 빨리 깨닫는 것이 복됩니다. 그러므로 우리는 우리의 지식이나 판단을 내려놓고 하나님의 말씀을 따라 살아가는 훈련을 해야 합니다.

다윗을 묵상하면서 한 인간이 변한다는 것이 참 어렵다는 생각을 많이 합니다. 세상을 바라보는 관점을 바꾸는 것이 너무 어려운 일이기 때문입니다. 베드로도 예수님의 부활과 재림, 예수님의 말씀을 보고 깨달았지만 자신의 행동을 수정하는 데는 시간이 많이 걸렸습니다. 이방인들에게 복음을 전하는 것에 부정적이었던 베드로는 결국 고넬료라는 이방인에게 가서 그곳에 나타나는 성령의 역사를 보며 '아, 하나님은 사람을 외모로 보는 것이 아니라 중심으로 보는구나' 하고 깨달았습니다. 그러면서 이방인 선교에 대한 하나님의 뜻이 어디 있는지를 깨닫고 이방인 선교에 본격적으로 나서게 됩니다.

이처럼 우리가 하나님의 말씀 앞에 나의 기준을 내려놓고 그 말씀을 따라 살아가기까지 신앙의 훈련은 참 긴 여정입니다. 우리가 다윗의 삶을 볼 때 그는 참 많은 수모와 아픔을 당하고 그의 삶에 상실도 있고 고통도 있고 괴로움도 있고 위기도 있었습니다. 그렇게 그의 생각이 깨지고 올라갔다가 떨어졌다가 여러 과정을 통해 몇 가지 결론이 그의 삶 속에 생겼습니다. 그리고 그 결론을 따라 살아가는 것이 다윗의 믿음의 삶입니다. 그래서 이렇게 영적인 훈련을 받는 과정이 참 중요합니다. 하나님의 붙드심이 없다면 우리는 언제든지 튕겨져 나갈 수밖에 없기 때문입니다.

사울의 죽음

본문의 내용은 그동안 다윗의 삶을 볼 때, 다윗에게 너무나 좋은 사건입니다. 이제 고생이 끝났습니다. 12년 이상 다윗을 쫓으며 모든 고통의 근원, 실패와 아픔의 근거가 되었던 사울이 죽은 것입니다. 그러나 다윗이 보여 주는 반응은 다릅니다. '내 손에 피를 안 묻히고 죽었으니까 얼마나 좋은가'라며 좋아하지 않습니다. 요나단이 죽었기 때문에 요나단 때문에 슬퍼하는 것도 아닙니다. 다윗은 사울의 죽음에 대해 슬퍼하고 아파하고 괴로워합니다.

다윗에게 모든 고통과 압박에서 해방될 수 있다는 것은 기쁜 소식입니다. 하지만 슬픈 소식은 하나님의 백성 이스라엘이 이방인인 블레셋에게 패하여 각 지역에 유린당하고 고통당하고 있다는 것이었습니다. 친구 요나단도 함께 죽었다는 사실이 다윗을 더 큰 슬픔으로 몰아넣었습니다. 다윗은 고통과 아픔, 자신이 기뻐해야 할 일들 앞에서 다르게 반응을 보였습니다. 바로 그가 믿음의 사람이었기 때문입니다.

하나님의 마음

다윗이 이렇게 반응을 보인 이유는 무엇일까요? 첫 번째, 다윗은 훈련을 거치면서 하나님의 마음이 그 마음속에 있었습니다. 성경에서 그리스도인을 정의하는 것이 많지만 그중 하나는 그리스도의 영이 마음에 있는 사람이라는 것입니다.

> "만일 너희 속에 하나님의 영이 거하시면 너희가 육신에 있지 아니하고 영에 있나니 누구든지 그리스도의 영이 없으면 그리스도의 사람

이 아니라"(롬 8:9).

이 구절은 우리가 어떤 일을 보고 해석하고 해결할 때에 예수님의 마음이 우리 속에 있어야 한다는 뜻입니다. 즉 예수님의 관점을 가져야 한다는 것입니다. 신앙은 관점의 변화입니다. 관점이 달라지면 해석이 달라집니다. 그 다음에 선택하고 행동하는 것이 달라져야 합니다. 그것이 그리스도의 사람입니다. 예수님을 믿는다고 하면서 내 방식대로 내 유익을 따라서 내가 편한 대로 해석하고 받아들이는 사람은 어떤 의미에서 그리스도인이 아닙니다.

하나님이 유혹과 시련과 실패와 성공을 통해 우리를 계속해서 훈련시키는 목적 중 하나는 우리를 그리스도의 장성한 분량까지 자라게 하시려는 것입니다. 예수님처럼 바라보고 느끼고 행동할 때까지 우리를 훈련시키시는 것입니다. 우리가 성령의 충만함을 받으면 우리 속에 그리스도의 영, 성령이 임하셔서 다른 관점으로 세상을 보고 행동하게 됩니다.

오병이어 사건을 보면 두 개의 인간관이 나옵니다. 우선 제자들은 모처럼 예수님이 쉬라고 해서 쉬러 갔는데 군중이 몰려와 쉬지 못하게 되니까 군중을 귀찮게 느낍니다. 반면 예수님은 그들을 목자 없는 양같이 불쌍히 여기셨습니다. 내장이 끊어지는 것 같은 그들의 외로움과 고통과 아픔을 바라보면서 영원한 형벌 가운데 갈 수밖에 없는 그들의 처지를 보신 것입니다. 그들의 허물과 죄가 아니라 그들에게 정말 필요한 것이 구원이고 하나님의 역사라는 것을 보신 것입니다. 그래서 예수님은 피곤하고 힘드시지만 온종일 말씀을 전하고 저녁에는 음식까지 먹여서 보내셨습니다.

하나님의 은혜가 임하면 상처를 해석하는 것이 달라지고 문제를 보는 관점이 달라집니다. 그리스도의 영이 내 속에 들어왔기 때문입니다. 사람은 자신과 관련된 일에 감정이 동반되기 때문에, 사건이 닥치면 그 사건에 따른 감정이 생깁니다. 남들이 흥분하고 슬퍼해도 자신과 관련이 없으면 감정이 일어나지 않습니다. 다른 사람의 일인데도 감정을 갖는다면 그것을 자신의 문제로 받아들인다는 것입니다.

예수님은 바로 내 삶의 문제를 자신의 문제로 받아들이고 내 원수를 자신의 원수로 받아들이겠다고 말씀하셨습니다. 그리고 인간은 죄악을 스스로 해결할 수 없기에 인간의 문제 해결을 예수님의 사명으로 받아들이셨습니다. 죄의 아픔과 고통이 얼마나 크고 무서운지를 아셨기 때문에 십자가의 고통을 감당하면서까지 우리의 죄를 대속해 주신 것입니다.

다윗은 자신을 돌아보며 자신을 참고 인내하고 구출해 주신 하나님의 사랑을 느꼈고 하나님의 그 마음이 다윗의 마음속에 들어왔습니다. 죄 가운데 빠져서 이방인에게 눌리고 비참하게 당하고 고통당하는 하나님의 백성을 바라보면서 아파하는 마음, 그럼에도 그들에게 교훈과 깨달음을 주기 위해 고통을 주시는 아버지의 마음, 택하여 세운 사울 왕이 하나님의 뜻대로 살지 못하고 무너져 비참하게 죽을 때 안타까워 하시는 그 마음이 다윗의 마음이었습니다. 다윗은 그러한 아버지의 마음으로 나라를 다스렸습니다. 하나님의 원리를 따라 사니까 축복이 이루어지고 백성을 사랑하게 되고 어렵고 힘든 백성을 돌아보아 원통하고 억울하고 빚진 사람이 없도록 나라를 다스릴 수 있었던 것입니다.

그래서 주님은 우리에게 은혜를 주시면서 새 은혜, 새 마음을 주신다고 했습니다. 새 마음은 하나님의 마음, 부드러운 마음입니다. 그것은 세상 일로 딱딱하게 굳어서 비판하고 분석적인 마음이 아니라 은혜와 사랑으로 볼 수 있는 마음입니다. 성령이 내 속에 들어와야 인생이 편합니다. 내 속에 주님의 마음이 들어와야 평강이 있는 것입니다. 고난과 어려움이 많은 세상 속에서 주님의 마음을 가지고 살아가며 그 속에서 평강과 은혜를 누리기를 바랍니다.

하나님의 절대 주권

두 번째, 다윗은 하나님의 절대 주권을 믿었습니다. 다윗은 그토록 기다리던 사울의 죽음 이후 사울을 죽였다고 주장하는 사람에게 상을 주고 기뻐하기보다 오히려 분노하며 그를 사형시킵니다. 그 이유가 무엇일까요? 그에게는 신앙의 체험과 고백 속에 하나님의 절대주권에 대한 인생의 기준이 있었습니다. 하나님이 목동인 자신을 왕으로 세워 나가시는 과정을 보면서 '아, 하나님이 나 같은 인간을 하나님 앞에 아름다운 인생으로 만들어 가시는구나. 내 죄와 허물과 부족을 보지 않고 내 인생을 끌고 가시는구나' 하고 깨달은 것입니다. 다윗은 기준이 분명했습니다. 그는 왕이었지만 하나님의 절대주권을 인정했기 때문에 겸손한 왕이 될 수 있었습니다.

사울을 통해 인간의 실패는 능력의 부족이 아니라 하나님의 뜻에 불순종하는 것이라는 사실을 알았습니다. 인간의 노력이 일시적으로는 성공처럼 보이지만 결국은 멸망이요, 하나님이 모든 것의 주관자이심을 믿는 믿음의 삶이 참된 축복이라는 것을 깨달은 것입니다. 반면 다윗의 성공은 하나님의 절대주권에 순종하는 것에 있었습니다. 사울을 죽일 수밖에 없는 상황에서도 절대주권을 지켰습니다. 하나님의 말씀 앞에 순종한 것입니다.

다윗은 인생을 이렇게 세워 주신 하나님께 너무 감사해서 성전을 짓고 싶었습니다. 하지만 하나님이 안 된다고 하셔서 하지 않습니다. 일생일대의 소원인데 내려놓는 것입니다. 모든 것이 하나님께 있음을 믿기에 내려놓을 수 있었던 것입니다.

우리가 절망 중에도 낙심하지 않고 희망을 갖는 것은 우리를 향한 하나님의 절대주권과 역사하심이 있기 때문입니다. 그러므로 우리는 낙심할 필요가 없습니다. 슬퍼할 수 있지만 서로 위로하면서 소망을 붙들고 나가는 것이 하나님의 절대주권입니다.

하나님의 뜻

세 번째, 다윗은 하나님의 뜻을 구했습니다. 다윗은 백성이 함께 슬퍼하기를 원하시는 하나님의 뜻을 알았습니다. 그래서 애가, 슬픔의 노래를 지어서 온 백성이 함께 부르게 했습니다. 그리고 다윗이 하나님께 묻습니다. "하나님, 제가 이 상황 속에서 어떻게 하면 좋겠습니까?" 사울이 죽고 나서 권력의 공백이 오니까 온 유대가 난리가 납니다. 게다가 주변 정국도 시끄럽습니다. 그때 다윗은 스스로 주도해서 왕위를 딱 잡을 수 있었습니다. 하지만 그렇게 하지 않았습니다. 하나님께 묻고 말씀을 기다렸습니다. 기다리는 것은 수동적으로 가만히 있는 것이 아니라 주의 뜻이 무엇인지를 살피는 것입니다.

여러분, 이 세상이 어렵고 힘들지만 다윗처럼 믿음으로 반응하며 살아가십시오. 하나님의 마음과 관점, 하나님의 절대주권을 믿는 그 믿음이 여러분의 삶 속에도 있기를 원합니다. 다윗처럼 여러분을 세우고 인도하시는 하나님께 감사하며 삶의 기준을 바꾸어 나가기를 축원합니다.

13

기다림의 시간

사무엘하 3:27-39

하나님은 우리의 인생을 다루어 가시며 우리에게 복을 주시기를 원하십니다. 그리고 동시에 복을 받을 만한 사람으로 우리를 만들어 가십니다. 그래서 받을 자격이 없는 사람, 받을 능력이 없는 사람은 복을 주어도 그것 때문에 죄를 짓게 되는 것입니다. 이스라엘 백성은 금으로 금송아지를 만들고, 또 그들에게 만나와 메추라기를 주었지만 그것을 먹고 죄를 짓고, 구름 기둥과 불 기둥으로 보호해 주셨지만 그 아래에서 죄를 지었습니다.

하지만 하나님은 죄 가운데 살았던 이스라엘 백성을 하나님의 역사를 이루는 하나님의 거룩한 백성으로 만들기 위해 40년 동안 광야에서 훈련시키셨습니다. "사람이 떡으로만 살 것이 아니요 하나님의 입으로

부터 나오는 모든 말씀으로 살 것이라 하였느니라"(마 4:4). 이것이 뼈 속 깊이 스며들도록 하나님은 다양한 사건으로 이스라엘 백성을 훈련시키셨습니다. 강약을 주기도 하고 좋은 것과 나쁜 것을 번갈아 주면서 광야를 통해 훈련시키신 것입니다. 그 훈련은 굉장히 힘들고 복잡했습니다. 그만큼 우리 마음속에 진리를 넣는 것이 어렵다는 것입니다.

그런데 하나님은 은혜를 우리에게 가불해 주십니다. 우리가 행위나 자격은 안 되지만 우리를 의롭다고 인정해 주시면서 의로운 자가 받는 축복을 미리 부어 주시는 것입니다.

하나님이 지금까지 도망자로서 다윗을 훈련시키셨다면 이제는 아름다운 왕으로 설 수 있게 훈련을 시키십니다. 우리가 기도하기 위해서는 그 목표를 이루는 것도 중요하지만 그 목표 위에 어떻게 하나님의 영화로움을 드러내는지도 참 중요합니다. 사무엘하를 통해 하나님이 그 훈련을 시키시는 과정을 볼 수 있습니다.

다윗의 긴 여정 속에서 다윗을 통해 배우는 중요한 주제는 순종과 기다림입니다. 순종과 기다림, 하나님보다 앞서지 않는 훈련, 이것이 다윗을 세워나가는 과정인 것입니다.

기다림=믿음

기다림은 굉장히 고통스럽고 힘든 것입니다. 기다릴 때는 나름대로 목표가 있는데, 하나님은 다윗이 갖고 있던 기준을 다 깨뜨리십니다. 그것만 이루면 될 거라고 생각하지만 하나님은 그렇게 응답하지 않으십니다. 그러다 보니 우리는 실망하고 낙심하는 경우가 많습니다. 우리의 신앙은 하나님의 언약과 성취 사이에 있습니다. 하나님이 약속하신 것과 이루시는 것 사이에 우리가 어떻게 기다리며 살아야 하는지가 중요한 것입니다.

그때 우리는 하나님의 약속을 믿는 믿음을 끝까지 붙들고 놓치지 말아야 합니다. 약속과 성취 사이에 가장 필요한 것은 믿음입니다. 그리고 우리는 이 땅에서도 하나님의 일을 이루기 위해 최선을 다하지만 천국의 참된 소망을 바라보며 살아야 합니다. 그 소망이 없으면 이 땅에서 우리가 개혁하고 삶을 변화시키는 것이 의미가 없습니다. 우리가 온전한 기다림 속에서 우리의 삶을 하나님이 원하시는 삶으로 바꾸어 나갈 수 있는 것은 바로 이 소망 때문에 가능한 것입니다.

다윗은 사울이 죽으면 바로 왕이 될 거라고 생각했습니다. 이것은 다윗만 생각한 것이 아니라 사울 편에 있는 이스라엘 백성도 생각한 것이었습니다. 모든 상황이 다윗이 왕이 될 수밖에 없었고 그 시기가 지금이어야만 했기 때문입니다. 블레셋은 이스라엘 땅을 유린하고 있었고 사울 왕은 죽었고 권력의 공백 속에 이스라엘은 맥없이 블레셋에게 당하고 있었기 때문입니다. 이 난세를 극복할 사람은 다윗밖에 없었습니다.

그런데 신앙의 훈련을 받으면서 다윗에게 형성된 좋은 믿음의 습관이 하나 있었습니다. 그것은 하나님께 묻는 것입니다. 다윗은 자신이 판단하고 생각하는 대로 하면 잘못된 결과로 이어진다는 것을 알기 때문에 하나님께 계속 물었습니다. 사울은 자신이 해답을 갖고 있다가 망했지만 다윗은 끊임없이 하나님께 해답을 구했습니다. 결론적으로 다윗은 지혜로운 삶을 살았던 것입니다.

하나님께 묻는 다윗 속에는 이미 답이 있었습니다. "예루살렘으로 올라가라. 거기서 네가 왕이 되어야 된다." 그런데 기대와 달리 하나님은 헤브론으로 가라고 하십니다. 헤브론은 유대의 남쪽 조그만 변방입니다. 이 응답을 받고 다윗의 마음은 어떠했을까요? 하나님이 사랑하는 백성이 블레셋에게 어려움을 당하고 있으니, 얼른 예루살렘으로 가서 군사를 모아 블레셋과 싸우고 백성을 구해야 하는데 왜 헤브론으로 가라고 하시는지 이해가 안 되었을 수도 있습니다.

그러나 다윗은 순종하는 훈련이 되었기 때문에 자신을 내려놓고 헤브론으로 갑니다. 그 당시 상황이나 다윗의 판단으로는 다윗이 예루살렘으로 가면 왕이 될 것 같았지만 하나님의 시선으로는 두 가지 문제가 있었습니다. 하나는 다윗이 그곳에 가서 왕이 되었을 때 왕으로 감당하지 못할 부분이 다윗에게 있는 것이고, 또 하나는 그곳에 가면 사울의 군대와 다윗의 군대가 서로 대적할 텐데 지금 다윗을 지지하는 지파는 한 개, 사울을 지지하는 지파는 열한 개라서 굉장히 열세였던 것입니다. 사울의 죽음, 공백 위에 있는 그 힘이 얼마만큼 강한지 다윗이 감당하지 못하는 것이었습니다.

다윗이 통일 왕국의 왕으로 하나님의 역사를 이루는 데 쓰임을 받는 것이 하나님의 궁극적인 목적이었기 때문에, 하나님은 다윗을 헤브론으로 가게 해서 7년 반 동안 유다의 한 지파의 왕으로 왕의 훈련을 받게 하십니다. 그리고 그 훈련을 통해 다윗은 통일 왕국의 왕으로서 자질을 쌓게 됩니다.

기도 응답을 점검하라

어떤 문제를 두고 기도하면서 사람과 환경과 마음에 확신이 들지라도 하나님이 우리에게 기다리라고 하시면 기다려야 합니다. 거기에는 분명한 이유가 있기 때문입니다. 지혜로운 부모는 자녀가 달라고 해서 다 주지 않습니다. 그 자녀가 감당할 수 있을 만큼 주면서 훈련을 시킵니다. 용돈을 주더라도 아이가 쓸 만큼 주고 그것을 어떻게 쓰는지를 살피다가 감당할 수 있을 때 스스로 독립해 나가는 것을 지지해 주는 것입니다.

여러분은 기도의 응답을 먼저 정해놓고 그것이 이루어지면 응답되었다고 생각하지는 않습니까? 하나님의 응답은 다양합니다. Yes, 그래. No, 안 돼. Wait, 조금 더 기다려. 세 가지 모두 하나님의 응답이라는 것을 알아야 합니다. 하나님은 기다림이 다윗에게 축복이 되게 하셨고 이 기다림은 하나님의 뜻을 이루는 데 굉장히 중요했습니다.

그러나 다윗과 그와 함께한 사람들은 이해하지 못했습니다. 학자마다 다양하게 이야기하는데 보통 다윗이 열일곱 살 때 사무엘을 통해 기름 부음을 받았다고 합니다. 그리고 사울이 죽었을 때 다윗이 서른 살 정도였다고 하니 무려 10년이 넘는 시간을 기다린 것입니다. 왕이 될 것처럼 골리앗도 죽이고 왕의 사위도 되었는데 그때부터 원점으로 돌아가서 쫓기고 도망치는 삶을 산 것입니다.

그런데 사울이 죽고 나서도 바로 왕이 된 것이 아니라 또다시 헤브론에서 7년 반 동안 유다의 왕으로 있다가 후에 이스라엘 전체의 왕이 되었습니다. 열일곱 살 때 응답받고 서른일곱 살에 왕이 되었으니 무려 20년을 기다린 것입니다. 그리고 하나님이 20년 동안 다윗을 훈련시키신 것입니다. 다윗은 완전한 응답이 이루어지기 전까지 한 지파의 왕으로 7년 반을 기다리며 통일 왕국, 하나님의 뜻을 이루는 왕이 될 훈련을 받았습니다.

기도 응답이 되지 않는다면 첫 번째, 나에게 정말 필요한 것이 무엇인지를 분별해 보십시오. 기도 제목이나 소원이 세월이 지나고 바뀌지는 않는지 점검해 보아야 합니다. 진짜 필요한 것은 환경과 마음이 바뀌어도 바뀌지 않습니다. 하나님은 정말 우리가 마음으로 소원하는 것을 주려고 하십니다. 그리고 성경에 나오듯이 성령은 우리를 대신하여 우리가 정말 필요한 것을 구해 주신다고 합니다. 기다릴 때 내가 정말 원하고 바라는 것이 무엇인지를 분별하고 그것의 소중함을 알게 됩니다. 그래서 응답을 받았을 때 바르게 쓸 수 있는 지혜와 감사를 누리게 되는 것입니다. 즉 응답 자체가 중요한 것이 아니라 응답되었을 때 더 귀하게 쓰게 하시려는 목적이 있는 것입니다.

두 번째, 하나님이 우리의 신앙고백을 원하신다는 것을 알아야 합니다. "정말 나만 이 문제를 해결하고 이 소원을 들어줄 수 있다고 확신하니?" 이렇게 물어보시는 것입니다. 우리는 부탁하다가 안 되면 말지, 안 하면 그만이라는 식으로 생각하는데 이 문제를 풀 사람이 하나님밖에 없다는 마음으로 간절하게 매달려야 합니다.

수로보니게 여인이 딸의 문제를 가지고 나아와 해결해 달라고 구할 때 예수님은 "나는 이스라엘을 위해서 왔지, 이 땅의 개를 위해서 오지 않았다"라고 말씀하십니다. 이 말을 듣고 화내서 돌아갈 만한데 그 여인은 "네, 맞습니다. 그러나 그 개도 주인의 밥상에서 떨어진 음식을 먹고 살아갑니다"라고 말합니다. 이 문제를 풀어줄 사람은 예수님뿐이라고 매달리는 것입니다.

기도하다가 중단하면 믿음이 없어진 것이지 하나님이 응답을 안 하신 것이 아닙니다. 하나님은 여러분에게 그 믿음을 보고 싶어 하십니다. 그래서 기도 응답은 간절히 계속 기도할 때 이루어집니다. 하나님은 간절한 엘리야의 기도를 들으셔서 3년 반 동안 오지 않던 비를 내려주셨습니다. 따라서 우리도 온 마음을 다해 하나님만 이 문제를 풀 수 있다고 기도해야 합니다.

다윗이 오랫동안 기다릴 수 있었던 것은 이 세상이 하나님의 역사와 섭리 속에 있고 하나님이 때가 되면 하신다는 그 믿음이 있었기 때문입니다. 그래서 시편의 많은 글에는 "잠잠히 여호와를 기다리라"라는 표현이 참 많습니다.

요셉만큼 기다린 사람이 있을까요? 요셉은 하나님의 채색옷을 입고 하나님의 약속을 받은 사람인데 형들 때문에 다른 나라의 노예로 팔려 갑니다. 그 후 더 어려운 환경 속에 들어갑니다. 감옥에 들어간 것입니다. 그리고 감옥에 들어가서도 계속해서 기다립니다.

그러나 그가 기다리는 동안 노예 생활을 하고 가정 경제를 주관해 보았기에 국가 경제도 다룰 줄 알게 됩니다. 훌륭한 정치가는 풍요와 빈곤을 같이 다룰 수 있어야 합니다. 요셉은 풍요와 빈곤을 다루는 훈련을 보디발의 집에서 가정 경제를 담당하며 배웠습니다. 또 감옥 속에서 그는 각 분야의 신하들을 만나면서 그들을 도와줬는데 그것이 사실은 요셉에게 과외 수업이 되었습니다. 정국이 어떻게 돌아가고 어떤 음모가 있고 누구는 어떤 성향이라는 것을 속속들이 다 듣고 배운 것입니다.

요셉이 그들을 도와준다고 생각했는데 사실은 하나님이 그 속에서 요셉을 훈련시키시고 특히 요셉에게 용서하는 것을 배우게 하신 것입니다. 하나님의 절대주권을 배우면서 "아, 이것이 나에게 있는 것이 아니다. 형들이 나를 판 것이 아니라 하나님이 형들을 통해 나를 이곳에 보내셨다"라는 믿음의 확신이 들 때까지 감옥에서 요셉을 숙성시키신 것입니다. 애굽의 법은 서른 살 전에는 관리로 등용이 안 됩니다. 그런 의미에서 하나님은 관리가 될 수 있는 기준이 될 때까지 감옥에서 요셉을 기다리게 만드신 것입니다. 감옥에서 요셉은 하나님이 그를 세우실 만한 인생으로 훈련받습니다. 술 맡은 관원장이 그를 즉시 불러서 오해를 풀고 요셉이 바로 고향으로 돌아가 형들이 나를 팔았다고 하면 야곱이 가만 있겠습니까? 집안에 피비린내 나는 싸움이 났을 것입니다. 그러면 하나님의 열두 지파 역사도 이루어지지 않았을 것입니다. 하나님의 계획과 섭리가 요셉의 삶 속에 있었던 것입니다.

헤브론에서 무엇을 했는가

이제 우리는 다윗이 헤브론에서 7년 반 동안 무엇을 했는지를 살펴보겠습니다. 본문에는 다윗의 아내와 자녀들이 쭉 나옵니다. 다윗은 헤브론에서 아내를 삼았는데 성경에는 여섯 명의 아내가 나옵니다. 계속 결혼하고 아이를 낳은 것입니다. 물론 다른 것도 있겠지만 여자를 쉽게 취하고 아이를 낳는 이 습관이 나중에 우리아의 아내 밧세바를 쉽게 생각하는 것의 출발점이 된다는 것을 알아야 합니다. 우리는 여기서 작은 죄가 큰 죄로 번질 수 있다는 것을 확인할 수 있습니다.

하고 싶은 대로 하면서 기다리는 것은 진짜 기다림이 아닙니다. 쫓기는 신세에서 왕이 되어 어느 정도 자유함이 있고 권한이 있어도 그 시간을 아무렇게나 쓰면 안 됩니다. 자유가 주어진 시간도 하나님 앞에서 어떻게 써야 할지를 물어보아야 하는 것입니다. 그런데 다윗이 결혼하면서 하나님께 물어보았다는 이야기는 어디에도 없습니다.

여러분, 내가 할 수 있어도 하나님께 물어보는 것이 참 중요합니다. 내가 말할 수 있고 들을 수 있고 행동할 수 있고 권한이 있고 권세가 있어도 마음대로 하는 것이 아니라 하나님께 물어보고 신중하게 행해야 합니다. 그렇게 해야 훗날 이것이 나에게 비극과 아픔이 되지 않습니다.

다윗의 많은 자녀는 나중에 다윗이 죽고 솔로몬이 왕으로 되는 과정에서 피비린내 나는 전쟁의 원인이 됩니다. 솔로몬이 왕이 되기 전에 이미 압살롬과 암논의 싸움이 있습니다. 압살롬과 다말이 같은 어머니에게서 나오고 암논이 다른 어머니한테 나왔습니다. 그런데 암논이 다말을 범한 것입니다. 자신의 여동생을 범하는데 그 오빠가 가만히 있겠습니까? 압살롬은 암논을 죽이고 도망을 갔습니다. 그리고 그가 반란을 일으킵니다. 이 모든 것의 원인이 바로 다윗에게 있는 것입니다.

이후에 다윗의 인생은 어느 순간 정점에서 내려가기 시작합니다. 훈련을 받았기에 뚝 떨어지지는 않고 그나마 천천히 쭉 끝까지 갑니다. 긴 훈련을 받았기 때문에 가능한 것입니다. 마찬가지로 우리도 시련과 고난이 있었기에 그나마 인내할 수 있는 것입니다.

다윗은 북쪽 열한 지파의 사람들을 품었습니다. 무력으로 가서 얼마든지 점령할 수 있지만 그렇게 하지 않았습니다. 하나님이 다윗을 세우셨다는 것을 알면서도 아브넬이라는 장군이 사울의 아들을 왕으로 세웁니다. 그런데도 다윗은 북쪽을 품고 사랑하는 일을 계속합니다. 제일 먼저 사울의 충성파였던 길르앗 야베스 사람들, 사울의 시체가 성벽에 걸쳐 있는 것을 빼서 슬퍼하며 장사해 준 그들을 축복합니다.

이것은 굉장히 중요합니다. 북쪽 사람들, 열한 지파 사람들이 다윗을 바라볼 때 사울에게 10여 년 이상을 쫓겨 다니면서 처절하게 당했으니 분명히 사울과 함께한 자신들을 향해 보복의 칼을 갈 거라고 생각했는데, 다윗의 이 모습을 보면서 '다윗은 그런 사람이 아니구나' 하며 마음이 바뀔 것이기 때문입니다. 하나님이 다윗을 통일 왕국의 왕으로 세우기 위한 과정 속에서 다윗은 자신의 대적을 품는 것입니다.

다윗은 자신이 가진 왕의 권력과 무력으로 해결하지 않았습니다. 하나님은 이 과정을 통해 왕이 되었을 때에도 힘과 권력으로 밀어붙이지 않고 사랑으로 품으면서 문제를 풀어 가는 법을 훈련시키셨습니다. 이 땅의 삶은 천국의 모형으로 살아가는 것입니다. 여기서 사랑하고 섬기고 위로하고 격려하는 훈련이 안 되면 우리는 천국에 가서도 그렇게 살 수가 없습니다.

헤브론에서 다윗은 사울의 세력과 싸웁니다. 서로 찔러 죽이고 풍비박산 나는 여러 가지 과정이 있었지만 이 과정은 한마디로 하나님이 다윗의 왕조를 세워 가시는 과정이었습니다. 지금 다윗 안에 있는 세력도, 사울의 세력도 정비가 안 되어 있습니다. 그리고 사울 안에 있는 세력이 너무 크니까 하나님은 악이 분열하고 자멸하고 약해질 때를 기다리면서 다윗의 힘을 더 강하게 하신 것입니다.

"사울의 집과 다윗의 집 사이에 전쟁이 오래매 다윗은 점점 강하여 가고 사울의 집은 점점 약하여 가니라"(삼하 3:1).

강해야 통치할 수 있습니다. 하나님은 여러 가지 과정을 통해 다윗을 통일 왕국의 왕으로 세워 가십니다. 그리고 다윗은 그 속에 하나님의 섭리가 있다는 것을 알고 감사로 기다립니다.

이 기다림을 어떻게 준비하는 것이 좋을까요? 사도 바울은 이렇게 증거합니다.

"끝으로 너희가 주 안에서와 그 힘의 능력으로 강건하여지고 마귀의 간계를 능히 대적하기 위하여 하나님의 전신 갑주를 입으라 우리의 씨름은 혈과 육을 상대하는 것이 아니요 통치자들과 권세들과 이 어

> 둠의 세상 주관자들과 하늘에 있는 악의 영들을 상대함이라 그러므로 하나님의 전신 갑주를 취하라 이는 악한 날에 너희가 능히 대적하고 모든 일을 행한 후에 서기 위함이라"(엡 6:10-13).

첫 번째는, 적을 분별해야 합니다. 지금 이스라엘의 적은 블레셋입니다. 여러분이 지금 싸우고 괴로워하는 적은 사실 적이 아닙니다. 내가 지금 대항하고 싸우고 싶은 그 사람이 적이 아니라는 것입니다. 우리의 적은 혈과 육에 속한 것이 아니라고 했습니다. 우리는 적을 제대로 알아야 합니다.

지금 이스라엘 백성은 서로 사울 편이냐, 다윗 편이냐 하는데 사실은 둘 다 하나님의 백성입니다. 그래서 군사들이 서로 전쟁으로 죽이는 연습을 할 때에도 그냥 장군들이 부추겨서 서로 죽이게 만들었습니다. 그것이 진짜 전쟁으로 터지면서 사울의 군대와 다윗의 군대가 싸우게 된 것입니다.

두 번째는, 하나님의 전신갑주를 입어야 합니다. 전신갑주를 입지 않으면 승리하고 난 다음에도 서지를 못합니다. 승리했지만 그 승리가 나의 것이 안 되고 남의 것이 되는 것입니다. 그래서 승리의 축복을 제대로 누리지 못하는 것입니다.

하나님은 우리에게 약속하신 것을 반드시 이루십니다. 그러므로 하나님이 우리에게 응답을 주시며 소원을 이루어 주실 때 그 응답에 당황하지 않고 그것을 잘 누리기 위하여 기도로 준비하고 인내하고 서로 사랑하며 베풀고 나누는 훈련을 잘 받기를 주의 이름으로 축원합니다.

14

인생의 예루살렘을 점령하라

사무엘하 5:1-12

이제 다윗도 나이가 들고 하나님이 다윗의 삶을 인도해 가는 가닥도 보입니다. 다윗의 생애를 보면 기다림 자체입니다. 열일곱 살쯤에 왕이 될 거라는 약속을 받고 온 이스라엘의 왕이 될 때까지 20여 년의 시간이 흘렀습니다. 하나님은 다양하게 다윗을 인도하셔서 지도자로 영향력을 길러 나가십니다.

다윗을 묵상하면서 여러분의 삶을 돌아보기를 바랍니다. 여러분이 지금 어떤 상황에 있든지 이것은 하나의 과정이니까 골리앗을 이겼다고 너무 좋아하지 말고 광야에 있다고 너무 슬퍼하지 마십시오. 그 가운데 있는 하나님의 역사를 또렷하게 볼 수 있기를 바랍니다.

하나님을 처음 믿는 사람들은 하나님이 살아 계신 증거를 굉장히 많이 봅니다. 지칠 때마다 하나님이 강하게 붙드시는 증거를 보고 돌아가지 못하게 하시는 것입니다. 그 다음에 모태신앙으로 신앙생활을 쭉 해온 사람들에게는 중간중간 삶 속에 임하신 은혜를 묵상할 수 있게 하시고 그들은 이미 환경과 여건이 믿음의 울타리 안에 있기 때문에 나름대로 신앙생활을 보존해 나갑니다.

다윗을 목동에서 왕으로 세워 가는 과정은 기다림이 굉장히 길었습니다. 하지만 하나님은 작은 것부터 큰 것을 이루어 가십니다. 하나님은 다윗이 통일 왕국의 왕이 될 때까지 20년 동안 다윗에게 필요한 것을 주셨다가 거두어 가시고 다시 주셨다가 거두어 가시는 것을 반복하면서 하나님만 의지하게 하셨습니다.

다윗은 도망자로 광야에서 억울하게 모함을 당하는 상황 속에서도 빚지고 억울하고 원통한 400명을 다스리는 법을 훈련받았습니다. 그리고 한 번에 통일 왕국의 왕이 된 것이 아니라 한 지파의 왕이 되어서 작은 지파를 다스리고 왕으로서 백성을 어떻게 섬길 것인지를 훈련받은 다음에 통일 왕국의 왕으로 세워집니다. 그런데 인간은 그만큼 훈련을 받고도 타락하고 넘어질 수밖에 없습니다. 그래서 우리의 죄가 참 무서운 것입니다.

작은 일에 충성된 자

그런데 하나님이 다윗을 쓰실 수 있었던 이유는 무엇일까요? 첫 번째, 다윗은 맡겨진 일에 충성을 다했습니다. 자신의 처지가 힘들고 어렵다고 해서, 자신이 원하고 기대한 것이 이루어지지 않는다고 해서 절망하고 좌절하며 가만히 앉아서 기다리지 않았습니다. 주어진 일이 작은 일이라고 불평하지도 않았습니다. 다윗은 어떤 일이 주어지든지 그 안에서 최선을 다했습니다. 여덟 번째 아들로 태어나 존재감이 없을 때에도 들에서 양을 치라고 하면 목숨을 걸고 그 양을 지켰습니다. 그렇게 작은 일도 열심히 한 것입니다.

하나님은 다윗에게 밑바닥 인생, 회복될 수 없는 인생, 사회가 버린 사람들을 붙여 주셨습니다. 사울이 죽이려고 쫓아오는 입장에서 혼자 먹고살기도 바쁜데 그들까지 이끌어야 하니 다윗은 죽을 만큼 노력해야 했습니다. 하나님은 그들을 다루어서 일어서게 만드시고 버려진 인생이 새 역사의 주역으로 세워지는 과정을 다윗에게 알게 하시는 것입니다.

그런데 그들만 끝까지 다윗을 배신하지 않았습니다. 압살롬이 반란을 일으켰을 때 똑똑하고 잘난 사람은 다 떠났지만 이 400명은 끝까지 다윗과 함께했습니다. 무너져 가는 다윗을 회복시키는 공동체의 힘이 그 속에서 나타난 것입니다. 자신이 투자했던 그들이 다시 자신을 하나님의 은혜로 붙들고 세워서 회복시키고 하나님이 기뻐하시는 왕조를 세워 간 것입니다.

하나님은 우리가 고난이 있을 때도 훈련하시고 없을 때도 훈련하시고 우리의 신분이 높을 때도 훈련하시고 낮을 때도 훈련하십니다. 이렇게 다양한 훈련을 통해 우리의 신분이 우리의 인생이 나에게 있지 않고 하나님께 있다는 것을 알려 주시는 것입니다. 하나님은 다윗의 가문을 통해 메시아를 보내 주실 만큼 작은 일에 최선을 다하는 그를 믿음 안에 굳게 서 있는 인생으로 만들어 가십니다. 그래서 달란트나 므나 비유를 통해 작은 일에 충성하라고 말씀하시는 것입니다.

우리에게 작은 일은 무엇일까요? 바로 가정에서 시작됩니다. 예수님을 믿기 때문에 배우자를 잘 섬기고 자녀를 잘 양육해야 합니다. 그것이 가장 크고 첫째 되는 일입니다. 맨날 교회에서 사는 것도 바람직하지 않습니다. 남편과 아내를 먼저 챙겨야 합니다. 가정을 돌보는 것이 확대되어야 이웃과 교회를 섬겨 나갈 수 있는 것입니다.

창조적인 기다림

두 번째, 다윗은 하나님의 말씀에 순종하면서 창조적으로 기다렸습니다. 하나님의 뜻이 이루어져야 삶의 변화가 오는데 변화가 오기 전까지 다윗의 태도는 수동적이지 않았습니다. 다윗은 어떻게 기다림의 시간을 준비해야 될지를 찾아갑니다. 하나님이 "이스라엘 중심으로 가서 왕이 되어라"가 아니라 "헤브론으로 올라가. 너는 유다 지파의 작은 지파의 한 왕으로서 지내는 것이 필요하다"라고 하실 때 다윗은 순종했습니다. 그리고 열두 지파 중에 한 지파, 유다 지파의 왕으로만 섬기며 하나님이 통일 왕국의 왕으로 세우실 때까지 기다렸습니다.

가만히 앉아서 절망하고 낙심하며 있었던 것이 아니라 왕으로 세워져 더 큰 일을 맡을 때까지 하나님 앞에서 할 수 있는 일을 찾아 최선을 다해 움직인 것입니다. 그러니까 사울과 자신을 죽이려고 했던 사람을 품고 사랑하는 것도 훈련하고 하나님의 약속과 성취 사이에 믿음을 가지고 기다렸습니다. 이렇게 하나님이 주실 기회를 위하여 준비하는 것이 창조적인 기다림입니다.

다윗이 온 이스라엘의 왕이 되지 못한 것은 사실 사울 왕의 편에 있던 사람들과 이스보셋을 왕으로 추대한 아브넬이라는 장군이 최대 걸림돌이었습니다. 그러나 다윗은 그 사람들 때문에 이스라엘 전체의 왕이 되지 못하는 거라고 여기지 않고 그들을 품었습니다. '내가 왕이 되는 문제는 너희와 상관없어. 하나님이 세우셔야 하는 거지'라는 믿음이 있었던 것입니다. 모든 것은 하나님의 절대주권 속에 있다고 믿었기에 그들을 미워하지도 않고 초조해하지도 않았습니다. 하나님이 세우실 때 쓰임 받을 준비를 하면서 기다린 것입니다. 아브넬이 죽었을 때 다윗이 그렇게 슬퍼할 수 있던 것도 그를 원수로 생각하지 않았기 때문입니다.

절대주권이 하나님께 있다는 믿음이 있으니까 다윗은 굉장히 여유가 있었습니다. 그리고 하나님이 주신 기다림의 의미를 깨닫게 됩니다. 여러분 중에 끝없는 기다림 속에서 자포자기하는 사람이 있을 수도 있습니다. 하지만 그렇게 하면 자신만 손해입니다. 그 자리에서 최선을 다해야 합니다. 아들까지 주시며 우리를 살리신 하나님이 우리의 삶을 그냥 두시지 않기 때문입니다.

기다림 속에서 하나님이 주신 일들을 열심히 할 때 그것이 결국에는 하나님이 세워 주시는 자리를 더 빛나게 할 것입니다. 주님의 때를 기다리며 준비하기를 바랍니다. 그중 기도의 준비가 참 중요합니다. 기도는 유효기간이 없고 기도한 것은 다 쌓입니다. 기도는 질과 양이 모두 차야 합니다. 그러면 그때부터 하나님이 응답의 역사를 베푸십니다. 하나님의 역사는 우리가 문제를 푸는 것이 아니라 우리가 하나님과 더 가까워지고 섬기는 사람이 되는 것에 그 목적이 있습니다.

예루살렘을 향한 도전

세 번째, 다윗은 예루살렘을 향해 도전했습니다. 마침내 열두 지파의 사람들이 와서 다윗을 왕으로 세웠습니다. 그래서 다윗은 이스라엘 전체의 왕이 되었습니다. 그때 다윗이 기도합니다. "하나님, 내가 왕으로서 나라를 잘 다스리려면 어떻게 해야 합니까?" 그때 다윗은 이렇게 생각했습니다. '유대 땅도 아니고 이스라엘 땅도 아닌 중간 지대이자 중심부에서 이스라엘을 다스리면 더 잘 섬길 수 있겠다.' 그리고 하나님이 맡기신 일을 잘 감당해야겠다고 생각하고 어느 한쪽이 소외감을 느끼지 않게 찾은 중간 지대가 바로 예루살렘이었습니다.

그런데 불행히도 예루살렘은 한 번도 이스라엘 백성이 점령해 본 적이 없는 곳이었습니다. 그곳의 여부스 족속이 워낙 강하고 예루살렘 성이 천연 요소로 되어 있어서 점령을 당하지 않은 것입니다. 그래서 그들은 우리 성의 장애인이 나가서 막아도 다윗을 이긴다고 할 정도로 자신감이 넘쳤습니다.

그러나 다윗은 통일 왕국을 잘 다스리기 위해서는 예루살렘 성이 꼭 필요하다고 생각했기 때문에 하나님께 기도했습니다. 예루살렘 성은 높은 곳에 있었기 때문에 물을 끌어 올리는 관이 있었습니다. 다윗은 그 수도관을 타고 성에 올라갔습니다. 아무도 그 생각을 하지 못했는데 다윗은 그 방법으로 성을 쉽게 점령할 수 있었습니다. 10여 년 동안 산과 골짜기를 다니면서 숨을 곳을 찾아다니고 위장했던 다윗만이 볼 수 있는 부분이었던 것입니다. 그래서 점령할 수 없다는 그곳, 예루살렘을 점령했습니다. 다윗은 하나님의 나라를 위해 그곳이 꼭 필요했기 때문에 하나님께 목적을 두고 기도했고 예루살렘을 점령하고 나서부터 나라는 점점 강성해졌습니다.

여러분도 자신의 예루살렘을 점령해 보기를 바랍니다. 하나님을 잘 섬기고 싶고 하나님이 주시는 복을 누리고 싶은 부분이 있다면 그것에 도전해 보십시오. 물질이든, 시간이든, 습관이든, 다양한 부분에 도전할 수 있습니다. 이 모든 것이 하나님을 섬기는 데 중요하기 때문입니다.

"만군의 하나님 여호와께서 함께 계시니 다윗이 점점 강성하여 가니라"(삼하 5:10).

하나님은 다윗과 그 삶을 더 든든하게 세우셨습니다. 그리고 전혀 관계없던 두로 왕 히람이라는 사람이 와서 예루살렘 성에 다윗을 위해 집을 지어 주게 하십니다. 이것은 하나님의 선물이었습니다. 여러분, 하나님을 더 잘 섬기고 하나님께 더 가까이 갈 수 있겠다고 하는 일이 있다면 그것을 한번 도전해 보십시오. 그때 다윗처럼 그것을 넘어 하나님이 주시는 또 다른 축복을 받을 수 있을 것입니다.

하나님은 다윗에게 영적인 부유함도 주십니다. 인생의 예루살렘에 도전했더니 영적인 성숙함이 따라오는 것입니다. 영혼이 잘됨같이 범사가 잘되는 것처럼 당연히 우리 삶에는 하나님이 주신 보너스가 있습니다. 하나님을 더 잘 섬기기 위해 하나님의 말씀과 명령을 잘 따르겠다는 결심을 갖고 지킬 때에 기쁘게 하나님이 주시는 것입니다.

사랑하는 여러분, 지금까지 세 가지를 살펴보았습니다. 먼저 작은 일에 충성하십시오. 나에게 주어진 일이 작고 보잘것없다고 생각하지 말고 자신이 받은 역량 속에서 최선을 다해야 합니다. 그리고 창조적으로 기다리십시오. 내가 할 수 있는 것이 없다고 생각하지 말고 그 속에서 '하나님이 나를 쓰실 때를 대비해 무엇을 준비할까' 하는 마음으로 기다리는 것입니다. 마지막으로 여러분의 예루살렘에 도전하십시오. 하나님을 더 잘 섬기기 위해 예루살렘에 도전하는 일은 힘들지만 그 일을 이룰 때 하나님이 주시는 축복과 영적인 성숙함이 있을 것입니다. 이 모든 것은 다윗이 이스라엘 전체를 다스리는 데 굉장히 중요한 기초가 된 것처럼 여러분의 삶을 더 풍성하게 해줄 것입니다.

15

예루살렘에 있어야 할 여호와의 궤

사무엘하 6:12-19

이 세상에는 무엇인가를 이루기까지 열심히 살다가 그 목적한 것을 이루고 나면 그 다음부터 별 볼 일 없는 인생이 참 많이 있습니다. 이 사람이 정말 괜찮은 사람이라고 생각했는데 목적한 것을 이루고 나면 그 다음부터는 존재감이 없어지는 것입니다. 반면 어떤 사람은 힘들고 어렵게 노력해서 목표를 이루고 그것을 이루고 나서도 더 아름답게 살아갑니다.

다윗이 목동에서 왕으로 세워질 때까지 무려 20년의 세월이 걸렸습니다. 사무엘이 와서 "너는 이스라엘의 왕이 될 것이다"라고 꿈과 비전을 심어 주고 난 다음부터 다윗의 인생은 시련과 고난의 연속이었습니다. 그런 어려운 과정을 거쳐서 왕이 되면 상처와 아픔이 많은데, 다윗은 왕이 된 다음에 더 아름답게 인생을 만들어 갑니다. 왕이 되고 난 후 그는 더 아름다웠고, 하나님이 아브라함에게 약속하신 그 모든 약속을 성취했을 뿐 아니라 인내 속에 메시아를 만드는 참 복된 인생을 살았습니다.

아마 여러분의 마음속에 '내 인생을 정말 의미 있게 잘 살고 싶다'라는 마음이 다 있을 것입니다. 그렇다면 다윗이 왕이 되어서 더 아름다운 인생을 살았던 모습이 어떤 것인지 관심을 갖고 다윗이 누렸던 축복이 우리에게도 이어지기를 기도하며 본문을 살펴보겠습니다.

인생의 예루살렘을 정복하라

왕이 된 다음에 다윗은 사명을 잘 감당하기 위해 어떤 일을 했습니까? 먼저 인생의 예루살렘을 점령했습니다. 그는 남과 북이 통일된 나라의 왕이 된 후, 나라를 잘 다스리기 위해서는 남쪽에 너무 치우쳐도 안 되겠고 북쪽에 가서도 안 되겠고 나라의 중앙에서 장소를 하나 찾아야겠다고 생각합니다. 그리고 그 장소를 찾아 보니 바로 예루살렘이었던 것입니다.

그때까지 예루살렘은 한 번도 정복당하지 않은 곳으로, 그곳에 여부스 족속이 살고 있었습니다. 그 성은 굉장히 요새화되어 있어서 다윗이 그 성을 정복한다는 이야기를 듣고도 여부스 사람은 아주 여유 있고 자신만만했습니다.

다윗은 하나님 앞에서 받은 사명대로 정말 의미 있고 잘 살기 위해서는 예루살렘을 꼭 점령해야겠다는 마음으로 기도했습니다. 결국 하나님이 주신 은혜로 예루살렘을 점령하고 남과 북을 골고루 잘 다스리면서 하나님이 기뻐하시는 나라로 만들어 갑니다. 예루살렘을 점령하고 난 후, 성경에는 이런 표현이 나옵니다.

"만군의 하나님 여호와께서 함께 계시니 다윗이 점점 강성하여 가니라 … 다윗이 여호와께서 자기를 세우사 이스라엘 왕으로 삼으신 것과 그의 백성 이스라엘을 위하여 그 나라를 높이신 것을 알았더라"(삼하 5:10, 12).

하나님의 일을 더 잘하기 위해서 한 번도 가보지 않고 어느 누구도 꿈꾸지 못한, 그 강성한 예루살렘을 정복했을 때 하나님은 다윗의 왕조와 다윗의 영향력을 더 크고 존귀하게 세우신 것입니다.

다니엘과 세 친구를 보십시오. 그들은 이스라엘에서 굉장히 똑똑한 친구들이었습니다. 그래서 바벨론이 이스라엘을 공격하고 똑똑한 사람을 뽑아갈 때 다니엘과 세 친구가 뽑혀 간 것입니다. 그런데 그들이 모여서 이런 생각을 합니다. '왜 우리나라가 망했지? 하나님이 이 나라를 약속의 나라와 민족으로 삼았는데 우리 민족이 왜 망했지?' 그리고 민족의 죄 때문에 하나님께 징계를 받는다는 것을 깨달았습니다.

그래서 그들은 결심을 했습니다. "징계가 끝나고 하나님이 이 나라를 다시 허락하시는 날, 정결한 사람의 모습으로 하나님이 주신 사명을 잘 감당하기 위해서는 우리가 지금부터 뜻을 정하자." 그 당시 바벨론에서 그들에게 나오는 음식은 이미 우상에게 바쳤다가 주는 것이었습니다. 그들은 삶 속에서 음식부터 구별하지 않으면 그들의 인생이 정말 하나님 앞에서 바로 서는 것이 힘들겠다고 여기고 주는 음식을 안 먹기로 합니다. 그리고 그들이 또 새롭게 도전하는 것이 있었습니다. 그들은 중앙 관리로 굉장히 바쁜 공무원이었지만 하루에 세 번, 조국 이스라엘을 향해서 창문을 열어 놓고 기도했습니다. 시간을 정하여 드린 것입니다.

그들에게는 음식이 예루살렘이었고, 시간이 예루살렘이었던 것입니다. 그 시간을 확보하지 않으면, 그 유혹을 이겨내지 않으면, 하나님이 주신 사명을 감당하기 힘들다는 마음으로 도전할 때 하나님은 그들을 통해 어두운 이스라엘의 역사를 구원의 역사로 밝게 만들어 가셨습니다.

여러분에게도 예루살렘이 있을 것입니다. 한 번도 점령해 보지 못하고 한 번도 해보지 못했지만 그것을 점령하고 극복하면 하나님께 더 가까이 가고 더 의미 있게 잘 살 수 있겠다는 그 영역에 도전해 보십시오. 예를 들어 잠이 너무 많아서 도저히 새벽에 깰 수 없다는 사람이 새벽에 일어나서 묵상하고 기도하면 정말 좋겠다고 여기면, 새벽에 일어나는 것을 한번 도전해 보는 것입니다. 하나님 앞에서 의미 있게 살기 위해서 새벽, 그 고지를 점령해 보겠다는 마음으로 시도하는 것입니다.

다윗이 예루살렘을 점령했을 때 하나님은 다윗의 나라를 더욱 강성하게 했고 하나님의 거룩한 영향력이 다윗과 함께하여 그 백성과 다윗을 함께 높이고 세워 주셨습니다. 여러분 자신과 가정과 교회가 세상 속에서 하나님의 거룩한 영향력을 더 나타낼 수 있다면 여러분의 예루살렘, 여러분의 한계일 수 있는 그것에 도전해 보십시오. 작은 습관 하나만 바꿔도 인생의 변화는 엄청나게 클 것입니다.

법궤를 옮겨라

두 번째, 다윗은 사명을 잘 감당하기 위해 법궤를 예루살렘 성으로 옮겼습니다. 다윗은 정말 하나님 중심으로 살고 싶은 마음이 있었습니다. 그는 하나님께 의지하고 하나님과 동행하고 하나님의 말씀대로 해서 하나님이 자신을 왕으로 세우시는 것을 체험하게 됩니다. 또 확인한 것이 있습니다. 다윗을 죽이려 다녔던 사울 왕, 그는 높은 권세를 가지고 많은 힘과 군사를 가지고 있었지만, 하나님을 의지하지 않고 그의 마음대로 할 때 서서히 몰락했습니다.

다윗은 '이 나라를 위하여 주께 받은 사명 때문에라도 내가 잘 살아야 하는데 가장 잘 사는 방법이 무엇일까?' 하고 생각했고, 목동인 자신을 왕으로 만드신 그 하나님이 인생의 주인이 되신다면 모든 것을 잘 감당할 수 있겠다고 생각하여 하나님의 법궤를 찾기 시작했습니다. 법궤는 하나님이 이스라엘 백성에게 하나님의 임재의 상징으로 만들게 한 것이었습니다.

이 법궤를 통해 나타난 역사가 참 많습니다. 법궤 속에는 하나님이 이스라엘 백성을 어떻게 인도하셨는지 상기시켜 주는, 모세에게 주었던 십계명이 적힌 돌판이 들어 있었습니다. 또 하나님이 주신 만나가 들었던 항아리가 들어 있었습니다. 그리고 죽은 지팡이인데 싹이 나서 '내가 이스라엘 백성을 이렇게 구원하고 인도했다. 하나님이 이 지파를 택하셨다'라는 아론의 싹 난 지팡이가 들어있었습니다.

주님은 법궤에 대해 이렇게 말씀하셨습니다.

> "거기서 내가 너와 만나고 속죄소 위 곧 증거궤 위에 있는 두 그룹 사이에서 내가 이스라엘 자손을 위하여 네게 명령할 모든 일을 네게 이르리라"(출 25:22).

하나님이 거기서 이스라엘 백성을 만난다고 하셨습니다. 하나님의 말씀을 들려주신다는 것입니다. 살면서 하나님과 만나지 않으면 그 인생은 의미가 없습니다. 하나님의 말씀을 듣지 않고는 바른 인생을 살아갈 수 없기 때문입니다.

그래서 다윗은 하나님이 함께 계신다는 상징인 법궤를 예루살렘으로 옮겼습니다. 이 법궤는 엘리의 아들 홉니와 비느하스가 잃어버린 70년 동안 변방에 있었습니다.

사울은 왕이 되어도 그 법궤를 찾을 생각을 하지 않았습니다. 왜 그럴까요? 그는 자신에게만 관심이 있었던 것입니다. 인생의 해답이 자신에게 있었기에 법궤가 필요 없었습니다. 그래서 하나님께 묻지도 않았습니다. 반대로 다윗은 목동이었지만 철저하게 하나님께 물어보았습니다. 하나님의 인도하심과 주의 보호하심을 구했습니다. 다윗이 그런 인생을 살게 되었을 때 하나님은 다윗과 그 왕조를 강성하게 세우고 복되고 의미 있는 인생으로 만드셨습니다.

어렵든 좋든 그 인생이 정말 복 받는 비결이 바로 시편 1편에 나옵니다. 인생이 황무지처럼 마른 사막 같을지라도 내가 주의 말씀을 따라 걸어가며 주의 율법을 묵상할 때 하나님이 고랑을 파서 물을 흘려보내어 풍성한 과일이 열리게 하는 역사가 있다는 것입니다. 하나님의 말씀을 의지하고 그 말씀을 따라 살아가는 인생에 복을 주신다는 것을 다윗이 이렇게 고백합니다.

> "복 있는 사람은 악인들의 꾀를 따르지 아니하며 죄인들의 길에 서지 아니하며 오만한 자들의 자리에 앉지 아니하고 오직 여호와의 율법을 즐거워하여 그의 율법을 주야로 묵상하는도다 그는 시냇가에 심은 나무가 철을 따라 열매를 맺으며 그 잎사귀가 마르지 아니함 같으니 그가 하는 모든 일이 다 형통하리로다 악인들은 그렇지 아니함이여 오직 바람에 나는 겨와 같도다 그러므로 악인들은 심판을 견디지 못하며 죄인들이 의인들의 모임에 들지 못하리로다 무릇 의인들

의 길은 여호와께서 인정하시나 악인들의 길은 망하리로다"(시 1:1-6).

하나님의 말씀을 삶의 기준으로 삼겠다는 확실한 의지를 가지고 말씀을 읽고 묵상하고 공부하며 말씀대로 살기를 원하는 마음이 더 깊어지기를 바랍니다. 또한 다윗처럼 여러분의 삶의 가장 중심에 하나님의 말씀을 초청하여 그 말씀대로 살기를 바랍니다.

하나님의 전을 세워라

세 번째, 다윗은 사명을 잘 감당하기 위해 하나님의 전을 세우는 꿈을 꾸었습니다. 다윗은 하나님을 참 사랑했습니다. 그래서 다윗은 하나님을 사랑하고 자신이 사랑하는 그 하나님이 영광과 높임을 받으시는 것에 인생의 초점을 맞추었습니다. 다윗이 인생을 돌아보니 목동 같은 자신은 광야가 아니라 백향목으로 지은 좋은 집에 거하고 자신이 사랑하고 지금까지 인도해 주신 하나님은 장막 속에 있는 것입니다.

그래서 다윗은 나단 선지자에게 이렇게 이야기합니다.

"여호와께서 주위의 모든 원수를 무찌르사 왕으로 궁에 평안히 살게 하신 때에 왕이 선지자 나단에게 이르되 볼지어다 나는 백향목 궁에 살거늘 하나님의 궤는 휘장 가운데에 있도다"(삼하 7:1-2).

"나는 이렇게 좋은 궁에 사는데, 하나님은 지금 장막 가운데 살고 계신다. 그래서 내가 지금 하나님을 위하여 하나님의 집을 짓겠다"라고 한 것입니다. 그러자 나단 선지자는 좋은 생각이라며 동의해 줍니다. 그런데 그날 밤 하나님이 나단에게 나타나셔서 말씀하십니다. "내가 언제 내 집을 지어 달라고 그랬느냐? 나는 집이 필요 없다. 다윗의 그 정성과 사랑을 받았다. 그러므로 다윗의 집을 축복하고 다윗이 짓지는 못하지만 그 아들이 지을 수 있도록 하겠다."

하나님은 다윗의 그 가문과 다윗을 높이 세울 뿐 아니라 다윗의 아들이 범죄하더라도 그 아들에게는 하나님의 징계와 벌을 돌리지 않겠다고 축복하십니다. 이 축복으로 솔로몬은 끝까지 버틸 수 있었습니다. 사실 솔로몬의 죄는 사울보다 더 악했기 때문에 마지막에는 버림을 받을 수밖에 없었는데 다윗 때문에 하나님이 지켜 주신 것입니다.

하나님이 하나님을 사랑하는 다윗의 중심을 보셨습니다. 다윗은 성전을 짓지는 못했지만 성전을 지을 준비를 다 해주었습니다. 그의 마음의 소원은 이것이었습니다.

> "내가 여호와께 바라는 한 가지 일 그것을 구하리니 곧 내가 내 평생에 여호와의 집에 살면서 여호와의 아름다움을 바라보며 그의 성전에서 사모하는 그것이라"(시 27:4).

이런 마음은 어디서부터 나오는 것일까요? 이 나라와 내 인생을 하나님이 통치하신다는 그 마음이 늘 살아 있는 것입니다. 그래서 하나님의 집을 지으려고 하는 그 마음이 있었습니다.

다윗과 대조되는 한 사람이 있습니다. 고대 근동 지방에 가장 발달했던 바벨론의 왕 느부갓네살입니다.

> "나 왕이 말하여 이르되 이 큰 바벨론은 내가 능력과 권세로 건설하여

나의 도성으로 삼고 이것으로 내 위엄의 영광을 나타낸 것이 아니냐 하였더니"(단 4:30).

모든 것을 자신이 했다는 것입니다. 그때 하나님이 느부갓네살 왕의 정신을 살짝 놓게 만들었습니다. 정신이 없는 느부갓네살 왕은 버림 받고 들에서 짐승과 함께 이슬을 맞으면서 7년 동안 지내다가 하나님이 정신을 차리게 했을 때, 비로소 깨닫습니다. '아, 내가 한 것이 아니구나. 하나님이 하신 것이구나.' 그리고 그 후에 그는 겸손하게 나라를 통치할 수 있게 되었습니다.

반면에 다윗은 나라가 부흥해도 교만하지 않았습니다. 왜냐하면 그의 임무를 하나님의 집, 하나님의 성이 세우는 것이라고 생각했기 때문입니다. 감사함으로 삶을 여기까지 인도하신 그 주님이 높임 받으시고 아름답게 세워질 수 있도록 살겠다고 고백하는 것입니다.

사탄의 특징

사탄은 하나님께 오는 복을 받지 못하도록 방해하고 간교하게 우리를 넘어뜨리는데, 그 전략이 이것입니다. 첫째, 삶의 초점을 나와 내 문제에만 맞추도록 유도해 갑니다. 하나님의 사람은 인생의 초점이 하나님께 있습니다. 하나님께 관심이 있고 하나님이 기뻐하시고 원하시는 것에 초점을 맞추고 살아야 합니다.

인생을 살면서 문제가 끝나는 날은 없습니다. 문제가 없는 날은 우리가 죽는 날입니다. 문제를 따라다니면 결국 죽습니다. 그 문제 때문에 계속 시달리다가 아무것도 하지 못합니다. 그래서 우리가 하나님의 일도 못 하고 하나님이 기뻐하시는 일도 못 하고 하나님이 만드신 아름다운 것도 못 누리게 만드는 것이 바로 사탄의 전략입니다.

사울을 보십시오. 하나님이 주신 왕권, 하나님이 주신 풍성함이 있었지만 자신의 문제에 휩싸이니까 문제를 해결하는 방법이 다윗을 죽이는 것밖에 없는 것입니다. 평생 하나님이 주신 그 귀한 왕의 자리에서 많은 군사를 가지고 다윗 하나 잡아 죽이려고 돌아다니다가 결국 전쟁터에서 죽습니다. 문제 가운데 눌려서 죽는 것입니다.

둘째, 사탄은 우리를 영적인 것보다 육체적이고 물질적인 것에 관심을 갖도록 만듭니다. 여러분, 육체적이고 물질적인 것은 우리가 만지고 느낄 수 있기 때문에 굉장히 강합니다. 영적인 것은 보이지 않기 때문에 정말 믿음의 눈이 없으면 못 봅니다. 사탄은 우리를 돈에 집착하게 만듭니다. 돈으로 무엇이든지 다 할 수 있다고 믿게 만듭니다. 하지만 하나님은 그렇게 하지 않으십니다. 그것보다 훨씬 더 가치 있는 영적인 일에 우리의 인생을 둘 때 그 영적인 일이 물질세계를 지배할 수 있습니다. 물질에 관심을 두면 물질이 썩을 때 우리도 죽게 됩니다.

셋째, 사탄은 지금 여기 이것을 중요하게 여깁니다. 미래가 없습니다. 다윗은 그렇게 살지 않았습니다. 다윗은 왕의 자리에서 권력과 힘을 가지고 있었지만 자신의 권력이나 힘을 의지하지 않았습니다. 하나님만 의지했습니다. 그때 하나님이 능력을 주셔서 백성을 잘 다스리게 하셨습니다. 그는 문제에 초점을 맞추지 않았습니다. 하나님께 초점을 맞추었습니다. 그래서 하나님의 인도하심을 따라 평안히 인생을 살 수 있었습니다. 그는 당장 눈앞에 있는 문제가 아니라 멀리 바라보았습니다. 그런 다윗의 모습은 그의 가문을 통해 메시아가 오실 수 있도록 준비한 인생으로 세워집니다.

사랑하는 여러분, 내 삶 속에 주님이 높아지고 주님이 영광을 받는 것이 인생의 목표이면 병이 들지 않습니다. 이런 마음이 있으면 초점을 하나님께 맞춥니다. 영적인 것에 우선순위를 둡니다. 그리고 지금 당장이 아니라 멀리 바라보고 미래를 준비하는 인생을 살게 됩니다.

이스라엘 백성은 바벨론 포로로 있다가 해방되었을 때 "자유다! 이제는 마음대로 살자"가 아니라 그들에게 주어진 그 자유를 그들 자신을 위해 다 쓰지는 말자고 했습니다. 미래를 위하여 보류해 두고 미래를 위하여 심자는 것입니다.

그런데 그것이 얼마나 힘든지 눈물을 흘리면서 뿌린다고 합니다. 하나님은 우리에게 먹을 양식도 주시지만, 뿌릴 씨도 같이 주십니다. 그런데 뿌릴 씨까지도 다 먹으면 우리에게 미래는 없습니다. 하나님이 기도할 시간을 주셨는데, 육체적인 일로 다 써 버리면 영적인 일이 어떻게 일어나겠습니까? 우리는 눈물로 씨를 뿌려야 합니다. 그때 미래가 있습니다. 하나님이 내 인생 속에 주신 물질과 시간과 육적인 풍요로움을 눈물로 뿌릴 때에 하나님이 기쁨으로 단을 거둘 수 있게 해주실 것입니다. 이것이 바로 다윗이 받은 복입니다.

사람은 어떤 자세를 가지고 사는지가 중요합니다. 다윗은 왕이 되어도 겸손했습니다. '하나님의 일을 어떻게 할 것인가?' 하고 하나님께 초점을 맞추었습니다. 문제가 아니라 하나님께 초점을 맞추었습니다. 이 땅의 썩어질 것이 아니라 영적인 것을 생각하며 살고자 애썼습니다. 우리가 "하나님이 높임을 받으시는 인생을 살겠습니다"라고 고백할 때, 우리의 삶 속에서 다윗이 받은 그 복을 분명히 누리게 될 것입니다. 다윗의 그 축복이 여러분의 가정과 가문의 축복이 되기를 주의 이름으로 축원합니다.

16

간구와 응답과 반응

사무엘하 7:1-17

이제 다윗의 과거와 미래의 중간쯤에서 다윗을 살펴보겠습니다. 다윗이 목동에서 왕이 되는 과정에서 하나님이 계속해서 다윗에게 심어 주려고 하신 것이 한 가지 있습니다. 그것은 우리를 향해서도 마찬가지입니다. 바로 하나님의 절대주권에 대한 것입니다. 이 세상의 모든 것이 하나님의 주권 안에 있다는 것을 하나님은 계속해서 다윗에게 뼈 속 깊이 심어 주신 것입니다.

하나님의 주권

다윗이 하나님의 주권을 인정할 때 하나님은 다윗에게 평안과 회복을 베풀어 주십니다. 하나님이 삶의 주인이라는 것을 인정하고 받아들일 때 하나님이 주시는 것은 평안과 회복입니다. 다윗은 그 과정을 계속 반복하며 그 속에서 자신이 참으로 연약한 존재라는 것을 마음의 결론으로 얻게 됩니다.

그런데 이 과정까지 가는 것은 힘듭니다. 철저히 깨져야 됩니다. 하나님은 제일 먼저 깨는 작업을 하십니다. 내가 믿었던 것, 옳다고 생각했던 것, 의지했던 것을 계속 깨뜨리십니다. 그렇게 하나님이 만들어 가시는 것은 너무 고달픕니다. 하지만 그 가운데 하나님은 나를 얼마나 사랑해 주시는지를 확실하게 보여 주십니다. 우리가 연약하고 죄인 되었을 때 심지어는 하나님과 원수 되었을 때도 내 생각과 내 상식과 내 상상을 넘어서는 하나님의 이해하지 못하는 사랑 앞에 직면하게 됩니다. 그 사랑 앞에 우리는 무릎을 꿇게 됩니다. 그래서 하나님의 자비와 사랑을 접하고 성경이 말하는 심령이 가난한 상태가 됩니다. 내가 연약한 존재이며 하나님의 은혜로 살 수밖에 없는 존재임을 깨닫게 되는 것입니다. 그리고 그때 가난해진 마음이 주의 것으로 부요해지는 단계까지 가게 됩니다.

다윗이 목동에서 왕이 되는 과정에서 내면의 변화가 일어납니다. 그 변화는 겸손입니다. 하나님 앞에서 자신을 낮출 줄 아는 것입니다. 결코 위축되거나 열등감을 느낀다는 것이 아닙니다.

그리고 또 하나 자리 잡는 것은 온유입니다. 온유란 내가 가진 욕구나 성격 등을 표현하는 것을 통제할 줄 아는 것입니다. 원래 이 말의 원어는 펄쩍펄쩍 뛰는 야생마를 훈련시켜서 주인이 원하는 대로 달리고 설 수 있게 만든다는 것입니다. 즉 전에는 내가 하고 싶은 대로 할 수 있는 것을 다했지만 이제는 나를 내려놓고 주님의 뜻 앞에 나를 맞추며 나를 통제할 줄 아는 힘이 생긴다는 것입니다. 그때 성령의 열매가 맺히고 입에서 감사가 나오게 됩니다.

이 단계가 되면 두 가지 현상이 나타납니다. 하나는 자신이 얻고자 하는 것을 얻고 평안을 누리게 되었으니 하나님이 주신 축복에 관심이 머물러 버리는 것입니다. 하나님이 주신 물질의 축복, 건강의 축복, 가정의 평안 등 하나님의 놀라운 은혜에 머물며 그것을 유지하기 위해 거기서 신앙이 멈춘 채 성장하지 않는 것입니다. 그런 부류는 하나님께 받은 복을 감사할 줄 알지만 더 성장하지 못하는 부분이 너무 많습니다.

다른 하나는 하나님이 주신 은혜와 사랑에 감사해서 '내가 주님을 위해 무엇을 할까?' 생각하고 기도하는 것입니다. 하나님을 가까이함이 복이라는 것을 알고 있기 때문에 하나님을 삶의 중심에 모시기를 원합니다. 더 나아가서 중요한 것은 하나님을 사랑하게 됩니다. 그리고 하나님을 사랑하게 될 때 사명의 삶을 살게 됩니다. 이 구조는 굉장히 중요한 것입니다. 다윗뿐 아니라 성경에 나오는 사람들, 그리고 우리 삶에도 공통적으로 나타나는 것입니다.

사랑으로 감당하는 삶

율법에 따라 살다가 그 단계를 지나면 하나님을 사랑하게 됩니다. 사랑으로 사는 사람은 사명자입니다. 사명을 따라 사는 사람은 그 속에 하나님에 대한 사랑이 있습니다. 하나님이 사명을 위해 부른 사람은 복종과 순종의 단계를 지나 사랑의 단계로 나가게 만드시는 것입니다. 물론 이것이 정확하게 구분되는 것은 아니지만 대체로 하나님은 이런 흐름으로 인도해 가십니다.

사명의 삶을 살 때 자신의 축복이 아니라 이웃의 축복을 나누어 줄 수 있게 되고 후손이 복을 받는 역사가 일어납니다. 성경의 약속이 대체로 그렇습니다. 여러분이 살아온 삶도 비슷할 것입니다.

주님이 베드로를 제자로 삼으셨습니다. 예수님과 같이 거하고 먹고 말씀을 듣고 기적을 배우기도 하고 체험도 하고 귀신도 쫓아내고 병자도 낫게 했습니다. 그런데 그런 그가 자신이 여자아이의 말 몇 마디에 평생 쌓아놓은 것이 한꺼번에 무너질 수밖에 없는 연약한 존재라는 것을 발견하게 됩니다. 사람들이 다 주님을 떠나도 자신은 떠나지 않겠다고 말하고 부인할 수 없는 하나님의 놀라운 은혜와 기적을 체험하고 하나님의 사람이 되었는데도 깊은 내면을 찌르는 그 한마디에 모든 것이 왕창 무너지는 것입니다.

우리는 큰 것에 무너지지 않습니다. 작은 것에서부터 우리의 신앙과 체험이 무너집니다. 베드로가 닭이 울 때 울었던 그 눈물, 어쩌면 우리에게 그 눈물이 있어야 합니다. '내가 이것밖에 안 되는 존재구나.' 자신을 발견한 그 비참함과 눈물이 우리 속에 전제되어야 하나님의 사랑과 구속이 귀한지 알고 그 은혜가 우리 속에 들어와야 사명자로 살 수 있는 것입니다.

베드로가 사명자로 살아가는 과정에서 예수님은 베드로에게 "네가 나를 사랑하느냐?" 하고 물으셨습니다. 사랑하는 사람만이 사명을 감당할 수 있기 때문입니다. 성경은 사랑에 대해 이렇게 표현합니다.

> "내가 사람의 방언과 천사의 말을 할지라도 사랑이 없으면 소리 나는 구리와 울리는 꽹과리가 되고 내가 예언하는 능력이 있어 모든 비밀과 모든 지식을 알고 또 산을 옮길 만한 모든 믿음이 있을지라도 사랑

이 없으면 내가 아무 것도 아니요 내가 내게 있는 모든 것으로 구제하고 또 내 몸을 불사르게 내줄지라도 사랑이 없으면 내게 아무 유익이 없느니라"(고전 13:1-3).

누가 방언도 말하고 방언 통역도 하고 하나님의 음성을 들었다는 이야기를 하면 굉장히 신비롭습니다. 또 굉장히 믿음이 좋은 사람이 헌신과 희생과 섬김을 넘치도록 하면 정말 대단해 보입니다. 그런데 그 모든 것이 사랑이 없으면 아무것도 아니라고 합니다. 굉장한 선언입니다.

저는 초대 교회 중에 가장 완벽한 교회는 에베소 교회라고 생각합니다. 교회가 건강하려면 에베소 교회 같은 교회가 되어야 합니다. 그런데 완벽하다고 생각하는 이 에베소 교회도 주님이 버리셨습니다. 그 이유는 처음 사랑을 버렸다는 것입니다. 결국 사랑하는 사람이 사명의 삶을 살 수 있습니다.

복종은 쉽습니다. 우리가 하나님의 말씀에 복종하는 것이 어렵다고 하지만 복종하는 것은 그냥 그대로 하기만 하면 됩니다. 그러나 사랑은 참 어렵습니다. 사랑 속에는 능동적인 것이 있습니다. 자유의지를 통해 율법보다 소중한 자신을 송두리째 드려야 하는 것입니다. 하나님이 기쁨을 주셔서 우리가 얼마나 힘든지 모르지만 사실 그 사랑은 힘든 것입니다. 하나님이 원하시는 것은 바로 이 사랑입니다.

다윗이 예루살렘 성을 점령하고 난 다음에 하나님은 다윗과 나라를 더욱 강성하게 하셨습니다. 다윗은 하나님을 더 가까이 두고 싶었습니다. 지난 20년 동안 자신이 살아온 인생을 돌아보니 목동인 자신을 들어 쓰셔서 위대한 왕으로 세우신 하나님의 그 사랑이 너무 크기 때문입니다. 하나님이 너무 좋아서 그는 법궤를 예루살렘으로 들였습니다. 사울 왕 때 블레셋에게 빼앗겼던 그 법궤를 다시 예루살렘으로 회복한 것입니다. 이 법궤는 하나님의 임재를 상징합니다. 그리고 그가 하나님 앞에 스스로 헌신해서 "하나님, 하나님의 집을 짓고 싶습니다. 성전을 짓고 싶습니다"라고 기도합니다.

영적인 교제

본문을 통해 우리는 몇 가지 사실을 알 수 있습니다. 첫 번째, 하나님이 다윗을 위하여 나단이라는 선지자를 주셨다는 사실입니다. 영적인 교제와 하나님의 음성을 듣고 하나님의 인도하심 앞에 신실할 수 있도록 하나님은 다윗에게 나단이라는 사람을 붙여 주셨습니다. 하나님을 사랑하는 사람, 하나님의 뜻대로 사는 사람, 사명자에게 수시로 하나님의 말씀을 전해 주고 그 속에서 서로 영적인 교제를 하게 한 것입니다.

우리 자체는 굉장히 연약한 존재입니다. 하나님이 우리에게 은혜를 주시고 우리가 그것을 깨닫고 새롭게 돌아볼 때 하나님은 우리에게 나단과 같은 선지자를 붙여 주십니다. 그런데 우리는 나단을 다윗이 범죄할 때 나타나서 잘못을 지적한 사람이라고 여깁니다. 하지만 나단은 다윗이 그 심중에 있는 것을 상의하는 사람이었습니다. '하나님을 어떻게 사랑하면 좋을까?', '하나님을 어떻게 믿으면 좋을까?', '하나님 앞에 받은 은혜를 어떻게 나누면 좋을까?' 이러한 부분을 나누며 영적인 교제를 나눌 수 있는 사람이었던 것입니다.

앞서 우리는 다윗의 인생처럼 세 사람을 만나야 한다고 했습니다. 첫째 사무엘처럼 꿈과 비전을 주는 사람, 둘째 아비가일처럼 격려로 나를 회복으로 이끄는 사람, 그리고 셋째가 바로 나단 같은 사람입니다. 나의 길을 바로 갈 수 있도록 나에게 하나님의 음성을 들려 주며 나를 일깨워 주는 사람이 필요합니다. 하나님의 뜻과 생각이 무엇인지, 하나님의 나를 향한 계획이 무엇인지를 알려 줄 수 있는 영적인 친구와 지도자를 두는 것이 참 중요한 것입니다.

어떤 사람은 하나님의 종이나 영적인 교제 없이도 나름대로 신앙생활을 잘할 수 있다고 생각하는데 그것은 잘못된 것입니다. 우리는 사적인 이야기를 나눌 수 있을 정도로 가까운 영적인 친구가 필요합니다. 그리고 그것이 신앙생활을 하는 데 큰 힘이 됩니다. 여러분의 생각을 편안하게 나누는 교제도 중요하지만 영적인 멘토를 두는 것은 사명자로 살아가는 데 큰 유익이 됩니다. 다윗도 그런 멘토가 있었기에 하나님이 원하시는 길을 끝까지 걸어갈 수 있었던 것입니다.

다윗은 나단에게 많은 것을 상의했습니다. 그 당시 상황을 보면 왕과 선지자가 쉽게 만나서 이야기할 상황이 아닌데 그들은 가까이 친구처럼 지냈습니다. 만약에 다윗이 나단과 교제하지 못했다면 하나님의 음성을 듣지 못했고, 하나님의 음성을 듣지 못했다면 우리아의 아내 밧세바를 범하고 죄 가운데 죽어 갔을 것입니다.

우리의 진짜 멘토는 성령님입니다. 이사야서에는 성령님이 우리의 스승이 되어 뒤에서 말씀해 주신다고 나옵니다. 그래서 삶 속에서 성령님을 인격적으로 초청해야 합니다. 성령님이 나와 함께하시는 것을 인정하고 성령님의 임재를 고백하고 받아들이는 것입니다.

우리는 부모님의 사랑을 받아도 그 사랑을 깨닫기까지 별로 인식하지 못합니다. 마찬가지로 우리는 성령님을 인식하지 못하고 살아갑니다. 하지만 이제 그 성령님을 깨닫고 인정하십시오. 그러면 성령님이 여러분의 삶을 인도해 주실 것입니다.

다양한 하나님의 응답

두 번째, 하나님은 다양한 방법으로 응답하십니다. 다윗은 하나님의 은혜가 감사해서 하나님이 기뻐하시는 것이 무엇인지 생각했습니다. 그러다가 '나는 이 좋은 백향목 궁에 사는데 하나님이 장막 속에 있다는 것은 말이 안 된다. 주님을 위하여 좋은 집을 지어야겠다'라고 생각하고 나단에게 이야기했습니다. 나단도 듣고 나쁜 것이 아니므로 좋다고 여겼습니다.

그런데 그날 밤에 하나님이 나단에게 나타나셨습니다. 언제나 너희와 함께 거했다며 하나님은 집에 갇혀 있는 사람이 아니라고 말씀하셨습니다. 그러나 하나님은 "너는 짓지 못하지만 네 아들이 짓게 될 것이다"라고 하시고, 하나님을 사랑하는 고백과 간절함, 그 중심을 받으시고 다윗을 축복하십니다.

첫 번째 축복은, 다윗에 대한 축복입니다. 다윗의 이름을 높여 주시겠다고 하셨습니다. 그 땅의 위대한 사람들처럼 다윗의 이름을 높이시겠다는 것입니다. 목동을 왕으로 만드신 하나님이 다윗과 동행해 주신다는 약속입니다. 두 번째 축복은, 다윗으로 인해 그 나라와 백성에게 복을 주시겠다는 것입니다. 모든 원수에서 벗어나서 쉬게 할 뿐아니라 다윗이 속한 그 모든 공동체를 축복해 주신다고 합니다.

가정에서 혼자 교회에 나오며 신앙생활을 하는 사람이 있는데 그런 사람들은 그 집의 제사장입니다. 자녀일지라도 주님을 믿는 사람이 집안의 제사장인 것입니다. 그들을 통해 가정이 복을 받는 역사가 있을 것입니다. 하나님은 주님을 사랑하는 사람에게 복을 주십니다. 믿는 우리의 복이 흘러 넘쳐서 가족이 복을 받고 이웃이 복을 받고 시대가 복을 받는 은혜가 있기를 바랍니다.

세 번째 축복은, 다윗의 후손에 대한 것입니다. 주님을 사랑하며 사명을 다할 때 하나님은 그 후손을 축복하십니다. 다윗 왕조는 나중에 남 유다와 북 이스라엘로 나뉘는데 북쪽에는 사악한 왕이 많이 나옵니다. 그러나 남 유다는 다윗의 후손이 있는 곳으로, 유명하고 좋은 왕이 많이 나옵니다. 시대마다 좋은 왕이 나옵니다. 그것은 하나님이 다윗의 후손에게 복을 주셨을 뿐 아니라 그 후손에게 다윗의 복이 나누어 가게 하겠다고 약속하셨기 때문입니다. 또 하나 중요한 약속은 솔로몬이 아무리 개판을 쳐도 사울에게 빼앗은 은총과 은혜를 거두지 않으시겠다는 것입니다. 솔로몬은 정말 하나님 앞에서 죽을 죄를 지었지만 다윗 덕분에 살았습니다. 다윗 때문에, 부모의 수고 때문에, 하나님을 향한 부모의 그 사랑 때문에 산 것입니다.

내가 주님을 사랑하기 때문에 자녀가 죄를 지어도 하나님이 그 자녀를 불쌍히 여기고 기억해 주신다면 부모는 다른 것을 하기 전에 주님을 사랑하고 주님이 기뻐하실 만한 일을 할 것입니다. 그것은 참 귀한 마음입니다.

우리의 삶은 우리로 끝나지 않습니다. 우리의 자녀와 이웃과 연결되어 있습니다. 그래서 우리를 축복의 통로로 부르신 것입니다. 다윗에게 주신 축복은 바로 이것입니다.

> "하나님이 이르시되 그가 나를 사랑한즉 내가 그를 건지리라 그가 내 이름을 안즉 내가 그를 높이리라 그가 내게 간구하리니 내가 그에게 응답하리라 그들이 환난 당할 때에 내가 그와 함께 하여 그를 건지고 영화롭게 하리라 내가 그를 장수하게 함으로 그를 만족하게 하며 나의 구원을 그에게 보이리라 하시도다"(시 91:14-16).

하나님을 사랑하는 마음으로 사명을 감당하기를 바랍니다. 직분을 감당할 때 '내가 이 정도 자격이 되니까'라고 생각하지 말고 주님을 사랑하기 때문에 감사함으로 감당해 보십시오. 주님을 사랑하기 때문에 가족과 교회를 사랑하고 주님을 사랑하기 때문에 사랑할 수 없는 사람을 사랑해 보십시오. 그때 하나님이 베풀어 주시는 은혜가 있을 것입니다.

하나님이 원하시는 것

본문을 통해 발견하는 것, 세 번째는 하나님이 원하시는 것을 해야 한다는 것입니다. 하나님은 다윗의 마음을 알았지만 성전을 짓겠다는 그의 소원을 듣지 않으셨습니다. 그것을 원하지 않으셨기 때문입니다. 그리고 다윗은 하나님의 말씀에 순종하며 이렇게 기도합니다.

> "다윗 왕이 여호와 앞에 들어가 앉아서 이르되 주 여호와여 나는 누구이오며 내 집은 무엇이기에 나를 여기까지 이르게 하셨나이까 주 여호와여 주께서 이것을 오히려 적게 여기시고 또 종의 집에 있을 먼 장래의 일까지도 말씀하셨나이다 주 여호와여 이것이 사람의 법이니이다 주 여호와는 주의 종을 아시오니 다윗이 다시 주께 무슨 말씀을 하오리이까 주의 말씀으로 말미암아 주의 뜻대로 이 모든 큰 일을 행하사 주의 종에게 알게 하셨나이다 그런즉 주 여호와여 이러므로 주는 위대하시니 이는 우리 귀로 들은 대로는 주와 같은 이가 없고 주 외에는 신이 없음이니이다 땅의 어느 한 나라가 주의 백성 이스라엘과 같으리이까 하나님이 가서 구속하사 자기 백성으로 삼아 주의 명성을

내시며 그들을 위하여 큰 일을, 주의 땅을 위하여 두려운 일을 애굽과 많은 나라들과 그의 신들에게서 구속하신 백성 앞에서 행하셨사오며 주께서 주의 백성 이스라엘을 세우사 영원히 주의 백성으로 삼으셨사오니 여호와여 주께서 그들의 하나님이 되셨나이다 여호와 하나님이여 이제 주의 종과 종의 집에 대하여 말씀하신 것을 영원히 세우셨사오며 말씀하신 대로 행하사 사람이 영원히 주의 이름을 크게 높여 이르기를 만군의 여호와는 이스라엘의 하나님이라 하게 하옵시며 주의 종 다윗의 집이 주 앞에 견고하게 하옵소서 만군의 여호와 이스라엘의 하나님이여 주의 종의 귀를 여시고 이르시기를 내가 너를 위하여 집을 세우리라 하셨으므로 주의 종이 이 기도로 주께 간구할 마음이 생겼나이다 주 여호와여 오직 주는 하나님이시며 주의 말씀들이 참되시니이다 주께서 이 좋은 것을 주의 종에게 말씀하셨사오니 이제 청하건대 종의 집에 복을 주사 주 앞에 영원히 있게 하옵소서 주 여호와께서 말씀하셨사오니 주의 종의 집이 영원히 복을 받게 하옵소서 하니라"(삼하 7:18-29).

이 같은 다윗의 축복이 여러분의 축복이 되기를 바랍니다. 하나님은 하나님의 말씀을 듣지 못한 사람이 아니라 그 말씀을 듣고 행하지 않는 자를 어리석은 사람이라고 하셨습니다. 이제 그 말씀을 행하는 자로 하나님의 은혜에 감사하고 앞으로 베풀어 주실 그 은혜를 사모하며 나아가는 여러분이 되기를 축원합니다.

4부

인생이 흔들릴 때
믿음은
더 깊이 박힌다

17

다윗의 축복 관리

사무엘하 9:1-13

우리가 은혜를 받고 신앙생활을 하는 것은 중요합니다. 하지만 우리의 인생 자체가 흔들리는 인생이기 때문에 이 복을 유지하고 관리하는 것도 참 힘듭니다.

어디를 가든지 항상 승리했다

하나님이 다윗을 향해 붙여 주신 표현에는 '어디를 가든지 항상 승리했다'라는 기록이 많습니다. '항상', '늘'이라는 표현은 인간에게는 참 맞지 않고 하나님만 하실 수 있는 표현인데 다윗에게 붙여 주신 것입니다

다윗이 정복한 땅을 살펴보면 서쪽에 살면서 이스라엘을 괴롭혔던

블레셋, 메덱암마를 공격해서 요충지를 정복했고 또 사해 동쪽에 살던 모압을 쳤습니다. 모압은 이스라엘 백성이 출애굽할 때 이스라엘 백성이 죄를 짓고 타락하게 했던 민족입니다. 또 북동쪽에 있는 소바와 다메섹을 정복하고 또 사해의 남쪽과 동쪽에 살던 에돔 족속, 에서의 후손을 정복합니다. 동서남북을 다 정복한 것입니다.

그런데 이것을 보며 다윗이 전쟁만 했다고 생각하면 안 됩니다. 다윗은 대대로 이스라엘을 괴롭혀 온 나라들을 점령한 것입니다. 그 땅은 분명 하나님이 아브라함에게 약속한 땅이었습니다.

> "그 날에 여호와께서 아브람과 더불어 언약을 세워 이르시되 내가 이 땅을 애굽 강에서부터 그 큰 강 유브라데까지 네 자손에게 주노니"(창 15:18).

아브라함은 땅 한 평도 갖지 못했는데 그 약속이 바로 다윗 때에 이루어진 것입니다. 다윗이 스스로 잘해서 이룬 것도 있지만 하나님이 다윗을 통해 약속을 이루어 가신 것입니다. 마찬가지로 우리의 삶은 우리만의 것이 아닙니다.

아브라함은 하나님의 약속이 이렇게 이루어질 거라는 것을 몰랐겠지만, 하나님은 약속하신 것을 이루셨습니다. 그러므로 우리는 낙심하지 말고 기도하고 간구해야 합니다. 하나님은 약속하신 것, 우리가 진심으로 기도하고 간구한 것은 반드시 응답하십니다. 우리는 그것을 말씀을 통해 확인할 수 있습니다.

그러면 다윗이 이렇게 복을 받을 수 있었던 이유는 무엇일까요? 하나님은 우리가 죄를 짓는 것과 상관없이 한결같이 우리를 사랑하시기 때문입니다. 하지만 복을 거두어 가기도 하시고 때로는 고통과 아픔을 주기도 하십니다. 사랑하시기 때문입니다. 이제 말씀을 통해 다윗이 하나님의 사랑을 받으며 계속해서 복을 받은 이유를 살펴보겠습니다.

유일한 공급처

첫 번째, 다윗은 복이 하나님으로부터 온다는 것을 확실히 믿었습니다. 그래서 항상 하나님만 의지했습니다. 처음부터 그런 것은 아니지만 여러 과정을 지나면서 모든 것의 배후에는 하나님이 있고 어떤 일이든지 하나님이 허락하셔야 한다는 것을 깨달은 것입니다. 다윗은 하나님이 인생의 주관자라는 믿음이 분명히 있었습니다.

다윗은 자신을 목동에서 왕으로 인도하신 하나님을 보며 약속하신 것을 분명히 이루시는 그 하나님께 인생이 달려 있다는 것을 받아들였습니다. 하나님만 의지하고 바라보며 사는 마음이 완전히 자리 잡은 것입니다.

다윗은 자신을 비추어 볼 수 있는 거울이 또 하나 있었습니다. 바로 사울입니다. 그는 사울과 오랫동안 엮여 있었기 때문에 자신의 삶과 대조하며 살펴 볼 수 있었습니다. 사울은 하나님을 의지하지 않고 자신의 노력과 수고로 살아가다 보니 그 화려했던 흔적이 다 사라졌습니다. 다윗은 그렇게 흔적도 남지 않는 하나님의 무서운 역사를 바라보면서 '정말 하나님밖에 없구나. 하나님이 주실 수도 있고 빼앗으실 수도 있구나' 하고 깨달은 것입니다. 수고와 슬픔밖에 없다는 것을 인정할 수밖에 없는 인생 속에서 하나님은 주시기도 하고 모조리 빼앗아 가시기도 하십니다.

다윗은 다 잃어버렸지만 하나를 굳게 붙잡았습니다. 바로 하나님입니다. 하나님 속에 모든 것이 다 있습니다. 그래서 그는 어떤 순간이든지 인생이 하나님께 있다는 믿음으로 하나님을 붙들었습니다. 하나님은 이 믿음을 붙들며 나아가는 사람에게 은혜를 부어 주십니다. 이 믿음이 있으면 우리는 잘되어도 교만하지 않고 어려워도 낙심하지 않을 수 있습니다.

하나님은 일관성 있게 우리를 사랑하시며 포기하시지 않고 붙드십니다. 변하지 않으시는 너무나 귀한 하나님의 존재가 참 감사합니다. 다 놓아도 하나님을 붙들 때 하나님이 모든 것을 채워주신다는 신앙고백이 다윗에게 있었습니다. 그래서 그는 어려운 일이 와도, 좋은 일이 와도 균형이 깨지지 않고 복의 근원 되신 하나님을 향하여 계속 공급의 줄이 연결되어 있었던 것입니다.

우리가 힘들고 어려워도 하나님이 나를 붙드신다는 믿음으로 나아갈 때 하나님은 우리를 더 크고 놀라운 복으로 인도하실 것입니다. 그래서 시련과 어려움까지도 복된 것으로 여기게 될 것입니다.

> "그에게서 마병 천칠백 명과 보병 이만 명을 사로잡고 병거 일백 대의 말만 남기고 다윗이 그 외의 병거의 말은 다 발의 힘줄을 끊었더니"(삼하 8:4).

주변의 강대국들과 끊임없는 전쟁을 하기 위해서는 군사력이 매우 중요한데, 당시에 중요한 무기인 전차와 말을 다 끊었다고 합니다. 그 모든 것을 끊고 필요한 것만 딱 취했다는 것입니다. 다윗이 이렇게 한 이유가 있습니다.

"네가 네 하나님 여호와께서 네게 주시는 땅에 이르러 그 땅을 차지하고 거주할 때에 만일 우리도 우리 주위의 모든 민족들 같이 우리 위에 왕을 세워야겠다는 생각이 나거든 반드시 네 하나님 여호와께서 택하신 자를 네 위에 왕으로 세울 것이며 네 위에 왕을 세우려면 네 형제 중에서 한 사람을 할 것이요 네 형제 아닌 타국인을 네 위에 세우지 말 것이며 그는 병마를 많이 두지 말 것이요 병마를 많이 얻으려고 그 백성을 애굽으로 돌아가게 하지 말 것이니 이는 여호와께서 너희에게 이르시기를 너희가 이 후에는 그 길로 다시 돌아가지 말 것이라 하셨음이며"(신 17:14-16).

하나님이 이스라엘 백성이 가나안 땅에 들어갈 때 왕을 세우려거든 많은 병마를 두지 말고 얻으려고도 애쓰지 말라고 하셨습니다. 전쟁과 힘의 상징이 되는 그 말을 많이 두지도 말고 많이 얻으려고도 하지 말라는 것입니다.

하나님이 말씀하신 것을 지킬 때 우리는 교만하지 않습니다. 다윗은 다른 것이 유익이 되고 필요해도 하나님의 말씀에 순종했습니다. 모든 것이 하나님께 있다는 다윗의 고백을 하나님이 선하고 아름답게 인도하신 것입니다. 바로 이 믿음이 그를 겸손하게 했고 그의 삶을 흩어 버릴 만한 요소를 제거해 버렸습니다. 만약 물질이 여러분의 믿음을 흩어 버릴 것 같으면 물질을 잃어버리는 것이 낫습니다. 명예와 권세와 지식을 가지고도 하나님을 잃어버리면 그 모든 것이 아무런 의미가 없습니다.

모든 영광을 하나님께

두 번째, 다윗은 모든 영광을 하나님께 돌렸습니다. 전쟁에서 얻은 모든 승리의 기쁨과 전리품을 하나님께 드린 것입니다.

> "우리가 하나님을 의지하고 용감하게 행하리니 그는 우리의 대적을 밟으실 이심이로다"(시 60:12).

다윗은 그냥 하나님의 말씀과 약속만 의지하고 행한 것밖에 없고 하나님이 다 하셨다고 합니다. 그가 인생에서 곤욕을 치르게 된 계기는 무엇일까요? 바로 여인들이 부른 "사울이 죽인 사람은 천천이요, 다윗이 죽인 사람은 만만이라"라는 노래입니다. 그 노래가 다윗의 신세를 망쳤습니다. 그 후로 사울이 다윗을 죽이려고 했습니다.

또 다윗이 블레셋에서 도망가서 아기스 왕 앞에서 충성을 이야기할 때 블레셋의 방백들은 그 노래 때문에 다윗을 믿지 않았습니다. "왕이시여, 저 사람이 어떤 사람인지 압니까? 이스라엘의 온 여인이 불렀던 노래가 우리의 장군이었던 골리앗을 죽이고 난 다음에 나온 것입니다. 저 사람을 어떻게 믿습니까?" 결국 그 노래가 다윗을 위기로 몬 것입니다.

그런데 하나님이 행하신 일이 아니라 다윗을 찬양하는 이 노래를 다윗도 적극적으로 막지 않았던 것입니다. 다윗은 "내가 지금까지 이만큼 이루었다. 내가 이것을 해냈다"라는 말이 자신을 망하게 한다는 것을 깨달았습니다. 그래서 철저하게 이 말이 나오는 것을 막았습니다. 교만이라는 것은 나도 모르게 마음속에 들어와서 어느새 인생의 주인 노릇을 합니다. 스스로 교만을 느낄 정도면 이미 끝난 것입니다.

하지만 다윗은 자신을 망하게 하고 힘들게 하고 원통하게 만든 것이 자신의 교만임을 알았습니다. 하나님이 하셨다는 것을 적극적으로 인정하지 않은 자신의 모습을 본 것입니다. 다윗은 사울을 통해 하나님을 인정하지 않고 마음대로 하는 인간이 어떻게 망하는지 보았고 자신의 인생을 통해 교만이 패망의 선봉이라는 것을 깨달았습니다. 그래서 교만하지 않도록 철저하게 전쟁을 치러서 얻은 전리품은 다 하나님께 드린 것입니다.

다윗이 전쟁을 치르면 나쁜 족속이 멸망하고 전리품을 얻으니까 그 백성이 다윗에게 조공을 바칩니다. 겁나서 바치는 것도 있지만 자신의 원수를 처치해 주어서 고맙다고 바치는 것입니다. 그러나 다윗은 그것도 모두 하나님께 드립니다.

하나님이 사무엘을 통해 사울에게 하신 말씀은 순종이 제사보다 낫다는 것이었습니다. 불순종은 교만하기 때문에 일어납니다. 내가 내 기준을 갖고 있기 때문에 하나님의 기준을 받아들이지 못하는 것입니다. 내가 모든 것의 기준이니까 하나님의 말씀도 나의 관점으로 보는 것입니다. 그런데 바로 그때 무너집니다.

여호수아는 여리고 성을 점령하고 난 다음 아이 성을 치다가 아간이라는 사람 때문에 무너졌습니다. 그래서 아간을 잡기 위해 제비뽑기를 하다가 아간뿐 아니라 자신도 아간과 같은 죄를 지을 수 있다는 것을 깨닫게 됩니다. 사실 아간이 외투를 훔친 것은 주님의 말씀이니까 죄가 되지 현실적으로 보면 죄가 아니었습니다. 금과 은을 갖고 싶지 않는 사람이 어디 있겠습니까? 그러나 그것이 주님이 주신 계명이니까 지키는 것입니다. 여호수아는 누구든지 아간이 될 수 있다는 깨달음을 얻고 길갈로 돌아갑니다. 그곳에 있는 돌들을 보며 하나님의 언약을 생각하고 자신이 하나님의 거룩한 백성이라는 정체성을 기억합니다. 그리고 유월절을 지킵니다.

다윗은 제도적으로 제사장을 두었습니다. 사울은 전쟁을 치르는 군인들을 모아서 다녔는데 다윗은 제사장을 임명했습니다. 그래서 자신에게 하나님의 말씀을 알려 주고 깨닫게 해 달라고 부탁했고 서기관에게 하나님이 행하신 일을 적으라고 했습니다. 기록으로 남기는 것입니다. 또한 열람관을 두어서 하나님이 행하신 일을 모든 사람과 공유했습니다. 하나님의 말씀을 고정적으로 듣고 접하며 하나님 앞에 있을 수 있는 구조와 제도를 만든 것입니다. 그래서 모든 일은 하나님이 하셨다고 인정하게 만든 것입니다.

축복의 사용

세 번째, 다윗은 하나님께 받은 축복을 어떻게 올려 드릴지를 생각했습니다. 세월이 지나 다윗이 삶을 돌아보며 은혜 갚을 곳을 생각할 때 떠오른 것은 요나단과의 약속이었습니다. 가장 어려울 때 하나님이 요나단 같은 친구를 통해 큰 은혜를 베풀어 주신 것을 생각하며 은혜를 갚을 곳을 찾았습니다. 그 친구의 자손을 철저하게 찾았고 결국 요나단의 아들 한 명을 발견했습니다.

그는 '므비보셋'이라는 자로 아주 어려운 지역에서 장애인으로 힘들게 살고 있었습니다. 므비보셋은 유모가 안고 도망가다가 그를 떨어뜨려서 두 다리를 못 쓰게 되었습니다. 그래서 마음속에 다윗에 대한 원망도 있고 자존감도 없었습니다. 그래서 다윗에게 "죽은 개 같은 나를 돌아보시나이까"라고 말합니다. 하지만 다윗은 "네 할아버지 사울이 있던 땅을 다 네게 주겠다. 그리고 너는 나와 같은 상에서 식사를 하거라"라고 합니다. 밥상에서 밥을 먹는 것은 식탁에서 이야기를 나누며 교제한다는 의미가 더 큽니다. 그만큼 므비보셋의 마음을 풍성하게 만드는 것입니다. 다윗의 생각은 그를 세울 뿐 아니라 그와 이야기하면서 그 속에 응어리지고 아픈 것을 치료해 주겠다는 것입니다.

이후에 므비보셋은 압살롬이 반란을 일으켜서 모든 사람이 다윗을 떠날 때조차도 다윗을 떠나지 않습니다. "나와 함께 도망가지. 너는 왜 여기 남아서 이렇게 고생을 하느냐?" 하는 말에 므비보셋은 이렇게 답합니다. "왕이시여, 당신이 떠난 다음에 나는 한 번도 화장해 본 적이 없습니다. 수염도 안 깎았고 목욕도 안 했습니다." 이 말은 그가 왕의 고통에 함께 참여했다는 것입니다. 다윗이 하나님의 은혜를 기억하고 그 은혜를 어떻게 갚을까 할 때, 은혜를 통해 자신을 비관하며 힘들게 사는 므비보셋에게 삶의 풍성함을 나누어 주었고, 결과적으로 그것은 다윗에게도 유익이 되었습니다.

우리는 복을 관리하는 법을 배워야 합니다. 여러분의 것, 하나님이 주신 은혜를 계산하지 말고 나누십시오. 여러분을 통해 주변 사람들이 더불어 복을 누리며 살아가기를 바랍니다. 우리 중에 저절로 여기까지 온 사람은 아무도 없습니다. 모든 것이 하나님의 은혜입니다. 다윗처럼 복을 받고 유지하고 그 복을 통해 다른 사람을 풍성하게 하는 여러분이 되기를 축원합니다.

18

하나님의 언약에서 멀어질 때

사무엘하 11:1-15

톨스토이 작품에 보면 '마귀와 빵 한 조각'에 대한 이야기가 나옵니다. 어떤 농부가 열심히 일을 합니다. 일을 하다가 지치면 나무 아래 둔 도시락 빵 한 조각을 먹고 힘을 내어 열심히 일을 합니다. 마귀들이 보고 저 인간을 좀 타락시켜야 되겠다며 전략을 짭니다. 그래서 그 농부가 인생을 원망하고 저주하게 만들어야겠다고 생각한 것입니다. 어느 날 농부가 자신이 가져 온 빵 한 조각을 먹으려고 보니까 빵이 없어졌습니다. 누가 훔쳐간 것입니다. 지금 먹어야 몸도 마음도 기운을 얻을 텐데 먹으려고 하는 순간에 빵이 없어진 것입니다.

그런데 마귀가 예상한 것과 다르게 농부는 이렇게 이야기합니다. "나보다 더 힘든 사람이 있었던 모양이군. 그 사람이 가서 먹고 회복하면 더 좋지. 이거 한 번 안 먹는다고 내가 뭐 죽나?" 그러면서 빵을 먹은 사람이 잘되었으면 좋겠다고 합니다. 이 일로 마귀 졸병은 대장에게 가서 혼이 났습니다. "너 하는 일이 왜 그 모양이야? 전략을 좀 바꾸어 봐!" 그래서 그 마귀는 오랫동안 고민했고 마침내 좋은 방법이 생각났습니다.

마귀가 농부에게 수확의 풍성함을 준 것입니다. 가뭄이 오든 홍수가 나든 계속 풍성한 수확을 얻었습니다. 너무 풍요로워지니까 농부는 어떻게 할 줄 모릅니다. 그때 남은 곡식으로 술을 만들어 보라고 권했고 그 말을 따라 농부는 술을 만듭니다. 그리고 한 잔씩 마시니까 괜찮았습니다. 혼자 한 잔씩 마시는데 이번에는 친구들을 불러 여럿이 같이 마시라고 권합니다. 이제 농부는 힘들 때마다 술을 마시기 시작합니다. 그렇게 술 마시고 취하니까 그 안에 있던 더러운 이야기와 죄악이 막 나옵니다. 마귀 대장이 그 졸병에게 어떻게 성공한 것이냐고 물으니 그가 농부에게 필요한 것보다 조금 더 주었을 뿐이라고 답합니다. 그렇습니다. 마귀는 농부에게 필요한 것보다 조금 더 주었을 뿐입니다. 넉넉하게 준 것입니다.

우리는 참 이상합니다. 시련과 어려움 속에서는 우리 자신을 더 살피고 하나님 앞에 더 가까이 가는 삶을 살며 겸손하고 진실해지는데, 어떤 소유를 얻거나 좋은 자리에 올라가거나 마음에 평안함이 있으면 그때부터 죄를 짓기 시작합니다. 이스라엘 백성도 하나님이 주신 금으로 금송아지를 만들어서 하나님을 대적하는 죄를 짓고 하나님이 주신 만나와 메추라기를 먹고 힘을 얻어서 죄를 짓고 하나님이 보호해 주시는 불기둥과 구름 기둥 아래서 죄를 지었습니다.

이 세상은 시험거리로 가득 차 있습니다. 시험에 든 것이 이상한 것이 아니라 이 세상이 그렇습니다. 우리의 삶은 나를 유혹하고 넘어뜨리는 것으로 가득 차 있습니다. 잘못하면 넘어지고 무너질 수 있으므로 언제나 우리는 경계해야 됩니다. 또 하나 악에 빠지면 우리 스스로 일어나기가 어렵습니다. 저도 상담을 하면서 많은 사람을 보지만 악에 빠진 사람은 누군가 붙들어서 도와주지 않으면 스스로 일어날 수 없습니다.

성경에 나온 사람들도 마찬가지였습니다. 누군가가 도와주어서 일어났지 스스로 일어난 것은 보기가 힘듭니다. 그러니까 "하나님, 저를 시험에 들게 하지 마시고 악에서 건져 주십시오. 제가 혹시 잘못해서 악에 빠져도 빨리 건져 주십시오"라고 기도해야 합니다. 악에서 건져 주시고 시험에 빠지지 않게 해달라는 것은 분별력을 달라는 것입니다.

우리 속에는 죄에 대해 민감하게 반응하는 놀라운 은사가 있습니다. 우리의 DNA 자체가 이미 부패했기 때문에 죄에 대해서는 굉장히 민감하게 반응하는 것입니다. 포털사이트나 온라인상에는 정말 우리의 호기심을 충족하는 것들이 많습니다. 우리의 관심과 시선이 그것에 쏠리면서 신앙을 망치게 되는 것입니다. 죄의 시작은 대체로 보는 것에서 시작됩니다. 그래서 "신앙과 믿음은 관점의 변화다"라는 말이 있는 것입니다. 정말 보아야 할 것, 중요한 본질을 보십시오. 하나님 앞에서 내 신앙이 살고 내 믿음이 사는 본질을 볼 수 있어야 합니다.

본문에서 다윗은 자신의 삶에서 어떤 정점에 오르게 됩니다. 다윗이 정복한 그 땅에서 아브라함의 약속이 이루어지고 법궤를 예루살렘으로 가져오고 인생의 예루살렘을 점령해서 백성을 잘 다스리고 모든 것이 자동으로 잘 돌아가는 것만 같았습니다. 그런데 그때, 우리아의 아내 밧세바를 범하게 됩니다. 인생의 정점에 있으면 하나님이 주신 것에 대해 감사하고 그 은혜에 헌신하며 하나님을 위해 살고 싶은 마음이 더욱 넘쳐야 할 것 같은데 그렇지 않은 것입니다. 안타깝게도 인생의 정점에서 다윗은 큰 어려움을 겪게 됩니다.

그래서 잘될 때 조심해야 합니다. 걱정이 없고 편안할 때 내 속에 죄에 대해 응답하고 싶은 마음이 자라기 시작합니다.

> "이는 다윗이 헷 사람 우리아의 일 외에는 평생에 여호와 보시기에 정직하게 행하고 자기에게 명령하신 모든 일을 어기지 아니하였음이라"(왕상 15:5).

이 사건은 다윗의 생애 전체를 힘들게 만드는 굉장히 무서운 오점이었습니다. 그의 모든 삶은 그 한 가지 때문에 구속되었습니다. 묶여 버린 것입니다. 이것이 죄의 속성입니다. 맑은 물에 잉크 한 방울을 딱 떨어뜨리면 물 전체가 시커멓게 되는 것처럼 죄는 우리 인생에 그런 오점을 남기고, 심지어 유전이 됩니다. 심리적이고 환경적인 유전과 더불어 그 죄를 보고 자라는 자녀가 또다시 같은 죄를 짓는 것입니다.

다윗이 무너진 이유

다윗이 이렇게 죄를 지은 이유가 무엇일까요? 하나님은 기본적으로 우리에게 복 주기를 원하시기에 절기와 계명과 명령을 지키라고 하셨습니다. 우리가 복 받을 만한 사람이 되기 위한 적극적인 일도 있지만 복 받는 인생이 되기 위해 막아야 할 일이 있습니다. 그런데 죄성을 가진 우리가 스스로 그것을 못 하니까 하나님이 계명을 우리에게 주신 것입니다. 그리고 지속적으로 반복하여 말씀하십니다.

절기는 우리의 생활과 연결되어 있습니다. 수확하거나 추수할 때 어떻게 하라는 절기를 두어 우리 생활 속에서 하나님의 말씀이 생각나게 만들고 그 사건과 상황 속에서 우리가 하나님 앞에 어떻게 살아야 하는지 기억나게 합니다. 헌금도 마찬가지입니다. 감사하는 마음을 우리가 드려야 하는데 마음이 물질에 있는 것이니, 물질을 통해 우리의 마음을 하나님께 표현하는 것입니다.

설명을 다 안 해주지만 막아 놓으신 것이 있습니다. 신명기 17장에 나오는 내용을 살펴보면 첫째, 말들을 많이 두지 말라고 합니다. 그 말을 얻기 위해 애굽으로도 보내지 말라고 합니다. 다윗이 말의 힘줄을 다 끊어 버린 이유가 있습니다. 말이 많으면 군사가 많아지고 장비가 많아지면 자신이 전쟁을 치른 것 같은 교만한 마음이 들어오기 때문에 하나님을 의지하지 않는다는 것입니다.

둘째, 아내를 많이 두지 말라고 합니다. 사람의 정욕이라는 것이 아내를 많이 둔다고 해서 해소됩니까? 그렇지 않습니다. 우리의 욕망은 계속해서 있는 것입니다. 다윗은 나름대로 인생에서 보상받아야 한다는 생각이 있었을 것입니다. '난 제대로 사랑해 본 여인이 없어. 사랑다운 사랑을 못 해봤어. 내 인생 속에 이런 보상은 있어야 돼'라고 생각했을지도 모릅니다. 그래서 괜찮은 여자는 다 아내로 삼았습니다. 왕이 되어서는 아마 정략적인 것도 있었을 것입니다. 결혼으로 족속간의 관계가 좋아지기 때문입니다. 그렇게 자신도 모르게 반복했기 때문에 우리아의 아내를 범하는 것이 그렇게 어렵지 않았을 것입니다. 죄를 처음 질 때는 어렵습니다. 그런데 이것이 한두 번 반복되면 어렵지 않습니다. 쉽게 짓게 됩니다. 죄가 습관을 만드는 것입니다. 결국 아내를 많이 두지 말라는 것은 죄를 짓는 연습을 하지 말라는 것입니다.

계속해서 신명기에 나오는 내용 중 세 번째는 은과 금을 많이 쌓아 두지 말라는 것입니다. 필요 이상의 은과 금을 쌓아두는 것은 우리를 하나님으로부터 멀어지게 만들기 때문입니다.

적극적으로 임하라

앞서 설명한 세 가지 모두 우리의 믿음을 느슨하게 만들고 하나님과의 관계를 멀어지게 하는 요소입니다. 그래서 하나님이 이렇게 하지 말라고 계명으로 주신 것입니다. 첫 번째, 말을 많이 두지 마라. 문화적으로 시대적으로 이 내용이 확 와 닿지는 않겠지만 쉽게 말해 내가 자랑하는 것을 필요 이상으로 갖지 말라는 것입니다. 두 번째, 아내를 많이 두지 말라. 이것은 다윗이 그렇게 적극적으로 금하지 않았습니다. 그래서 다윗이 죄를 범한 첫 번째 원인이 됩니다.

신앙생활은 자전거를 타는 것과 같습니다. 하나님 앞에 죄를 짓지 않고 믿음을 지키기 위해서는 기도와 말씀의 페달을 계속 밟아야 합니다. 그렇지 않으면 멈추어 서고 넘어지는 것입니다. 그러므로 평안하나 어려움이 있으나 기도와 말씀의 패달을 계속 밟아야 합니다. 적극적으로 신앙생활을 하지 않으면 신앙생활이 중단되는 것이 아니라 죄의 생활로 들어가기 때문입니다.

우리가 신앙생활을 적극적으로 하려고 하지 않으면 어느 순간에 죄를 짓는 틈이 생깁니다. 그것이 다윗이 무너진 이유입니다. 그래서 좋은 공동체가 참 중요합니다. 서로 신앙을 돌아보아 격려하는 적극적인 교제를 할 수 있기 때문입니다.

환경에서 벗어나라

다윗이 무너질 수밖에 없었던 두 번째 이유는 유혹을 받을 만한 환경에 있었던 것입니다. 다윗은 그런 환경으로부터 떠나야 했습니다. 우리가 사는 이 세상은 유혹을 받을 수밖에 없습니다. 세상의 모든 문화 가운데 우리 안에 있는 성령이 응답하면 그 문화는 정말 하나님의 영광을 돌리는 아름다운 작품이 되지만 우리 속에 부패한 죄성이 응답하면 죄의 역사가 만들어집니다. 우리가 죄를 짓도록 사탄이 주는 미끼가 바로 환경입니다. 성경을 보면 대부분 혼자 있을 때 죄를 많이 짓습니다. 그래서 믿음의 공동체가 참 중요한 것입니다.

하와도 혼자 있었습니다. 하나님의 말씀을 직접 듣지 않고 간접으로 아담을 통해 들었습니다. 그래서 사탄은 하와가 혼자 있을 때 바로 의심을 불어넣고 하와의 걸음을 그 넓은 동산에서도 선악을 알게 하는 나무 근처에 있게 한 것입니다. 여러분, 우리는 죄된 환경 속에 들어가면 죄에 관심을 갖게 되고 그 관심은 죄로 이어지게 됩니다. 그래서 환경을 떠나는 것이 참 중요합니다.

> "이 세상이나 세상에 있는 것들을 사랑하지 말라 누구든지 세상을 사랑하면 아버지의 사랑이 그 안에 있지 아니하니 이는 세상에 있는 모든 것이 육신의 정욕과 안목의 정욕과 이생의 자랑이니 다 아버지께로부터 온 것이 아니요 세상으로부터 온 것이라"(요일 2:15-16).

말씀에 나온 육신의 정욕, 안목의 정욕, 이생의 자랑이 아담이 선악과를 볼 때도 해당되지만 예수님이 이 땅에 오셔서 40일 금식기도 할 때도 동일하게 적용된 시험입니다. 사도 요한은 이 세 가지가 인간이 가장 넘어지고 쓰러지는 요소라고 정의했습니다.

따라서 처음부터 불의한 환경을 만들지 않는 것이 중요합니다. 다윗은 저녁에 눈을 떴습니다. 죄는 주로 밤에 짓습니다. 아침에 눈을 떴으면 괜찮은데 저녁에 눈을 뜬 것입니다. 그리고 그가 일어난 곳은 전쟁터가 아니라 편안한 집이었습니다. 우리아 장군을 보십시오. 전쟁 중이라며 아내한테 안 가고 장군인 그가 있어야 할 곳에 있었습니다. 반드시 기억하십시오. 내가 머물러 있어야 할 자리에 없을 때 우리는 넘어가기 쉽습니다.

다윗을 보면 죄를 짓는 시점 전후로 그가 기도했다는 것을 찾아볼 수 없습니다. 하나님께 예배했다는 것을 찾아볼 수 없습니다. 환경 자체가 하나님의 말씀을 들을 수 없고 공급받을 수 없게 차단되어 있었던 것입니다.

멈출 수 있는 기회

다윗이 무너질 수밖에 없었던 세 번째 이유는 죄를 멈출 수 있는 기회를 놓친 것입니다. 여인이 밖에서 목욕하는 것을 볼 수는 있습니다. 그때 눈을 돌려 다른 곳을 볼 수 있는데 다윗은 그 모습을 계속 봤습니다. 첫 번째 아주 쉬운 기회를 놓친 것입니다. 성경에 그 여인이 아름다웠다고 나와 있지 않습니다. 아름답게 보였다고 나옵니다. 다윗 속에 정욕이 발동한 것입니다. 정욕이 발동하면 누구든지 다 예쁘게 보입니다. 그 대상이 좋은 것이 아니라 감정이 일어나면서 마음이 그 감정으로 뒤덮여 주체를 못 하는 것입니다.

그 다음 다윗은 그 여인이 누구인지 알아보라고 했습니다. 이것이 멈출 수 있는 두 번째 기회였습니다. 굳이 알아볼 필요가 없는데 알아본 것입니다. 그리고 거기서 끝나면 좋았을 텐데 그 여인을 데리고 오라고 했습니다. 그때 사람들이 많이 봤을 것입니다. 결국 다윗은 데려온 밧세바와 동침했습니다. 학자들은 이 동침이 한 번이 아니었을 거라고 합니다. 반복적이었다는 것입니다. 그래서 밧세바가 임신하게 되었습니다.

죄라는 것은 하고 나면 또 하고 싶어집니다. 그래서 중단하지 못하는 것입니다. 먼저 우리는 죄인, 악인의 꾀를 받아들이게 됩니다. 악인의 꾀는 '하나님이 안 계신다', '하나님이 안 보신다' 같은 생각으로 우리의 사고를 바꾸어 버립니다.

바로 이렇게 죄는 우리의 사고를 바꿉니다. 하나님이 계시지 않다는 사고로 바꾸면 그 다음에는 행동하게 됩니다. 그리고 그것을 계속 반복합니다. 한 번, 두 번 오만한 자리에 앉게 되는 것입니다. 오만한 자리란 죄가 습관이 되고 성품이 되고 삶의 일부가 되는 것입니다. 삶의 일부가 되면 자각 증상이 없습니다. 죄의 길에 설 때 원래는 조금이라도 마음에 거리낌이나 부담감이 있습니다. 그러나 그것이 삶이 되면 자각 증상이 전혀 없는 것입니다.

다윗은 죄를 들킬까 싶어 우리아를 전쟁터에서 데려와서 아내와 동침하라고 했습니다. 그런데 우리는 그렇게 하지 않습니다. 다윗이 양심이 있으면 그 상황에서 '우리아는 아내와 쉬라고 해도 안 쉬고 병사들과 밖에서 잔다고 하는데 진짜 저 자가 충신이구나. 정말 마음을 다해 섬기는구나' 하고 감동을 받을 텐데 그때도 마음을 돌이키지 못하고 오히려 그를 죽입니다.

하나님은 죄 가운데 돌이킬 기회를 주십니다. 하나님이 죄를 지은 아간을 찾느라고 제비뽑기를 하게 하셨을 때 그것에 대해 이렇게 해석하는 사람도 있습니다. 그 속에는 비록 죄를 지었지만 아간에게 돌이킬 기회를 주시려는 하나님의 배려와 사랑이 있었다는 것입니다. 혹시 지금 죄의 길로 가고 있지는 않습니까? 이 말씀을 돌이킴의 기회로 삼으십시오. 그 당시 다윗이 말씀을 들었다면 돌이켰을 텐데 그가 기도하고 예배드렸다는 내용은 어디서도 찾아볼 수 없습니다.

베드로는 결코 주님을 떠나지 않겠다고 말했습니다. 그러나 가룟 유다보다 더 악한 죄를 지었습니다. 그럼에도 그가 하나님께 돌아올 수 있었던 이유 중 하나는 중보기도입니다. 하나님의 기도가 있었기 때문입니다. 사탄이 밀 까부르듯 하려고 했는데 하나님이 기도하셨다는 것입니다. 그래서 가족을 위한 기도, 교회를 위한 기도, 나라와 민족을 위한 기도가 중요합니다. 이것이 서로 지켜 주는 것입니다. 사탄이 공격하려고 해도 기도의 용사들이 있으면 접근을 못 합니다. 중보기도는 우리를 죄에서 돌이키게 하는 굉장히 중요한 요소인 것입니다.

다윗의 죄는 자신이 평소 이 정도는 괜찮다고 생각하는 것에서 시작되었고, 또 적극적인 믿음으로 살지 않았던 것이 결국 그를 넘어뜨리게 하였습니다. 쉽게 생각한 그것이 큰 문제가 된 것입니다. 우리는 주의 보혈을 의지하는 것으로 죄에서 승리해야 합니다. 그리고 성령의 도우심을 구해야 합니다.

한나의 아들 사무엘은 하나님의 말씀이 없는 성전에 있었습니다. 그곳에는 하나님의 말씀을 전하지 못하는 엘리와 죄 짓는 것을 밥 먹듯이 하는 그의 아들 홉니와 비느하스가 같이 있었습니다. 그런데 사무엘은 그 속에서 죄를 짓지 않았습니다. 그 이유는 무엇일까요? 바로 한나의 기도가 있었기 때문입니다.

사랑하는 여러분, 죄를 이길 힘이 우리 속에는 없습니다. 그러므로 기도하며 주님의 도움을 구해야 합니다. 그리고 나의 연약함을 하나님 앞에 계속 고백하십시오. 그때 하나님이 죄로부터 우리를 막아 주실 것입니다. 하나님의 보호하심이 여러분 속에 있기를 바랍니다. 주의 보혈이 우리 가운데 그 능력과 은혜와 증거를 나타내고 성령이 여러분과 함께 하기를 주의 이름으로 축원합니다.

19

회복의 길과 돌아가는 길

사무엘하 12:1-15

병에 걸렸다는 그 자체는 그다지 절망적이지 않습니다. 하지만 병에 걸렸는데 나을 수 없다는 것은 큰 좌절과 낙심을 갖게 합니다. 아무리 병이 깊어도 치료가 된다는 것은 구체적인 치료를 받을 수 있기에 소망이 있는 것입니다.

살다 보면 인간관계에서 어려움을 겪을 때가 참 많습니다. 관계가 항상 좋을 수 없고 내가 좋아도 상대방이 시비를 걸어오면 갈등이 생기고 안타까운 일도 벌어집니다. 또 우리가 본의 아니게 실수할 수도 있고 잘못할 수도 있습니다. 그래서 그것을 빨리 회복하는 능력이 참 중요합니다. 문제가 너무 크거나 감당할 수 있는 분량을 넘으면 우리는 그 문제를 해결할 수 없습니다. 그래서 그 문제와 아픔을 그대로 안고 살기도

합니다.

관계 문제에서도 관계를 풀 줄 아는 사람이 있고 반대로 그 관계를 풀 줄 모르는 사람이 있습니다. 관계를 풀 줄 아는 사람은 갈등 이후 관계가 더 돈독하고 좋아집니다. 하지만 관계를 풀지 못하는 사람은 앙금이 계속 남아서 그것이 큰 부담이 되고, 또 그런 모습들이 성품과 습관 속에 자리 잡으면 관계의 어려움이 계속 생깁니다.

성경에는 "너희는 허물과 죄로 죽을 목숨이다"가 아니라 "이미 죽었다"라고 나옵니다. 죽었다는 것은 희망이 없는 것이고 더는 기대하지 않는다는 것입니다. 기대할 필요도 없고 기대할 가치도 없다는 것입니다. 그런데 그런 우리를 하나님이 살려 주셨습니다. 이제는 죄로 말미암아 더는 죽지 않는 것입니다. 죄의 삯은 사망이라고 했는데, 죄로 인해 죽지 않아도 된다는 사실은 정말 기쁜 소식입니다. 예수 그리스도가 우리의 죄를 담당하셔서 우리의 살 길을 열어 놓으신 것입니다.

그런데 하나님은 다윗이 범죄하도록 그대로 두십니다. 분명 하나님의 마음에 합한 사람, 다윗에 대해 성경에서도 많은 분량을 차지하며 설명하시고 그가 한 가지 외에는 흠이 없는 인생이라 칭찬하셨는데, 언뜻 이해가 잘 안됩니다. 하나님이 허락하지 않으시면 이루어지는 일이 없는데 하나님은 다윗이 범죄하는 것을 그대로 두어 범죄한 인생의 모습이 어떠한지 우리에게 보여 주시는 것입니다.

누가 범죄할 수 있는가? 죄라는 것은 무엇인가? 죄로 인한 아픔은 무엇인가? 그것을 우리가 깨닫도록 하나님이 보여 주시는 것입니다. 그리고 다윗이 회복되는 과정을 보여 주시면서 죄로 인하여 죽을 수밖에 없는 우리가 어떻게 하나님께 돌아가고 하나님이 우리에게 주신 그 아름다운 삶과 진리를 누릴 수 있는지를 알게 하십니다.

우리는 다윗의 죄를, 남편이 있는 아내를 빼앗고 또 그 남편을 죽게 만든 것이라고 말합니다. 그러나 그 당시의 상황이나 문화에서는 권력을 가진 왕의 그러한 행위를 심각한 죄로 받아들이지 않았습니다. 일반적으로 왕의 권력을 가진 사람이면 그렇게 할 수 있는 시대였습니다. 우리는 윤리와 도덕을 근거로 죄를 규정합니다. 그러나 다윗이 죄를 지었다는 것의 근거는 다릅니다. 그 내용이 성경에 이렇게 나와 있습니다.

> "그 장례를 마치매 다윗이 사람을 보내 그를 왕궁으로 데려오니 그가 그의 아내가 되어 그에게 아들을 낳으니라 다윗이 행한 그 일이 여호와 보시기에 악하였더라"(삼하 11:27).

> "그러한데 어찌하여 네가 여호와의 말씀을 업신여기고 나 보기에 악을 행하였느냐 네가 칼로 헷 사람 우리아를 치되 암몬 자손의 칼로 죽이고 그의 아내를 빼앗아 네 아내로 삼았도다"(삼하 12:9).

우리아의 아내 밧세바를 취하고 우리아를 죽인 것이 죄가 아니라고 하는 것은 그것이 죄의 핵심이 아니라는 것입니다. 하나님이 다윗에게 보시는 죄의 핵심은 하나님이 보시기에 악을 행했다는 것과 그 죄가 하나님의 말씀을 업신여기는 데서 왔다는 것입니다. 하나님이 다윗에게 감히 받지 못하고 누리지 못할 복과 은혜를 주었지만 다윗이 하나님의 말씀을 업신여기고 하나님이 보시기에 악을 행한 것입니다.

하나님은 "내가 너에게 지금까지 한 것이 무엇이냐. 사울의 손에서 너를 건져 내고 회복시키고 너에게 이것저것 주었다. 그것도 부족했다면 내가 더 주었을 것이다. 그런데 너는 내 말을 업신여겼다"라고 말씀하십니다. 즉 하나님이 다윗을 살려 주시고 그에게 베푸신 은혜가 너무나 크고 놀라운데 다윗은 자신을 세워 주신 그 하나님의 언약과 말씀을 업신여겼다는 것입니다.

업신여겼다는 것은 몇 가지 의미가 있습니다. 하나님과 하나님의 말씀보다 자신의 생각과 판단과 경험과 지식을 더 귀하게 생각하고 그것을 더 가치 있는 것으로 받아들여서 생활했다는 것입니다. 그 결과, 우리아의 아내 밧세바를 범하고 우리아를 죽이게 한 것입니다. 만약 그가 하나님의 말씀을 업신여기지 않고 자신이 지켜야 할 우선순위로 하나님의 말씀을 귀하게 여겼다면 이 죄는 일어나지 않았을 것입니다.

우리는 살면서 많은 죄를 짓습니다. 하나님은 우리에게도 "내가 너에게 얼마나 은혜와 자비를 베풀었느냐? 죄와 허물로 이미 죽은 너를 살리기 위해 내 아들을 죽이기까지 했는데, 그래서 네가 살아 있고 너에게 희망이 있는 것인데, 너를 살린 그 은혜와 사랑을 업신여기고 네가 하고 싶은 대로 하며 사는구나"라고 말씀하십니다. 하나님의 법을 어기면서 마음대로 살아가는 것, 그것이 하나님을 업신여기는 것입니다.

업신여긴다는 말의 또 다른 의미는 하나님이 다윗을 왕으로 세우며 그에게 하나님의 백성을 통치하고 보호하고 인도하는 목자의 사명과 역할을 맡기셨는데 그가 권력을 남용하고 하나님의 기대와 약속을 저버렸다는 것입니다. 다윗이 하나님의 부탁과는 정반대의 일을 한 것입니다.

이 기준에 걸리지 않을 사람이 누가 있을까요? 하나님이 자격 없는 우리에게 은혜로 주신 것이 참 많은데 우리는 하나님이 주신 그 선물을 마음대로 짓밟고 있습니다. 하나님이 주신 건강, 생명, 모든 것에서 하나님이 원하시는 질서와 방법과 축복의 원리를 따라 살지 않고 마음대로 하는 것입니다.

업신여긴다는 말의 또 다른 의미는 "네가 잘못하고도 회개하지 않았다"라는 것입니다. 자녀가 여러분에게 잘못하고 미안하다는 말 한마디 없이 뻔뻔하게 있으면 마음이 어떻겠습니까? 자식이니까 넘어가자고 하지만 서운할 것입니다. 또 자녀가 잘못해서 야단칠 때는 마음이 어떻겠습니까? '빨리 잘못했다고 해. 그러면 야단치지 않잖아.' 이런 심정일 것입니다. 바로 이것이 주님의 마음입니다. "얼른 잘못했다고 해. 그러면 내 마음이 이렇게 아프지 않을 거야." 그런데 그렇게 회개하지 않는 이유가 무엇입니까? 하나님을 업신여기는 것입니다. 그것이 죄입니다.

하나님의 사람, 나단에게 지적을 받았을 때 다윗은 지체하지 않고 자신의 죄를 인정했습니다. 하나님 앞에 죄인이라는 사실을 고백하는 것이야말로 다윗의 가장 위대한 모습이고, 그것은 다윗이 하나님과의 관계를 회복하는 길을 아는 태도입니다.

돌아갈 길을 모르면 가룟 유다처럼 스스로 죽을 수밖에 없습니다. 자신을 죽이는 일을 선택합니다. 그러나 베드로는 돌아갈 길을 알았습니다. 사실 베드로의 죄가 가룟 유다보다 더 악한데도 베드로는 돌아갈 길, 하나님과 관계를 회복하는 길을 알았기에, 그 후 하나님께 다시 쓰임 받을 수 있었습니다. 병이 나을 수 있는 방법을 알고 곧 낫게 될 병이라는 것을 알 때 희망을 갖게 되듯이 하나님께 죄를 지었지만 하나님과의 관계를 회복하는 길을 아는 사람은 복된 인생입니다.

우리가 죄를 지으면 죄는 그냥 죄, 이렇게 한 가지가 아닙니다. 죄는 몇 가지 구성 요소가 있습니다. 우선 죄된 행위 자체가 있고, 죄의 과, 죄과라는 것이 있습니다. 죄과란 죄가 만들어 내는 결과를 뜻하는 것입니다. 다윗의 죄에서 죄과는 무엇입니까? 그 집에서 칼이 떠나지 않는다는 것입니다. 하나님이 죄는 용서해 주셨지만 그 죄의 결과는 남겨 두셨습니다. 그 결과를 보면서 교훈으로 삼으라는 것입니다.

또 죄의 구조라는 것이 있습니다. 죄를 지으면 죄의 구조가 내 속에 형성됩니다. 내가 조금만 건들면 그 죄로 바로 가는 구조가 내 삶, 습관, 성품 속에 자리 잡게 되는 것입니다. 그래서 우리는 죄에 대한 부분을 회개하고 용서받을 때, "하나님, 내 죄로 말미암아 생긴 모든 습관과 죄악을 깨끗하게 도말하여 주십시오"라고 구체적으로 기도해야 합니다. 그렇게 기도하지 않으면 현상 자체가 없어졌다고 해도 진짜 없어지는 것이 아닙니다. 현상은 없어졌지만 그 현상을 만들 만한 구조가 이미 내 속에 형성되어 있는 것입니다. 그래서 옛날에 지은 죄를 여전히 짓게 됩니다.

그 다음에는 죄책감이라는 것이 있습니다. 죄가 나에게 주는 아픔과 고통이 있다는 것입니다. 우리의 감정 중에 가장 고통스럽고 힘든 것은 죄책감입니다. 그런데 죄가 계속해서 반복되고 삶의 일부가 되면 죄책감이 없어집니다. 죄에 무감각해지는 것입니다.

다윗을 보십시오. 그가 우리아의 아내 밧세바를 범하고 우리아를 죽이고 밧세바를 데려와 아내로 삼고 나단이 그를 지적할 때까지 무려 1년의 시간이 지났습니다. 그러니까 영적으로 그렇게 민감하고 하나님 앞에서 바로 살려고 했던 다윗도 나단이 와서 죄를 지적할 때까지 1년 이상 무감각했던 것입니다. 다윗은 나단이 지적하기 전까지 회개하지 않았습니다. 자신의 죄가 얼마만큼 있는지 모른 것입니다.

성경에는 다윗이 자신의 심정을 이야기하는 부분이 나옵니다. 다윗은 그 시간이 결코 행복한 것만은 아니고 마음속에 고통과 아픔이 있었다고, 내 뼈와 진액이 녹는 것 같은 아픔이 있었고 자지 못하고 고통 가운데 있었다고 고백합니다. 그런데 그것이 죄 때문에 온 줄 모른 것입니다. 그것이 바로 죄가 만드는 결과입니다. 그리고 죄는 나뿐 아니라 후손에게 유전이 됩니다. 죄가 유전된다는 것은 죄의 습관과 모습을 보고 자라난 자녀가 동일하게 그 죄를 짓게 된다는 것입니다.

내 속에 나타나는 괴로움과 고통 때문에 회개하는 것은 진정한 의미의 회개가 아닙니다. 자동차를 운전하다가 계기판에 빨간불이 들어오면 해결하는 방법은 두 가지입니다. 첫 번째는 망치로 그 계기판을 때려 부수어서 빨간불이 아예 안 보이게 하는 것이고, 두 번째는 차를 세우고 멈추어서 빨간불이 들어온 원인을 고치고 다시 운행하는 것입니다. 우리의 회개는 어떤 것입니까? 그냥 임시방편으로 하는 것이 아닌 진정한 회개를 하기를 바랍니다.

죄를 그대로 인정하는 것

시편 51편에서 알 수 있듯이 다윗의 회개에는 진정한 회개의 요소가 있습니다. 첫 번째, 죄를 있는 그대로 인정합니다. 죄 속에는 핑계와 방어 시스템이 들어 있습니다. "아담아, 어찌하여 죄를 지었느냐?"라고 하나님이 물으셨을 때 아담은 "당신이 보내준 저 여자가 죄를 짓게 만들었습니다"라고 답했습니다. 또 여자에게 "여자여, 넌 왜 죄를 지었느냐"라고 물으셨을 때 하와는 "당신이 창조한 저 뱀이 죄를 짓게 만들었습니다"라고 답했습니다. 이들을 통해 알 수 있듯이 죄 속에는 분명히 핑계와 방어 시스템이 있습니다. 그만큼 죄를 인정하는 것이 어려운 것입니다. 우리의 기준은 하나님입니다. 내가 의롭게 산다고 자신이 기준이 되면 안 됩니다. 하나님을 기준으로 죄를 인정해야 하는 것입니다.

다윗은 "오늘 내가 죄를 범했습니다. 내가 죄를 숨겼습니다. 내 존재 자체가 죄인입니다"라고 하나님 앞에 죄를 이렇게 인정했습니다.

> "무릇 나는 내 죄과를 아오니 내 죄가 항상 내 앞에 있나이다 내가 주께만 범죄하여 주의 목전에 악을 행하였사오니 주께서 말씀하실 때에 의로우시다 하고 주께서 심판하실 때에 순전하시다 하리이다 내가 죄악 중에서 출생하였음이여 어머니가 죄 중에서 나를 잉태하였나이다 보소서 주은 중심이 진실함을 원하시오니 내게 지혜를 은밀히 가르치시리이다"(시 51:3-6).

"내가 사람에게 죄를 지었지만 그 죄가 사람에게만 지은 것이 아니라 하나님 앞에서 지은 죄임을 내가 압니다. 하나님이 지옥으로 가라고 하셔도 나는 할 말이 없습니다. 내가 죄를 지었기 때문에 죄인이 아니라 내가 죄인이기 때문에 죄를 지을 수밖에 없는 존재입니다"라는 고백이 이 속에 담겨 있는 것입니다. 이렇게 다윗처럼 "하나님 앞에서 제가 죄인입니다"라는 고백이 우리 속에 있어야 합니다.

돌아서려는 의지

두 번째, 다윗의 회개에는 죄로부터 완전히 돌아서려고 하는 의지와 욕구가 담겨 있습니다. 진리를 근거로 해서 돌아서서 반대 방향으로 가는 것이 진정한 회개입니다. 과거로부터 완전히 결별하는 것을 말합니다. 다윗의 아들 솔로몬은 이렇게 말했습니다.

“자기의 죄를 숨기는 자는 형통하지 못하나 죄를 자복하고 버리는 자는 불쌍히 여김을 받으리라”(잠 28:13).

회개는 죄를 버리고 자복하는 것입니다. 죄를 짓는 것을 중단하고 반대로 나갈 수 있어야 하는 것입니다. 방향을 돌이킨 것은 방향만 틀었지 회개가 아닙니다. 반대 방향으로 가야 진짜 회개입니다.

“그리하면 내가 범죄자에게 주의 도를 가르치리니 죄인들이 주께 돌아오리이다”(시 51:13).

“하나님, 내가 죄인입니다. 내 죄를 용서해 주십시오. 내 죄가 용서받는다면 나와 같이 죄를 지은 사람에게 이 죄가 얼마만큼 아프고 고통스럽고 괴롭고 힘든지, 하나님의 마음을 얼마나 아프고 힘들게 하는지를 증거하겠습니다.” 바로 간증을 하겠다는 것입니다. 다윗은 죄를 짓지 않는 것에서만 그치는 것이 아니라 하나님의 교회를 세우기 위해 적극적으로 하나님 앞에 헌신하고 나서겠다고 하는 것입니다. 그것이 회개의 참된 모습입니다.

죄 사함의 권세

세 번째, 다윗의 회개에는 죄의 용서가 전적으로 하나님의 자비와 긍휼에 있음을 의지합니다. 주님의 인자와 은혜와 긍휼이 아니면 죄를 사함받을 수 없다는 것입니다. 죄를 사하는 권세가 하나님께 있기에 하나님께만 매달립니다. 죄 사함의 권세가 주님께 있다는 것입니다. “내 죄가 예수 그리스도의 보혈로 씻기는 것을 믿습니다. 그 보혈은 하나님의 자비와 긍휼과 은혜의 결정체며 엑기스입니다." 죄의 저주를 우리에게 돌리지 않는 자비와 우리를 불쌍히 여기는 긍휼과 죄인이 누릴 수 없는 하나님의 은혜의 결정체는 바로 십자가입니다. 그래서 우리의 죄가 예수 그리스도의 보혈로 사해졌음을 믿고 주님의 자비와 긍휼 앞에 엎드리는 것입니다.

회복의 의지

네 번째, 다윗의 회개는 계속 주님과 더불어 살겠다는 회복의 의지를 담고 있습니다.

> "하나님이여 내 속에 정한 마음을 창조하시고 내 안에 정직한 영을 새롭게 하소서"(시 51:10).

"주님, 이 죄는 제가 하나님을 전적으로 의지하지 않고 하나님으로부터 멀어져서 발생한 것입니다. 성령이 저를 붙들지 않으시면 저는 또 죄의 길로 갈 수밖에 없는 연약한 존재입니다. 주님과 동행하는 삶을 살게 해주십시오." 다윗은 지금 이런 기도를 드리고 있습니다. 다윗의 기도 속에는 하나님과의 관계를 회복하고 싶고, 하나님의 은혜를 회복하고 싶고, 하나님과의 언약을 회복하고 싶은 마음이 있는 것입니다.

예배는 주님과의 친밀함입니다. 내 편리에 맞게 와서 드리는 것이 아닙니다. 하나님이 받으시는 예배는 예배의 감격과 기쁨이 그 안에 있습니다. 내가 적극적으로 하나님과 관계를 회복하고 "나의 인생의 공급이 하나님께 있습니다. 내 인생의 기쁨과 감사가 하나님께 있습니다"라는 고백이 예배 속에 있어야 하는 것입니다.

회개는 하나님께 돌아가는 길입니다. 하나님과의 관계를 다시 회복하는 방법입니다. 그러나 그것은 내가 하는 것이 아닙니다. 내가 아무리 백 번 회개해도 하나님이 받아들이지 않으시면 그것은 회개가 아닙니다. 진정 하나님이 우리를 용서하실 때 용납되는 것입니다.

진정한 축복

다윗은 축복이 무엇인지 알았습니다. 그래서 이렇게 이야기합니다.

> "허물의 사함을 받고 자신의 죄가 가려진 자는 복이 있도다 마음에 간사함이 없고 여호와께 정죄를 당하지 아니하는 자는 복이 있도다"(시 32:1-2).

다윗은 하나님과의 관계가 끊어져 보았기에 이 죄와 허물이 가리워지고 용서받는 것보다 더 큰 복이 없다고 고백합니다. 안타깝게도 우리는 자녀가 잘되고 돈 많이 벌고 내 마음대로 되는 것이 복이라고 생각합니다. 그렇다면 죄의 아픔을 겪은 다윗의 심정으로 시편 51편을 다시 읽어 다시 보길 바랍니다. 우리가 겪었던 그 아픔과 회개해야 할 것들이 생각날 것입니다.

사랑하는 여러분, 음행하는 죄는 몸에 남습니다. 인생 속에 남는 죄입니다. 이 땅에는 너무나 많은 음행이 퍼져 있습니다. 그 가운데서 우리는 구별되어 정결한 인생을 살아야 합니다. 하나님이 붙드시는 정결함을 갖고 뜻을 정할 때 하나님은 다니엘과 세 친구를 쓰셨습니다. 우리가 정말 하나님 앞에 죄를 지었다면 그 보혈로 씻음을 얻고 하나님 앞에 다시 한 번 정결한 모습으로 나아가 하나님이 다시 사용해 주시기를 부르짖으며 회개해야 합니다.

다니엘과 느헤미야는 조상들이 지은 죄를 그들 자신의 죄로 끌어안고 회개했습니다. 그때 하나님이 그들을 통해 이스라엘을 회복시켜 주셨습니다. 우리도 우리 조상이 지은 죄를 나의 죄로 끌어안고 회개하고 후손에게 그 죄가 이어지지 않고 나로부터 새로운 축복의 줄기가 시작될 수 있도록 기도해야 합니다.

우리의 삶을 지키기 위해서는 몸부림치는 것이 필요합니다. 그런데 우리의 힘으로는 우리 자신을 지킬 수 없습니다. 그래서 공동체가 굉장히 중요합니다. 공동체가 우리를 붙들어 주는 것입니다. 사랑하는 여러분, 하나님 앞에서 어떻게 살 것인지 나누고, 힘들고 어려운 가운데서 하나님을 의지하고 같이 기도하며 붙들어 줄 수 있는 영적인 좋은 친구들을 반드시 만나기를 바랍니다. 그래서 여러분이 속한 교회가 서로 붙들어 주는 믿음의 공동체가 되기를 주의 이름으로 축원합니다.

20

하나님의 징계와 죄의 심판

사무엘하 15:13-23

다윗이 우리아를 죽이고 그의 아내 밧세바를 취하여 자신의 아내로 삼았습니다. 하나님은 선지자 나단을 보내셔서 다윗의 죄를 지적했습니다. 하나님이 나단을 보내서 다윗에게 경고하신 것은 다윗에게 돌이킬 기회를 주셨다는 것을 의미합니다.

우리에게 고난과 시련이 다가올 때도 그것은 그냥 고난과 시련이 아니라 하나님이 우리를 버리지 않고 붙들고 있다는 사인입니다. 하나님의 거룩함에 참여하도록 초청하고 계시는 하나님의 인도하심이라는 것을 알아야 합니다.

다윗에게는 선지자 나단이 온 것 자체가 참으로 두려운 일이었습니다. 하지만 하나님은 다윗이 죄 가운데 빠졌다고 해도 그를 징계하고 벌

주고 저주하는 것이 목적이 아니라 하나님의 거룩한 사역 속에 다윗을 버리지 않고 끝까지 인도하시려고 사랑으로 부르신 것이었습니다.

즉각적인 회개

하나님이 나단을 통해 다윗의 죄를 지적합니다. 행위보다도 더 중요한 것은 하나님이 보시기에 악을 행했는데 그 악을 행한 근본적인 마음의 동기가 하나님을 업신여겼다는 것입니다. 그래서 하나님은 그 점을 지적하십니다. 하나님은 나단 선지자를 통해 죄를 범한 다윗에게 이렇게 전합니다.

> "이제 네가 나를 업신여기고 헷 사람 우리아의 아내를 빼앗아 네 아내로 삼았은즉 칼이 네 집에서 영원토록 떠나지 아니하리라 하셨고 여호와께서 또 이와 같이 이르시기를 보라 내가 너와 네 집에 재앙을 일으키고 내가 네 눈앞에서 네 아내를 빼앗아 네 이웃들에게 주리니 그 사람들이 네 아내들과 더불어 백주에 동침하리라 너는 은밀히 행하였으나 나는 온 이스라엘 앞에서 백주에 이 일을 행하리라 하셨나이다 하니"(삼하 12:10-12).

하나님의 말씀 앞에 다윗의 위대함, 그가 하나님 앞에 얼마나 신실한 사람인지를 알게 됩니다. 그는 즉시 회개하고 돌이킵니다. 여러분, 우리가 죄를 짓지 않고 살 수는 없습니다. 그러나 믿음의 사람, 하나님의 사람의 특징은 주의 말씀이 임할 때에 즉시 회개한다는 것입니다. 돌이킨다는 것입니다.

하나님은 나단 선지자를 통해 다윗의 죄를 용서하겠다고, 그래서 너를 죽이지 않겠다고 말씀하십니다. 그러나 하나님은 다윗에게 그 죄의 결과가 무엇인지를 말씀하셨습니다.

죄의 결과

첫째, 아이의 죽음입니다. 다윗이 밧세바와의 관계 속에서 낳은 첫 번째 아들, 그 아이가 태어난지 1년 되었을 때 하나님은 그 아이를 죽이겠다고 하십니다. 세상에 귀하지 않은 자식이 어디 있습니까? 그런데 다윗에게 가장 귀한 것, 가장 소중한 것을 빼앗아 가시는 것입니다.

시련과 고난을 통해 우리를 하나님 앞으로 이끄실 때에, 하나님은 우리가 펄쩍펄쩍 뛰고 가장 못 견디는 것을 건드십니다. 충격이 커야 기도하는 자리에 조금 더 나오고, 충격이 커야 죄를 짓지 않습니다. 충격이 커야 자신을 돌아보고 삶을 바꿀 생각을 하는 것입니다.

다윗에게 가장 소중한 것을 가지고 가실 때 그는 삶 전체가 뒤집어지는 아픔을 겪습니다. 여러분의 삶이 아프고 힘들다는 것은 우리의 전 존재를 부르시는 하나님의 음성이라는 것을 한 번 더 생각해 보기를 바랍니다.

둘째, 자녀들 사이에 분란이 일어납니다. 그런데 그 사건은 다윗이 우리아의 아내 밧세바를 범하고 우리아를 죽이는 과정과 방식이 거의 비슷합니다. 다윗은 자녀를 보면서 오랫동안 그의 삶 속에 떠나지 않는 어려움과 고통과 시련을 계속해서 겪게 됩니다. 잊어버릴 만하면 사건 터지고 잊어버릴 만하면 사건이 터지는데, 하나님은 그 속에서 거울을 보는 것처럼 다윗이 행한 것들을 보여 주시는 것입니다.

다윗의 첫째 아들 암논이 배 다른 여동생 다말을 범합니다. 그때는 가족끼리도 결혼할 수 있는 시대라서 다말이 암논에게 정식으로 청혼하라고 하는데 암논이 다말을 쫓아냅니다. 이때 다말이 옷을 찢고 머리를 풀어헤치며 친오빠 압살롬에게 가서 그것을 다 말합니다. 압살롬은 가만히 조용히 있으라고 말합니다. 이미 압살롬의 마음속에는 법에 호소하거나 아버지의 심판에 호소하겠다는 생각이 없었습니다. 자신의 방법대로 일을 처리하겠다는 것입니다.

그리고 세월이 2년쯤 지났습니다. 모든 것이 잊혀집니다. 이제는 문제가 되지 않겠다고 생각하는 어느 날, 압살롬이 암논을 죽입니다. 그리고 압살롬은 외국으로 피난을 가게 됩니다. 그리고 이로써 다윗은 세 자녀를 한꺼번에 잃어버리게 됩니다.

다윗은 압살롬을 미워했지만, 압살롬을 미워한 것이 아니라 그 속에 있는 자신의 모습이 미웠습니다. 그 모습을 직면하기가 싫었던 것입니다. 이것을 심리학으로는 '투사'라고 합니다. 자신의 문제를 상대방에게 있는 것처럼 보는 것입니다. 압살롬을 버려두었을 때 아들을 잃어버린 아버지의 마음을 아는 유압 장군이 연극을 통해 압살롬을 돌아오게 만들었습니다.

압살롬은 자신의 형을 죽인 것을 절대로 회개하지 않았습니다. 당연한 일을 했다며 당당했고 그때부터 마음이 교만해지기 시작했습니다. 압살롬은 굉장히 지혜가 있고 똑똑해서 사람들이 그를 많이 따랐습니다. 하나님의 뜻대로 하는 다윗의 모습을 답답하게 여기던 사람들이 점점 압살롬에게 붙기 시작한 것입니다.

우리가 힘들 때 하나님께 기도하는 것은 세상 사람들이 볼 때는 무척 답답해 보일 것입니다. 이스라엘 백성들도 하나님의 방법대로 하는 것이 미련해 보이고 별 볼 일 없어 보였습니다. 인간적인 방법으로 백성의 마음을 사고 위로하고 붙들어 주는 쪽이 더 좋아 보였을 것입니다. 이것은 인간이 갖고 있는 죄성 때문입니다. 사실 사람들은 하나님의 방법을 별로 안 좋아하고 인간적인 방법을 즐거워하고 기뻐합니다. 그래서 백성들은 분별력을 상실합니다. 압살롬에게 다 넘어가게 됩니다. 교만한 마음이 압살롬 속으로 들어가고 그 교만이 결국 압살롬을 죽게 만드는 요인이 되고 맙니다.

그는 아버지의 정치적 고향 헤브론에서 반란을 일으킵니다. 그리고 동시에 각 지파에 사람들을 보내어 압살롬이 왕이 되었다고 심리전을 벌이고 심어둔 정탐꾼을 통해 압살롬이 왕이 되었다는 것을 지지하게 만들어서 백성들의 마음을 혼미하게 만듭니다. 그리고 백성들의 존경을 받는 200명을 초청해서 그 사람들이 압살롬을 지지하는 것처럼 보이도록 일을 꾸몄습니다. 그리고 가장 충격적인 것은 '아히도벨'이라는 전략가를 자신의 편으로 만든 것입니다. 그는 하나님의 지혜에 버금가는 전략적인 머리를 가진 사람이었습니다. 이 아히도벨 때문에 다윗 왕의 편이 굉장히 많이 사기가 떨어졌고, 마음을 돌이켜 전부 다 압살롬 쪽으로 돌아서게 됩니다.

본문은 압살롬이 반란을 일으켜 쳐들어오자 다윗이 예루살렘 성을 버리고 도망가는 장면입니다. 아마 다윗의 인생에서 그렇게 비참할 때는 없었을 것입니다. 차라리 사울에게 쫓겨 다닐 때는 남이었지만 친 자식에게 쫓겨서 도망칠 때 다윗의 심정은 말이 아니었을 것입니다. 그의 죄의 대가가 얼마나 큰지를 알게 되었을 것입니다.

하나님의 징계

자, 여기에서 우리의 신앙생활에 대해 살펴볼 내용이 있습니다. 첫 번째, 다윗이 이러한 죄의 결과를 겪는 것이 죄에 대한 심판이 아니라 하나님의 징계라는 것입니다. 죄의 삯은 사망입니다. 죄의 심판은 기회가 없고 돌이킴이 없습니다. 그러므로 죄의 심판이 아니라 하나님의 징계인 것입니다. 징계는 하나님이 사랑과 애정으로 회복시키기 위한 하나님의 축복이요 전략적인 방법입니다. 징계가 아니고는 죄에서 돌이킬 수 없으니까, 죄의 길을 떠나지 못하니까 하나님은 징계라는 방법을 통해 돌이키게 하시는 것입니다.

하나님은 용서하셨기 때문에 다윗을 살려 주셨고 그의 왕위를 그대로 보존하셔서 다윗에게 약속하신 영적인 축복을 거두지 않으셨습니다. 그의 가문에서 메시아가 나고 그 다음에 그 나라와 다윗의 모든 것을 견고하게 하시지만, 하나님은 그에게 아픔과 고통을 심어 주는 일을 하셨습니다. 가장 소중한 것, 영적인 것은 두고 다윗이 고통 받고 괴로워할 만한 것들을 치시는 것입니다.

오래전부터 해오던 어떤 것이 드러나면 중독이라고 합니다. 중독에는 눈에 보이는 중독이 있고 눈에 안 보이는 중독이 있고, 드러나는 중독이 있고 드러나지 않는 중독이 있고, 남에게 해를 끼치는 중독이 있고 남에게 해를 끼치지 않는 중독이 있습니다. 그러나 중독은 어떤 것이든지 인생을 갉아먹습니다. 이렇게 중독된 모습으로는 하나님의 거룩한 성품에, 하나님의 역사에 참여할 수 없는 것입니다. 결국 다윗에게 이런 혹독한 시간을 주시는 이유는 죄에서 완전히 빠져나오라는 것이었습니다. 다윗 속에 알게 모르게 있는 그 죄까지 깨끗하게 씻어내는 작업인 것입니다.

우리가 하나님의 도구로 쓰임 받을 때 하나님은 우리를 깨끗하게 만드시기를 원하십니다. 하나님의 거룩함에 우리를 초청하시는 것입니다. 그런데 우리가 죄된 모습을 가지고 갈 수는 없습니다. 하나님의 거룩한 백성으로 살아갈 수 없는 것입니다. 하나님은 하나님의 백성을 삼기 위해 430년간 애굽에서 고생한 이스라엘 백성을 광야로 몰아내어 40년 동안 다시 고생을 시키십니다. 왜냐하면 이스라엘 백성이 탈출하는 데는 보름이면 되었지만, 이스라엘 백성에게 새겨져 있는 애굽의 속성을 뽑아내는 데는 40년이 걸리는 일이었기 때문입니다. 그렇게 혹독하게 해야 비로서 가나안 땅에 들어갈 수 있는 하나님의 백성이 될 수 있기 때문에 하나님이 연단시키신 것입니다.

> "또 아들들에게 권하는 것 같이 너희에게 권면하신 말씀도 잊었도다 일렀으되 내 아들아 주의 징계하심을 경히 여기지 말며 그에게 꾸지람을 받을 때에 낙심하지 말라 주께서 그 사랑하시는 자를 징계하시고 그가 받아들이시는 아들마다 채찍질하심이라 하였으니"(히 12:5-6).

> "그들은 잠시 자기의 뜻대로 우리를 징계하였거니와 오직 하나님은 우리의 유익을 위하여 그의 거룩하심에 참여하게 하시느니라 무릇 징계가 당시에는 즐거워 보이지 않고 슬퍼 보이나 후에 그로 말미암아 연단 받은 자들은 의와 평강의 열매를 맺느니라"(히 12:10-11).

이 말씀을 읽어 보니 징계가 당시에는 고달프고 슬퍼 보이지만 사실은 하나님이 포기하지 않으시고 끝까지 주의 거룩한 성품으로 초청하시는 것이라는 것을 깨닫게 됩니다. 그래서 시련과 환난을 만나면 기뻐하라고 한 것입니다. 작은 것은 잃어버려도 큰 것을 얻기 위해, 일시적인 것은 잃어버려도 영원한 것을 얻기 위해, 시련과 고난을 통해 세워져 가는 것입니다.

하나님은 다윗이 갖고 있는 사고와 생활 방식 그리고 여러 가지 시련과 환난을 겪으면서 만들어진 습관을 하나씩 고치고 변화시키고 제거하시기 위해 또 다른 시련과 환난을 주십니다. 그리고 다윗은 그것을 통해 하나님 앞에서 자신을 살피게 됩니다. 그래서 훗날 그가 나이가 들어서 몸이 추워졌을 때 신하들이 몸을 따뜻하게 하는 젊은 여인을 보내 주어도 다윗은 그 여인을 범하지 않습니다. 죄를 짓지 않았다는 것입니다. 그가 마지막 순간까지 하나님을 의지하고 하나님 앞에 정결하게 살 수 있는 힘은 이 연단에서 나온 것입니다.

하나님은 죄가 얼마나 무서운지를 보여 주십니다. 쉽게 죄를 짓지 말라는 것입니다. 죄는 하나님을 업신여기는 것으로 그 속에서 죄가 나오는 것입니다. 하나님의 말씀과 능력을 귀하게 여긴다면 그럴 수 없습니다.

하나님은 죄에 대해서는 절대 용납하지 않으십니다. "하나님, 제가 잘못했습니다" 하고 인정하고 즉각적으로 회개할 때, 죄의 아픔은 겪지만 그 죄를 반복하지 않게 하십니다. 우리가 한 번 지은 죄는 우리 속에 죄를 짓는 하나의 패턴으로 형성됩니다. 하나님은 바로 그것을 끊기 위해 우리를 주목하는 것입니다.

사랑하는 여러분, 잘못한 것을 그냥 지나가지 말고 그것이 내 삶의 죄 짓는 방식이 되지 않도록 하나님께 드리는 회개의 모습이 참 중요합니다. 시련과 환난 앞에 낙담하지 마십시오. 하나님은 사랑하는 자를 징계하시고 그것을 받아들이는 아들마다 채찍질하십니다.

무엇이든지 정상적으로 얻으면 그것이 은혜인지 모릅니다. 당연한 것이 아니라는 사실을 알게 될 때 하나님의 은혜에 감사하고 찬양하는 것입니다. 그 은혜를 깨닫기까지는 일상적으로 편하게 생각하는 것을 잃고 하나님이 주시는 연단과 아픔을 겪습니다. 그때 그 모든 것이 은혜임을 알아야 합니다.

위로하시는 하나님

마지막으로 살펴볼 교훈이 있습니다. 하나님은 징계하시는 가운데서도 하나님 앞에 간절히 구할 때 위로하시는 분이라는 것입니다. 두 가지 사건이 있는데 하나는 다윗이 밧세바에게서 낳은 아들을 하나님이 데려가시는 부분입니다. 다윗은 하나님의 이야기를 듣고 밧세바와 같이 밥도 안 먹고 간절하게 기도했습니다. 눈물을 흘리며 땅바닥에 엎드렸습니다. 자식을 떠나보내는 부모의 아픔으로 하나님 앞에 간절하게 기도했습니다. 하지만 아이가 딱 죽고나자 그는 믿음으로 그것을 받아들였습니다.

> "이르되 아이가 살았을 때에 내가 금식하고 운 것은 혹시 여호와께서 나를 불쌍히 여기사 아이를 살려 주실는지 누가 알까 생각함이거니와 지금은 죽었으니 내가 어찌 금식하랴 내가 다시 돌아오게 할 수 있느냐 나는 그에게로 가려니와 그는 내게로 돌아오지 아니하리라 하니라"(삼하 12:22-23).

내가 죽으면 그 아들을 만나지만 그 아들이 이제 내게 돌아오지 않는다는 것입니다. 그러나 하나님이 계획하시고 징계하시는 것이라도 우리가 간절히 기도하고 부르짖을 때, 하나님은 우리를 위로하십니다. 다윗과 밧세바를 위로하사 다시 아들을 주신 것입니다. 그 아들의 이름이 솔로몬입니다. 하나님은 '내가 너를 위로하고자 이 아들을 주는 것'라는 것을 보여 주기 위해 선지자 나단을 통해 아들의 이름을 '여디디야' 라고 짓게 하셨습니다. 이것은 '하나님의 사랑을 입은 아들'이라는 뜻입니다. 그리고 하나님은 그 아들을 다윗의 왕조를 잇는 왕으로 세우십니다.

그리고 또 하나 하나님이 주신 것이 있습니다. 암몬 자손의 왕이 죽었을 때 다윗은 사절단을 보냅니다. 그러나 이 암몬 자손들이 사절단의 머리를 자르고 수염을 볼기가 나오도록 반쯤 깎아서 모욕감을 주어 돌려보냈습니다. 그 후 유압 장군이 암몬 자손의 랍바를 점령합니다. 옛날에는 점령한 장군의 이름이 역사에 기록되니까 유압이 다 점령하고 난 다음에 다윗에게 전갈을 보냅니다. "다윗이여, 내가 다 해놓았으니까 오셔서 마지막 이 성을 점령하십시오. 그래서 이 성을 유압이 점령한 것이 아니라 다윗 왕이 정벌한 것으로 남게 하십시오." 이것은 신하의 당연한 도리입니다. 그러나 사실 이것도 하나님의 배려입니다. 이방에게 이러쿵저러쿵 이야기를 듣지 않도록 하나님이 그 암몬을 제압하게 하면서 다윗을 세워 가시는 것입니다.

하나님의 징계가 우리 속에 있다고 할지라도 우리가 할 일은 기도하는 것입니다. 하나님께 끝까지 엎드려서 기도할 때 하나님은 우리의 기도와 간구를 들으시고 우리를 위로하사, 그 과정은 비록 아프지만 그것보다 더 귀한 하나님의 축복의 길을 열어 주십니다.

시련 중에 있습니까? '기도해도 응답도 안 되네. 기도할 필요도 없다. 하나님은 한 번 작정하신 것은 끝까지 하시는 분인데 당하는 수밖에 더 있나?' 그렇게 포기하면 안 됩니다. 깨지는 한이 있더라도 끝까지 붙들면 하나님도 괴로워하십니다. 우리가 자녀를 심하게 야단치고 난 다음에 잘해 주고 싶은 마음이 있지 않습니까? 그것이 부모의 마음이고 바로 하나님의 마음인 것입니다.

믿음으로 사는 것

두 번째, 평소에 믿음으로 사는 것이 참 중요하다는 것입니다. 다윗이 압살롬으로부터 도망갈 때 똑똑하고 잘난 사람들, 괜찮은 사람들 다 압살롬에게 넘어갔습니다. 그런데 이렇게 똑똑한 사람은 제 꾀에 자신이 속는 경우가 많습니다. 그래서 그들은 최상까지는 못 갑니다. 탁월해서 어느 정도까지는 가지만, 그 이상까지는 못 가는 경우가 많은 것입니다. 반면 무식하고 미련한 사람은 끝까지 갑니다. 다윗이 그런 어려움을 당할 때, 끝까지 남았던 사람은 광야에서 같이 있던 600명이었습니다. 그것이 진짜 공동체입니다.

우리가 실패하고 고통 속에 있을 때 우리에게 끝까지 남는 사람이 어떤 사람입니까? 믿음으로 시련을 나누고 어려움 가운데 하나님의 비전과 꿈을 보고 함께 기도했던 사람들입니다. 평소에 가깝고 살갑게 대해 주었다고 그 사람이 남는 것이 아닙니다. 믿음으로 하나님 앞에 서로 진실하게 서 있는 사람이 그 믿음과 신앙 때문에 끝까지 우리 곁에 남아 우리와 함께하는 것입니다.

하나님은 그 믿음의 사람들을 통해 다윗을 회복시키셨습니다. 우리가 시련과 어려움을 당할 때 우리를 회복시키는 사람은 믿음의 공동체입니다. 그래서 우리는 평소에 믿음의 생활, 믿음의 교제권 안에 있어야 합니다.

본문에 블레셋 사람 잇대가 나오는데, 그는 아마 신앙 때문에 다윗에게 왔을 것입니다. 왜냐하면 그의 말 속에 여호와의 이름이 나오기 때문입니다. 비록 이방인이지만 하나님을 믿는 믿음 때문에 다윗을 찾아온 것입니다. 그래서 다윗이 "넌 이제 고향으로 돌아가라. 나는 내 인생이 앞으로 어떻게 될지 모른다. 내 인생은 계속 돌아다녀야 된다"라고 말합니다. 그러자 잇대가 이렇게 대답합니다.

"잇대가 왕께 대답하여 이르되 여호와의 살아 계심과 내 주 왕의 살아 계심으로 맹세하옵나니 진실로 내 주 왕께서 어느 곳에 계시든지 사나 죽으나 종도 그 곳에 있겠나이다 하니"(삼하 15:21).

사랑하는 여러분, 우리가 믿음으로 교제를 나누는 것은 참 중요합니다. 시련과 어려움이 있을 때 우리를 회복시키시고 우리와 함께할 사람이 그들이고 중보기도라는 것을 기억하십시오. 함께 기도하고 말씀을 나누는 공동체가 있다는 것은 정말 복된 일인 것입니다.

하나님은 한 번 마음먹으면 다 하시는 분입니다. 그런데 그 하나님이 우리를 사랑하시고 포기하지 않으신다고 합니다. 지금도 우리를 붙드셔서 우리가 회개하면 용서해 주신다고 합니다. 바로 그것이 다윗을 통해 보여 주신 하나님의 은혜입니다. 여러분도 하나님이 세워 가시는 인생 가운데 그 은혜를 누리며 살아가기를 바랍니다.

21

다시 인생의 광야에서

사무엘하 15: 23-37

기드론은 예루살렘 성과 광야가 연결되는 시내인데 지리적으로 예루살렘 성에서 나오는 오물과 쓰레기들이 그곳을 지나가게 되어 있습니다. 그런데 다윗 왕이 비참하게 머리를 풀어헤치고 맨발로 울면서 그 오물물 옆을 지나가는 것입니다. 예루살렘 성에서부터 기드론 시내를 지나 광야로 다시 들어가는 것입니다. 시련과 어려움이 없는 삶을 살다가 광야로 다시 들어가야 하는 다윗의 마음이 어떨까요?

인생의 가장 꽃다운 나이인 20-30대를 광야에서 지낸 다윗. 다윗의 광야에 대한 기억은 그렇게 아름답지만은 않을 것입니다. 광야가 고달프고 힘든 곳이기도 했지만 다윗은 이곳에서 하나님을 깊게 만났습니다. 그리고 하나님을 사랑하고 찬양하며 기도하고 의지하는 법을 배웠습니다. 어떻게 살아가야 하는지도 배웠고 진정한 친구들도 만났습니다. 무엇보다도, 광야를 통해 다윗은 자신이 누구인지를 볼 수 있었습니다. 광야는 다윗이 새롭게 태어난 곳입니다. 목동인 다윗을 왕으로 만든 하나님의 학교였던 것입니다. 그 광야로 다윗은 다시 걸어갑니다. 광야 학교에 재입학하는 것입니다.

다시, 광야

하나님은 다윗을 다시 광야로 인도해서 광야 길로 걷게 하셨습니다. 심지어 자녀가 죽고 아들이 반란을 일으켜서 맨발로 울며 들어가야 했습니다. 성경의 모든 본문 중에서 가장 비참한 부분이 아닐까 생각합니다. 하나님은 다윗을 메시아가 오시는 가문으로 만들려고 더 정결하게 세우기 위해 다윗을 다시 훈련의 장소로 몰아넣으신 것입니다.

하나님이 우리를 시련과 어려움 속에 넣을 때는 우리를 훈련시키시는 것도 있지만 남은 생 가운데 하나님께 더 가까이 우리를 인도해 가시는 하나님의 사인이기도 합니다. 그러면서 하나님이 다윗에게 주신 은혜를 다시 다듬기도 하고 새롭게 만드시는 것을 보게 됩니다.

사람은 변화도 싫어하지만 옛날 것도 싫어합니다. 하지만 정작 바뀌어야 할 것은 사람입니다. 하나님은 다윗을 바꾸시는 작업을 하시는 것입니다. 그래서 다윗을 바꾸기에 가장 적합한 환경으로 몰아가십니다. 모든 것을 만족하는 인생은 별로 없습니다. 시련과 고난으로 인생이 계속 실패에 부딪칠 때 삶에 무엇이 문제인지, 내가 어떻게 살아야 하는지 생각하게 되는 것입니다.

하나님은 다윗을 새롭게 훈련시키십니다. 메시아를 보내려고 하시다 보니, 다윗의 인생도 아름답게 마무리를 하시려고 고난의 광야로 보내신 것입니다.

첫 번째, 하나님은 다윗에게 하나님의 도성 예루살렘을 얼마만큼 사랑하는지를 광야라는 시련을 통해 물어보십니다. 다윗에게 예루살렘의 점령은 인생의 큰 전환점이 었습니다. 하나님이 주신 사명을 위해 한 번도 정복되지 않은 요새 예루살렘을 정복하고 난 후, 하나님의 나라와 다윗의 왕위가 점점 견고해지고 그의 거룩한 영향력은 더 커졌습니다. 다윗에게 예루살렘은, 하나님이 주신 사명을 돌아보고 삶의 중심에 하나님이 계셔야 함을 깨달은 후, 70년간 방치되었던 법궤를 다시 예루살렘성으로 갖다 놓은 하나님의 성전입니다. 이 도시가 단순히 지역이나 지방의 문제가 아닌 것입니다.

압살롬이 아무리 반란을 일으켜도 다윗이 머물러 있는 동안 훈련된 군사들과 더불어 이 성을 지키는 것은 그렇게 어려운 것이 아니었습니다. 그럼에도 쉽게 포기하고 떠날 수밖에 없었던 다윗의 마음은 어땠을까요? 다윗이 왜 마음만 먹으면 얼마든지 지킬 수 있는 이 예루살렘 성을 포기했을까요? 다윗은 하나님의 거룩한 도시를 아들과 아버지의 전쟁터로 만들고 싶지 않았던 것입니다. 그래서 이 성을 두고 피난 가는 것입니다. 하나님이 통치하시고 역사하시는 이 성을 얼마나 사랑하는지를 하나님이 다윗의 삶을 통해 바라보기를 원하시는 것입니다.

내가 살겠다고 하나님의 도성을 무너뜨리지 않는 다윗의 마음. 다윗은 진정 하나님의 도성 예루살렘을 사랑하는 마음을 갖고 있었습니다. 바로 이것이 우리가 다시 회복해야 할 마음입니다. 하나님이 주신 인생을 쉽게 포기하지 말고 내게 주신 가정, 교회, 나라를 포기하지 말고 내가 더 노력하고 기도하고 희생해서 하나님이 통치하시는 아름다운 인생, 가정, 나라가 되게 해야 하는 것입니다.

사랑하는 여러분, 여러분 자신을 귀하게 여기기를 바랍니다. 사랑하기를 바랍니다. 엉망인 것처럼 보이는 인생을 주님이 피로 값 주고 사셔서 우리는 구원을 받았습니다. 성경에는 우리의 가치에 대해 나옵니다. 죄와 허물로 가치 없는 존재인 나를 주님이 값을 주고 사셨으니 나는 예수님의 핏값만큼 대단히 가치가 있는 것입니다.

이 시대 아모스는 많습니다. 아모스는 남방 유다 사람으로서 북방 이스라엘을 혹독하게 비난했습니다. 그러나 호세아는 북방 이스라엘 사람으로 이스라엘을 품고 사랑했습니다. 창녀를 아내로 맞이하고 바람나서 나간 아내를 다시 데려오면서 하나님의 사랑의 메시지를 자신의 삶에 끌어안고 그 백성을 위해 기도하며 사랑하는 것입니다.

비난하고 평가하는 것은 쉽습니다. 내가 그렇게 평가하고 분석하면 나는 그렇게 살고 있다고 착각하는데 사실은 아닙니다. 하나님은 사랑하는 사람을 찾으십니다. 사랑하는 사람, 삶으로 사랑하는 사람을 바로 다윗의 삶을 통해 볼 수 있습니다.

선택하라

두 번째는, 선택하라는 것입니다. 무슨 선택이냐? 다윗이 하나님의 법대로 사는 인생을 대표한다면, 압살롬은 인간의 방법대로 사는 인생을 대표합니다.

> "그 후에 압살롬이 자기를 위하여 병거와 말들을 준비하고 호위병 오십 명을 그 앞에 세우니라"(삼하 15:1).

다윗은 하나님이 말과 호위병을 많이 두지 말라고 하셔서 그렇게 하지 않았습니다. 왜냐하면 하나님만 높여야 하기 때문입니다. 그런데 압살롬은 사람들을 재판해 줄 때 하나님의 말씀이 아니라 사람의 마음에 맞게 재판하며 살갑게 대했습니다. 목적이 있어서 그렇게 한 것입니다. 이스라엘 백성은 하나님의 말씀대로, 하나님의 방법대로 사는 것이 고통스러워서 압살롬의 좀 편하게 살자는 그 이야기에 다 넘어갔습니다.

하나님은 압살롬과 다윗을 통해 우리에게 무엇을 선택하여 살지 묻고 계십니다. 하나님은 압살롬과 다윗의 전쟁을 통해 세속적으로 사는 인생과 하나님의 백성을 거르시는 것입니다. 그들이 정제되어야 메시아가 나오기 때문입니다. 느헤미야가 성을 지어 놓고 백성이 그쪽 사람들과 섞여 살면서 자식을 낳으면 다 돌려보냈습니다. 돌려보냈기 때문에 몇 백 년 뒤에 예수님이 유다 지파에서 오셨다는 이 예언이 맞아떨어질 수 있었던 것입니다. 우리는 세속적인 것에 물들어 세상의 지식과 지혜를 가지고 편하게 살아가는 것이 아니라 무식하고 어리석은 것처럼 보여도 하나님의 말씀을 붙잡고 살아야 합니다.

다시 한 번 내 삶 속에 하나님이 물으십니다. "너 믿음으로 살래? 아니면 너 편한 대로 살래?" 시련과 고난의 광야가 없으면 분별이 안 됩니다.

믿음으로 사는 법

하나님은 고난과 어려움의 광야 학교 속에서 믿음으로 사는 법을 우리에게 말씀하십니다. 다윗은 광야 길을 나그네 길이라고 했습니다. 다윗은 '하나님이 고난을 주시면 내가 당하겠다. 하나님이 다시 자비를 베푸셔서 예루살렘으로 돌아오게 하시면 오고 못 오게 하시면 못 오는 대로 살겠다.' 바로 인생을 하나님께 맡기겠다는 것입니다. 그는 도망가면서도 믿음으로 하나님 앞에 헌신했습니다.

따르겠다는 사람들, 만나는 사람들 앞에서도 자신의 삶이 하나님께 있다는 고백을 합니다. 그리고 자신을 따라오면 고생이니 편한 길로 가라고 합니다. 그래도 그들이 다윗을 따라옵니다. 놀랍게도 다윗은 믿음으로 대했던 그 사람들을 통해 회복하게 됩니다.

우리가 고난과 시련을 당할 때도 우리의 삶은 하나님께 있습니다. 그러므로 지금 힘들고 어려워도 기도의 자리에 나가서 하나님의 말씀대로 살아야 합니다.

아히도벨이 이스라엘이 넘어갔다고 할 때 다윗의 기도가 회복되었습니다. 아히도벨은 전략과 머리가 하나님의 사람과 같은 사람이었습니다. 천사와 같을 정도로 지혜가 뛰어난 사람이 압살롬에게 넘어갔으니까 '아, 이제는 정말 끝났다. 많은 사람이 이제 압살롬이 옳다고 이야기할 것이다'라고 여기며 다윗은 진지하게 하나님 앞에 기도합니다. 그의 모략이 이루어지지 않게 해달라고 기도합니다. 나중에 아히도벨은 자신의 전략이 채택되지 않아서 자살합니다. 다윗의 기도를 하나님이 들으신 것입니다.

여러분, 우리가 가장 곤고할 때 드렸던 기도, 믿음으로 살 수 없을 때 드렸던 믿음은 그 모든 것 하나하나가 사다리처럼 한 단계씩 딛고 올라가는 발판이 됩니다. 어려울 때 내 판단과 의지대로 살지 않고 우리를 광야 길로 몰아넣은 하나님을 향해 신뢰와 사랑을 가지고 믿음을 드린다면, 그것이 나중에 늪 같은 인생에서 반석처럼 딛고 나아갈 수 있는 중요한 디딤돌이 될 것입니다.

비판은 누구든지 할 수 있지만 사랑은 힘든 것입니다. 자신이 기준이 되어 교회에 무엇이 부족한지 비판하는 사람들이 많은데 그 부족을 보고 채우는 것이 그 사람의 사명인 것입니다. 하나님은 비판이 아니라 사랑하기를 원하십니다.

긍휼과 자비로 그 사랑을 받은 우리가 하나님이 주시는 고난과 시련의 광야 속에서 믿음으로 걸어갈 때, 다시 한 번 하나님이 이루어가실 계획과 뜻을 보게 될 것입니다. 그런 마음으로 인생의 광야 길을 걸어가기를 바랍니다. 그리고 다시 예루살렘에서 법궤를 만나는 다윗처럼, 주님이 허락하신 그 감격의 날을 여러분도 맞이하기를 주의 이름으로 축원합니다.

광야는 다윗이 새롭게 태어난 곳입니다.

목동인 다윗을 왕으로 만든

하나님의 학교였던 것입니다.

5부

붙들고 사는 인생보다 붙들려 사는 인생이 아름답다

22

회복을 위한 다윗의 태도

사무엘하 16:5-14

다윗이 아들 압살롬에게 쫓겨갈 때, 상상도 못할 정도로 외롭고 슬프고 괴로웠을 것입니다. 성경에 이보다 더 슬픈 장면은 찾아 보기가 어렵습니다. 힘겨운 시간에 비틀거리는 다윗이 쉴 곳은 아무데도 없었습니다. 아들에게 쫓겨 자신이 평생 이루어 놓은 모든 것을 잃는다고 느낄 때 다윗이 느끼는 인생은 외롭고 쓸쓸하기만 했을 것입니다.

온 세상을 잃어버린 것 같은 아픔 가운데 피난길을 가고 있는 다윗의 모습을 보면 아마 이 상황이 회복되고 지나간다 해도 아픔과 슬픔의 기억이 마음속에 오랫동안 머물며 삶을 어둡게 만들 것이었습니다.

다윗이 도망갈 때 요나단의 아들 므비보셋을 섬기던 시바라는 종이 나타나서 도망가는 다윗의 무리에게 음식물을 주면서 그의 마음과 환심을 사기 위해 자신이 섬기던 므비보셋을 모함하기 시작합니다. 므비보셋이 다윗을 배반하고 압살롬 곁에 남았다는 것이었습니다. 므비보셋은 다리를 쓰지 못하는 요나단의 아들입니다. 요나단과의 약속 때문에 아주 어려운 곳에 사는 그를 데려다가 그에게 사울의 소유였던 땅을 주고 자신의 밥상에서 같이 밥을 먹게 한 므비보셋이 자신을 배신했다는 이야기를 듣고 다윗의 심경은 너무나 복잡했을 것입니다. 시바는 그 일로 므비보셋의 땅을 다 얻게 됩니다. 다윗이 판단력과 분별력을 상실하고 조금만 가까이 다가오면 모든 것을 다 줄 만큼 외롭게 지낸 것입니다.

그러다가 베냐민 지파의 땅에 들어가게 되었습니다. 거기서 시무이라는 사람이 나타났습니다. 그런데 그가 신하와 군인들이 보는 앞에 왕인 다윗을 향해 돌을 던집니다. 그리고 따라오면서 다윗을 저주합니다.

> "시므이가 저주하는 가운데 이와 같이 말하니라 피를 흘린 자여 사악한 자여 가거라 가거라 사울의 족속의 모든 피를 여호와께서 네게로 돌리셨도다 그를 이어서 네가 왕이 되었으나 여호와께서 나라를 네 아들 압살롬의 손에 넘기셨도다 보라 너는 피를 흘린 자이므로 화를 자초하였느니라 하는지라"(삼하 16:7-8).

안 그래도 삶이 비참한 지경인데 계속해서 저주를 퍼부어댈 때, 그것을 들어야 하는 다윗의 심정은 어떻겠습니까? 그 다윗과 함께 가는 군사들의 마음은 어땠을까요? 아비새와 신하들은 화가 나서 시무이를 죽이려 합니다. 하지만 다윗이 만류합니다. 그러자 다윗이 이렇게 대답합니다.

"스루야의 아들 아비새가 왕께 여짜오되 이 죽은 개가 어찌 내 주 왕을 저주하리이까 청하건대 내가 건너가서 그의 머리를 베게 하소서 하니 왕이 이르되 스루야의 아들들아 내가 너희와 무슨 상관이 있느냐 그가 저주하는 것은 여호와께서 그에게 다윗을 저주하라 하심이니 네가 어찌 그리하였느냐 할 자가 누구겠느냐 하고 또 다윗이 아비새와 모든 신하들에게 이르되 내 몸에서 난 아들도 내 생명을 해하려 하거든 하물며 이 베냐민 사람이랴 여호와께서 그에게 명령하신 것이니 그가 저주하게 버려두라"(삼하 16:9-11).

그리고 다윗의 뒤를 따라오면서 돌멩이를 던지고 먼지를 날리며 저주하는 시무이를 그냥 두고 가던 길을 갑니다. 그런데 다윗의 표현 속에 '회복'이라는 중요한 코드가 담겨 있습니다. 우리 마음은 유리판과 같아서 한쪽을 맞아도 그 한쪽만 구멍이 나는 것이 아니라 온 마음에 금이 갑니다. 따라서 세상을 다 잃어버린 것 같은 그런 마음이 회복되는 것은 참 어렵습니다.

슬픔이 회복될 때 보통 3-5년은 지나야 통증이 없어집니다. 우리가 상실과 아픔을 겪게 되면 한 1년이나 그 전까지는 아픔이란 것이 별로 없고 그냥 충격만 남습니다. 내가 왜 사는지 멍하게 지내다가 그 시기가 지나면 아픔이 느껴지기 시작합니다. '내 인생이 왜 이리 비참할까?' 하는 생각도 듭니다. 그리고 3년이 지나면서 그 아픔의 통증이 사라지고 아픔이 남긴 자국을 붙들고 이겨 나가야 합니다. 그 시간이 보통 3-5년인 것입니다. 그러나 사실 슬픔의 과정은 평생 중단되지 않고 계속 마음속에 남아서 흘러갑니다.

다윗을 보면 이 충격에서 벗어날 수 없을 것 같고 아픔이 회복될 수 없겠다는 생각이 들지만, 다윗은 그의 생각 속에 회복에 대한 코드를 담고 있었습니다.

자신을 인정하는 것

회복의 징조가 다윗에게 나타납니다. 첫 번째, 다윗은 자신을 발견하게 됩니다. 다윗은 아마 견디기 힘든 상실감이 마음속에 자리 잡았을 것입니다. 사람이 상실감이 오면 그 일을 피하고 싶습니다. 그 사람을 보면 죽일 것 같아서 암논을 살해한 압살롬을 안 봤습니다. 죽일 것 같은 그 마음을 직면하기가 싫은 것입니다. 너무나 고통스러워서 생각조차 하기 싫었습니다. 그래서 마음속에 두터운 장벽을 쌓았습니다. 통증이 없도록, 찔러도 아프지 않도록 두껍게 만든 것입니다. 스스로 마음을 굳어 버리게 만들었습니다. 그렇게 굳으면 나를 찾고 싶은 마음이 사라집니다. 그래서 일에 몰두하고 자신에게 주어진 외부적인 일을 붙들게 되는 것입니다.

다윗은 압살롬을 볼 때마다 사랑과 자비의 마음보다는 미움과 공의와 정의라는 것이 그 마음속에 자리 잡게 됩니다. 자비가 없고 사랑이 없는 그 마음이 이미 받은 상처로 굳어져 버린 그 마음에 있는 것입니다.

압살롬으로 인해 터진 본문의 사건 속에서 다윗은 자신을 보게 됩니다. 지금 그는 아들에게 쫓겨 도망가는 불쌍한 아비이고, 거대한 힘 앞에 도망가는 불쌍한 사람입니다. 다윗은 '내가 대단한 사람처럼 보였는데, 사람들에게 받은 수많은 칭찬이 나의 모습인 줄 알았는데, 세상 속에서 만든 자리는 내 자리가 아니었구나. 한없이 약한 것이 내 모습이었구나' 하고 깨닫습니다. 참된 나를 발견하는 것입니다.

특별히 충격을 받은 것은 아히도벨의 배신이었습니다. 아마 그 당시 다윗은 자신이 힘들 때 하나님께 가까이 가는 것보다는 가까이 있는 지혜로운 사람에게 자주 물었을 것입니다. 그래서 아히도벨에게 물으면 그는 지혜롭게 대답해 주었습니다. 그리고 그 말대로 하면 일이 잘 풀렸습니다. 다윗은 어느새 하나님에 대한 소원함, 현실을 직면하고 싶지 않은 이 마음 때문에 아히도벨을 의지하기 시작했던 것입니다. 하지만 그가 돌아설 때 다윗은 세상의 모든 것을 잃어버리고 더는 버틸 것이 없다고 느끼며 자신이 이것밖에 안 되는 존재임을 깨닫게 된 것입니다.

그런데 아히도벨이 배신했다는 이야기를 듣고 다윗이 기도하는 모습이 나옵니다. 그가 하나님께 기도합니다. 하나님을 찾기 시작합니다. "하나님, 내가 원래 이런 모습이었습니다. 연약한 모습입니다. 내가 가진 사람이나 소유나 칭찬은 진짜 나의 모습이 아니었습니다. 나는 하나님이 필요합니다." 가장 낮은 자리, 가장 연약한 자리에서 하나님을 향해 진실된 모습으로 기도하기 시작합니다. 여러분, 이 기도가 진짜입니다. 하나님은 이러한 기도를 절대 외면하지 않으십니다.

문제 앞에 강한 사람은 없습니다. 우리는 말 한 마디 앞에 마음의 병이 들어서 끙끙 앓다가 병이 걸리기도 합니다. 내가 들은 말 한마디에도 주저앉을 수밖에 없는 것이 나란 존재인 것입니다. 그런 자신의 존재를 발견하게 될 때 눈물이 많이 나옵니다. 이런 내가 이 세상에서 누구를 의지하나 싶을 때 우리는 하나님을 찾게 됩니다.

우리가 어떤 자리에 있다 해도 하나님을 찾고자 하는 마음만 있다면 그것은 복의 시작이 됩니다. 아무리 입장이 곤란하고 희망이 안 보여도 마찬가지입니다. 다윗은 희망이란 것을 찾아볼 수 없었습니다. 미래가 불투명했습니다. 이제 왕궁에도 머물 수 없고 광야를 떠돌아다니며 살아야 했습니다. 그렇기에 그는 하나님께 기도합니다.

힘들고 어려운 자리에 있어도 낙심하지 않고 포기하지 않고 그 문제를 외면하지 않고 다시 볼 수 있다면, 내가 갖고 있는 소유와 위치와 모든 것이 진정한 나의 모습이 아니라는 것을 빨리 깨닫는 것이 좋습니다. 빨리 깨달을수록 더 깊게 주님을 만나고 거기서 인생을 진실하게 사는 힘이 나오기 때문입니다.

하나님의 주권을 인정하는 것

다윗이 회복되는 징조 두 번째는 그의 생각에서 볼 수 있습니다. 어떤 문제를 만난 것, 그 문제 자체를 바꿀 순 없지만 그 문제를 어떻게 생각하느냐에 따라 회복될지 죽을지가 달라질 수 있습니다. 다윗이 회복될 수 있는 그 조짐이 다윗의 생각에서 나옵니다. 시무이가 저주할 때 그의 말에 분노하고 그를 죽일 수 있지만 그렇게 하지 않았습니다. 다윗은 그 모든 것이 하나님이 허락하지 않으시면 이루어질 수 없다는, 하나님의 주권을 받아들이고 있었던 것입니다.

그리고 그 하나님이 약속하신 대로 나를 사랑하신다는 것, 하나님은 내가 어떤 상황이든지 하나님의 일을 정말 이루기를 원하신다는 그 믿음을 동시에 가지고 있었습니다. "하나님이 죽이시면 나는 죽으리라. 하나님이 회복시키시면 나는 회복되리라. 하나님이 회복시키시면 내가 예루살렘 성에 들어가 법궤를 볼 것이요. 그렇지 않으면 내가 하나님이 하라는 대로 살아갈 수밖에 없으리라." 이것은 굉장히 무기력하고 수동적으로 보이지만 사실은 그렇지 않습니다. 내 삶이 하나님께 있다는 것을 인정하고 현실을 수용하는 것입니다.

다윗은 체념이 아니라 자신이 하나님의 계획 속에 있다는 것을 깨닫고 하나님이 그렇게 하시면 받아들이겠다고 순종하게 됩니다. 그리고 그것을 받아들이면서 하나님 앞으로 나아갑니다. 그때 다윗 안의 원망과 저주와 불평이 사라지고 자신이 하나님 앞에 잘못한 것을 회개하는 마음이 생깁니다. 주님의 인도하심을 구하는 간절함이 찾아오게 되는 것입니다. 그래서 다윗은 이렇게 고백했습니다.

> "나의 영혼아 잠잠히 하나님만 바라라 무릇 나의 소망이 그로부터 나오는도다 오직 그만이 나의 반석이시요 나의 구원이시요 나의 요새이시니 내가 흔들리지 아니하리로다 나의 구원과 영광이 하나님께 있음이여 내 힘의 반석과 피난처도 하나님께 있도다 백성들아 시시로 그를 의지하고 그의 앞에 마음을 토하라 하나님은 우리의 피난처시로다(셀라)"(시 62:5-8).

남아 있는 것

세 번째 다윗에게 볼 수 있는 회복의 징조는 다윗이 잃어버린 것보다 남아 있는 것에 관심을 갖기를 시작한 것입니다. 우리가 어떤 일을 당하고 잃어버리면 마음 전체에 금이 가서 다 잃어버렸다고 생각하게 됩니다.

우리가 어려움을 당하면 그 어려움 자체보다도 절망감 때문에 잃는 것이 더 큽니다. 어떤 충격을 받아서 그 충격 때문에 잃어버리는 것이 하나라면, '아, 아무것도 없어. 다 잃어버렸어' 하며 스스로 포기해서 버리는 것이 훨씬 많다는 것입니다. 그래서 상담할 때는 남아 있는 것이 아직 있다는 것을 보게 만듭니다.

다윗을 보면 그가 많은 것을 잃어버렸지만 잃어버린 것에 초점을 맞추고 있지 않음을 봅니다. 다윗은 '아직도 내 삶 속에 남아 있는 것이 있구나' 하고 생각했습니다. 그러다 보니 전략이라는 것이 나옵니다. 상황을 극복하기 위한 지혜가 나오고 아이디어가 나오는 것입니다.

다윗은 나발을 죽이고 싶어 했습니다. 그때 아비가일이 다윗에게 말합니다. 당신에게는 더 소중한 일이 있다고, 하나님이 당신을 이 땅의 왕으로 세우실 때 나발 같은 인간을 죽여서 그것이 흠이 되면 어떻게 하겠느냐고 이야기하는 것입니다. 당신에게는 하나님의 계획과 뜻이 있는데 나발을 죽이는 것이 당신의 일이 되어서는 안 된다고 설득합니다.

이것은 성령이 우리에게 깨닫게 하시는 마음입니다. 존귀하신 하나님이 여전히 당신을 사랑하시고 붙드시고 당신을 향한 하나님의 뜻을 이루려고 하시는데 계속 낙담하고 주저앉아서 울 수만은 없다고, 삶을 포기하고 미워하고 원망하는 것은 존귀한 하나님의 사람의 모습이 아니라고 알려 주는 것입니다.

가룟 유다는 자신의 스승인 예수를 십지가에 못박고 죄책감에 스스로 목숨을 끊었습니다. 하지만 베드로는 그보다 더 악한 일을 했는데도 용서의 주님께 돌아갔습니다. 그것이 회복의 시작인 것입니다.

여러분도 누군가를 죽이고 싶고 세상을 다 포기하고 싶을 때가 있을 것입니다. 그러나 여전히 나를 사랑하시고 세상 어떤 것도 끊지 못하는 하나님의 사랑과 말씀을 붙들고 다시 일어서야 합니다. 그때 우리는 회개하고 용서하게 됩니다. 미움이 내 속에 있으면 회복이 안 됩니다. 용서는 과거를 과거로 떠나보내는 굉장히 중요한 우리의 도구입니다. 믿음의 사람만이 할 수 있습니다. 아직도 상실과 어려움과 배신에 대한 아픔을 그대로 갖고 있다면 과거는 과거로 떠나보내십시오. 잃어버린 것보다 더 소중한 것이 남아 있다는 것을 기억하기를 바랍니다. 다윗은 그것을 깨달았고 메시아를 준비하는 삶이 이때부터 본격적으로 이루어지게 됩니다.

고난과 시련, 절망과 낙담이 찾아 올 때, 그것을 더 큰 유익과 기회로 삼는 사람이 있는 반면, 그것이 더 불행으로 이어지는 사람이 있습니다. 다윗은 이 아픔과 슬픔 때문에 더 겸손해졌습니다. 남은 생을 더 정직하고 바르게 살았습니다. 하나님을 더욱더 사랑하고 의지했습니다. 그에게 죄를 지을 기회가 계속해서 다가왔지만 죄를 짓지 않았고, 언제 어디서나 동일하게 자신을 지키는 하나님의 사람으로 살 수 있게 된 것입니다.

우리가 겪는 여러 문제들은 우리가 누구인지를 보게 만듭니다. 힘들지만 그 문제와 직면해 보십시오. 연약한 나, 부족한 나, 죄인인 나의 모습을 보게 될 것입니다. 그리고 나를 도와주기를 원하시는 능력의 하나님께 전심을 다해 기도하십시오. 힘들고 어려운 일 앞에서 "다 지나가리라. 이것마저도 하나님의 계획 속에 있으리라" 하는 믿음으로 나아가십시오. 다시 일어서서 기도의 자리, 예배의 자리, 감사의 자리로 나아가기를 바랍니다.

새 날을 주신 하나님께 감사하는 마음으로 살아갈 때, 우리의 어려움이 디딤돌이 되어 더 아름다운 인생이 될 것입니다. 하나님의 주권을 신뢰했던 다윗의 노래가 여러분의 고백이 되기를 주의 이름으로 축원합니다.

23

왕의 귀환

사무엘하 19:40-43

다윗은 아들 압살롬의 반란으로 예루살렘에서 쫓겨나 광야로 도망칩니다. 압살롬이 유압 장군에 의해 죽임을 당한 후에 다시 예루살렘 성으로 돌아가려고 했지만 쉽지 않았습니다. 왜냐하면 압살롬의 반란에 동조했던 사람들과 다윗 편에 서 있던 사람들이 나누어져 있었고, 다윗이 속한 유다 지파 사람들과 다른 이스라엘 지파 사람들의 생각과 의견이 달랐기 때문입니다.

만약 다윗이 다시 돌아오게 되면 압살롬을 지지했던 사람들이 보복을 당할 것이 뻔했기 때문에, 다시 다윗이 왕으로 세워지는 것을 환영하는 분위기가 아니었습니다. 아무도 그를 지지하지 않았습니다. 다윗은 모처럼 하나 된 통일 왕국의 왕으로 세워졌는데 압살롬의 반란으로 인해 다시 그 백성의 마음을 다스려야 하는 어려운 과제를 부담으로 안게 됩니다. 표면적으로 왕의 자리는 올라갈 수 있지만 이미 나누어진 백성의 마음을 다시 하나로 묶는 것이 다윗의 과제였습니다.

우리도 살아가면서 어떤 일로 나누어졌다가 원래 자리로 돌아가는 게 쉽지 않다는 것을 경험하게 됩니다. 우리 몸도 상해 있다가 회복하려고 하면 그 과정이 어렵습니다. 우리의 인생은 어쩌면 회복되어야 할 것으로 가득 차 있는 것 같습니다. 그중 어떤 회복보다도 마음의 회복을 소망한다면 회복은 결코 저절로 주어지는 것이 아니라 회복을 위한 삶을 살아야 한다는 것을 기억해야 합니다.

본문을 통해 다윗이 왕의 자리에 오른 후 어떻게 나누어진 민족을 하나로 묶고 그 나라가 어떻게 하나님 앞에 아름답게 열방을 섬기는 나라로 회복되어 가는지 살펴보겠습니다.

회복의 주권

회복되기를 원하는 사람은 첫 번째, 회복이 하나님께 있음을 분명히 확신해야 합니다. 하나님이 인간을 창조하시고 다루시고 통치하시면서 두 가지 개념이 나오는데, 하나는 회개, 다른 하나는 회복입니다. 이 말은 회개나 회복이 우리가 만든 단어가 아니라는 것입니다. 우리에게는 회복과 회개란 것이 없습니다. 하나님이 우리를 만들고, 우리의 삶을 인도해 가실 때, 하나님 안에 회복이 있고 그 하나님이 회복의 길을 만들어 두셨다는 것입니다. 즉 회복하려고 해도 나에게는 회복할 능력이 없다는 것입니다.

우리는 죄와 허물로 이미 죽은 존재입니다. 죽었다는 것은 희망이 없다는 것입니다. 하나님은 그런 우리를 저주의 자녀로 두지 않으시고 하나님의 자녀로 삼기 위해 아들 예수 그리스도를 통해 우리 죄를 사해 주셨습니다. 그것은 하나님이 우리보다 더 우리의 회복을 간절히 원하시고 있다는 것입니다.

우리가 회복되기를 원한다면 제일 먼저 그 믿음을 갖고 하나님께 가서 의사를 전달해야 합니다. 문제의 해답을 갖고 계신 하나님 앞에 가서 기도해야 합니다. 그리고 하나님 앞에 회복의 방법을 물어보아야 합니다.

말씀의 순종

두 번째, 하나님이 말씀하시면 그 말씀에 순종해야 합니다. 하나님의 말씀대로 해야 회복이지, 내 마음과 생각대로 하면 오히려 더 큰 어려움을 겪게 됩니다.

다윗이 왕위를 다시 회복하는 것을 당연한 것으로 생각할 수 있지만, 다윗을 이전의 왕으로 회복시키려고 하는 사람은 아무도 없었습니다. 모두 그들의 입장이 있고 세상이 바뀌었기 때문입니다. 또 압살롬 편에 섰던 이들은 반드시 보복할 것이라고 예상했기 때문에 두려워했습니다. 그때 다윗이 사독과 에비아달이라는 제사장에게 일러서 유다 지파에게 이야기합니다.

> "너희는 내 형제요 내 골육이거늘 너희는 어찌하여 왕을 도로 모셔오는 일에 나중이 되리요 하셨다 하고"(삼하 19:12).

"너희는 다른 지파에서 왕이 되는 것이 좋으냐? 이미 왕으로 세워진 내가 너희 지파에서 나왔으니 왕으로 다시 세워야지, 왜 가만히 머뭇거리고 있느냐?"라고 제사장을 통해 전하는 것입니다. 그리고 다윗은 압살롬의 장군이었던 아마사를 장군으로 세웁니다. 이것은 굉장히 좋은 정책일 수 있습니다. 다윗이 보복할까 봐 두려워하는 적군의 장군을 다윗의 장수로 삼으니까 안심할 수 있는 것입니다. 그런데 유압 장군의 입장에서 한 번 생각해 보십시오. '목숨을 걸고 다윗을 지키고 여기까지 온게 누구 덕인데 이제와 원수인 아마사를 장군으로 세우다니 어떻게 그럴 수 있는가?' 이런 생각이 당연히 들 수 있습니다. 이로 인해 분열과 다툼이 마음속에 시작됩니다.

그 다음에 북쪽의 이스라엘 지파 사람들은 '지금 다윗을 왕으로 회복시키려고 하는데 유다 지파 사람들이 다 집권을 하면 우리는 어떻게 되지?'라고 생각하게 되면서 갈등이 일어나는 것입니다. 결국 지파끼리 주도권 싸움을 하지만 유다 지파가 이기게 됩니다. 그러나 나머지 열 지파는 다윗에게 돌아오지 않고 세바의 반란, 제2의 반란을 일으키게 됩니다. 화해하고 회복하려고 했는데 더 큰 어려운 문제를 만들게 된 것입니다.

여러분, 다윗을 왕으로 세운 것은 유다 지파도, 이스라엘 지파도 아닙니다. 다윗을 왕으로 세운 것은 하나님이셨습니다. 하나님이 목동인 그를 지금까지 인도하셔서 왕으로 세운 것을 잊어버리고 다윗은 자신의 생각과 방법대로 일을 해버린 것입니다. 이 사건의 앞뒤로 다윗이 기도하거나 하나님께 물어보았다는 내용이 없습니다. 다윗은 자신의 마음대로 한 것입니다. 회복을 원하면 우리는 하나님께로 돌아가야 됩니다.

그때 호세아 선지자가 패망하는 조국 이스라엘을 바라보면서 이렇게 외칩니다. "진정으로 우리가 회복되기를 원한다면 하나님께 다시 돌아가자." 그 당시 사회가 좀 더 정의로워져야 한다, 군사력을 보강해야 된다, 경제적, 정치적으로 안정이 되어야 한다 등 수많은 방법이 나왔지만, 선지자 호세아는 하나님께 다시 돌아가자고 외쳤습니다. 하나님께 돌아갈 때 우리보다 더 회복되기를 원하시는 하나님의 놀라운 은혜가 있기 때문입니다.

> "오라 우리가 여호와께로 돌아가자 여호와께서 우리를 찢으셨으나 도로 낫게 하실 것이요 우리를 치셨으나 싸매어 주실 것임이라 여호와께서 이틀 후에 우리를 살리시며 셋째 날에 우리를 일으키시리니 우리가 그 앞에서 살리라 그러므로 우리가 여호와를 알자 힘써 여호와를 알자 그의 나타나심은 새벽 빛 같이 일정하니 비와 같이, 땅을 적시는 늦은 비와 같이 우리에게 임하시리라 하니"(호 6:1-3).

사랑하는 여러분, 진정한 회복은 하나님께 돌아가는 데 있습니다. 하나님께 나아가 간구하십시오. 삶 속에서 회복의 길이 시작되는 것을 보게 될 것입니다.

용서, 진정한 회복의 길

그렇다면 회복은 어떻게 이루어지는가? 용서를 통해 이루어집니다. 그리고 용서로부터 시작된 회복은 화해로 나가게 됩니다. 그러나 가장 어려운 것 중의 하나가 바로 용서입니다.

내가 가장 힘들고 어려울 때, 정말 버틸 힘도 없어 지쳐 쓰러질 수밖에 없을 때 내 등에 비수를 꽂은 사람을 어떻게 용서하겠습니까? 그러나 용서하지 않으면 우리 속에 회복은 이루어지지 않습니다. 상처 받고 어려움을 겪은 마음의 회복은 용서라는 과정을 통해 이루어집니다. 그리고 이 과정을 통해 내가 회복되고 나를 통해 상대방과 환경도 회복됩니다. 용서는 회복에 불필요한 모든 요소를 과거로 떠나보내는 중요한 역할을 합니다.

다윗이 도망갈 때 다윗의 마음에 비수를 꽂은 시므이라는 사람이 있었습니다. 그는 다윗이 신발도 못 신고 머리를 풀어헤친 채 울면서 도망갈 때, 다윗에게 돌멩이를 던지고 저주하고 먼지를 일으키며 따라왔습니다. 그러자 다윗과 같이 있던 장군이 시므이를 죽이겠다고 했지만 그는 그렇게 하지 말라고 했습니다.

그런데 다윗이 돌아오니까 시므이가 제일 먼저 와서 납작 엎드립니다. 천 명이나 되는 베냐민 지파 사람들을 데리고 와서 납작 엎드리면서 "왕이시여, 내 본심이 그것이 아니었습니다. 제가 그때 제정신이 아니었습니다. 이제 당신을 왕으로 삼고 섬기겠습니다"라고 말합니다. 아마 다윗의 심정으로는 죽여도 성이 다 안 풀렸을 테지만 다윗은 그를 받아들입니다.

용서하기 위한 마음

용서하기 위해서는 다윗과 같은 마음을 가져야 합니다. 첫째, 모든 일이 하나님이 하신 일이라는 확신이 있어야 합니다. 다윗은 믿음으로 시므이가 그런 것이 아니라 하나님이 시므이를 통해 자신에게 하시는 말씀이라고 받아들였습니다.

둘째, 이 문제의 근본적인 원인 제공자가 나라는 고백이 있어야 합니다. '내가 만약에 우리아의 아내 밧세바를 범하지 않고 우리아를 안 죽였다면 내 아들 암논과 압살롬, 내 딸 다말에게 피비린내 나는 싸움이 일어나지 않았을 것이다. 그렇지 않으면 압살롬이 도망가지 않았을 것이고 반란도 일으키지 않았을 테니 그 모든 책임이 나에게 있다.' 우리가 용서하지 못하는 것은 순전히 '나는 괜찮은데 상대가 나를 이렇게 만들었다'라는 마음이 있기 때문입니다. 하지만 따지고 보면 한쪽에만 문제가 있는 것이 아닙니다.

셋째, 하나님의 종으로서 할 일이 아니라는 확신이 있어야 합니다. 정말 시므이의 죄가 죽을 죄라면, 내 손에 피를 묻히지 않아도 하나님이 처리하신다는 그 믿음이 있는 것입니다. 용서는 내가 할 복수를 하나님께 위탁하는 것입니다.

다윗은 이것에 대한 생생한 경험이 있었습니다. 그가 사무엘이 죽은 후 마음이 허전한 상황에서 사울에게 쫓겨 600명과 함께 동굴로 다닐 때에 그가 평소에 지켜 주었던 나발의 집에 병사들을 보내 음식을 조금만 달라고 했습니다. 그런데 나발은 다윗이 완전히 모멸감을 느끼도록 상처를 주며 병사들을 다 쫓아 보냈습니다. 단칼에 죽이겠다고 생각하고 병사를 몰아 나발의 집으로 달려갈 때 그의 아내 아비가일이 다윗 앞에 납작 엎드렸습니다. 그리고 다윗에게 나발이 죽어서 마땅하나 하나님의 뜻을 이룰 하나님의 사람이 피를 묻히면 안 된다고 이야기하는 것입니다.

그때 다윗이 깨닫습니다. '아, 하나님이 다시금 내 삶을 인도해 가시는구나. 나발이 저주한다고 내가 저주받는 것도 아니고, 나발이 저렇게 한다고 해서 내 인격이 무시받는 것도 아니다. 내 삶은 하나님께 있고 하나님이 세워 주신다.' 그렇게 아비가일의 청을 받아들입니다. 그런데 며칠 후 하나님이 나발을 쳐 죽이셨습니다. 그리고 다윗은 지혜로운 아비가일을 아내로 삼을 수 있었습니다.

사랑하는 여러분, 복수하는 마음을 갖고 있으면 마음이 너무 상합니다. 우리 속에 복수하는 마음이 있으면 마음이 무뎌지고 마음이 무뎌지니까 감정이 없어집니다. 감정이 없어지니까 감각도 없어지면서 웃음도, 울음도 없어집니다. 하나님이 보시고 너무 안타까워하십니다.

복수는 분열의 원인이 됩니다. 복수는 화합과 하나 됨의 걸림돌이 됩니다. 하지만 용서와 사랑이 있다면 새로운 회복이 시작됩니다. 내면의 회복을 통해 수많은 사람에게 용서를 증거하는 증인으로 살아갈 수 있게 됩니다. 요셉이 어떻게 형들을 용서할 수 있었습니까?

> "당신들이 나를 이 곳에 팔았다고 해서 근심하지 마소서 한탄하지 마소서 하나님이 생명을 구원하시려고 나를 당신들보다 먼저 보내셨나이다"(창 45:5)

형들이 판 것이 아니라 하나님의 섭리와 역사 속에서 우리 백성을 구원하기 위해 하나님이 자신을 보내신 거라면서 그 형들을 용서했습니다. 용서는 생각날 때마다 해야 합니다. 한순간에 끝나지 않습니다. 우리는 살면서 용서를 구해야 할 일도, 용서를 해야 할 일도 많이 있습니다. 진정한 회복이 일어나길 원한다면 용서하십시오. 과거를 과거로 보내십시오. 용서가 있는 곳, 그곳에서 회복의 역사가 시작될 것입니다.

겸손함으로 섬겨라

회복하기 위해서는 겸손함으로 섬겨야 합니다. 섬기는 사람에게 회복이 일어나지만 섬김을 받는 사람에게도 회복이 일어납니다. 다윗이 압살롬으로 인해 도망 다닐 때 정말 고마운 사람을 만납니다. 바로 길르앗 사람 '바르실래'라는 사람입니다. 대세가 이미 압살롬에게 넘어갔기 때문에 지금 다윗을 돕는다는 것은 모험을 하는 것이었습니다.

그런데 그때 바르실래가 다윗을 돕습니다. 그리고 이렇게 이야기합니다. "하나님이 나를 부자로 만드신 것은 당신을 돕기 위한 이때를 위한 것입니다." 이 믿음을 가지고 있으니 얼마나 정성껏 섬겼을까요? 다윗은 그가 생각날 때마다 너무나 고마웠을 것입니다. 그래서 다윗이 왕위를 회복할 때 바르실래를 만나 예루살렘으로 같이 가자고 합니다. 그러나 바르실래는 당연히 해야 할 일을 한 것이라며 사양합니다.

그래도 다윗이 계속 간청하니 왕에게 도움이 될 만한 사람으로 '김함'이라는 사람을 보내며, 이 사람도 왕을 통해 아름다운 사람이 되기를 원한다고 이야기합니다. 바르실래의 따뜻함이 다윗의 마음속 모든 상처를 잊게 만드는 것입니다. 그래서 다윗은 유언에서 바르실래를 언급합니다. 다윗이 정말 어려울 때 도와준 바르실래의 은혜를 잊지 않고 그 자녀를 축복하고 자신의 밥상에서 밥을 먹도록 자비를 베풀라고 부탁합니다. 다윗은 지치고 힘들 때마다 그를 회복시켜준 그 사랑을 기억한 것입니다.

겸손한 섬김을 받을 때 우리 마음속의 아픔이 치유되고 회복됩니다. 《회복탄력성》(위즈덤하우스, 2011)이라는 책에는 그런 이야기들이 많이 나옵니다. 우리의 마음이 진실된 사랑을 만나면 사람이 달라져서 원래 우리의 모습으로 회복된다고 합니다. 겸손함으로 섬길 때 세상의 일로 상처 받고 무뎌지고 딱딱해진 사람의 마음이 달라진다는 것입니다.

우리 한국 교회가 우리나라 복지의 60~70%를 감당한다고 합니다. 그런데 세상에서 왜 욕을 먹을까요? 겸손함이 없기 때문입니다. 겸손함으로 섬길 때 섬김을 받는 사람들 마음속에 '아, 정말로 우리가 따뜻한 사랑을 받는구나' 하고 느낄 것입니다.

사랑하는 여러분, 다윗과 하나님의 관계 속에서 끊임없이 나타나는 것은 하나님의 회복입니다. 다윗이 계속 상처를 받을 때 하나님이 그 마음에 사랑을 부어 주셔서 회복시키시고 그로 인해 한 나라를 품고 통치할 수 있는 왕의 마음을 갖게 해주셨습니다. 한이 많이 맺힌 사람은 한풀이를 할 뿐 제대로 통치할 수 없습니다. 다윗은 하나님의 회복하심으로 힘든 사람을 살피면서 이스라엘 역사상 최고 부강한 나라, 지금도 이스라엘 백성이 사모하는 그 나라의 왕이 될 수 있었습니다.

회복은 하나님께 있습니다. 하나님은 나보다 더 내가 회복되기를 원하십니다. 그러므로 회복의 마음과 지혜를 가진 하나님께 간구하시고 그 말씀에 순종하시기를 바랍니다. 살아온 날만큼 상처를 안고 살아가는 것이 아니라 살아온 날만큼 하나님의 은혜를 바라며 서로 사랑함으로 회복의 역사를 펼쳐 가는 우리 모두가 되기를 주의 이름으로 축원합니다.

24

공동체의 위기가 닥쳐왔을 때

사무엘하 21:1-14

다윗은 통일 왕국의 왕이 되었지만 리더십이 탄탄하지 못했습니다. 왜냐하면 북쪽 이스라엘 지파들은 그를 원하지 않았고, 나머지 한 지파인 유다 지파만이 그를 따랐기 때문입니다. 나머지 열한 지파가 지지했던 사울이 죽고 나서 다윗이 왕이 되었습니다. 블레셋과의 전투 중에 죽었으니까 별 방법이 없었습니다. 그래서 다윗에게 왕으로 와 달라고 부탁했지만 사실 그들에게는 '저 다윗이 사울을 죽게 해서 왕이 되었다', '다윗이 정말 하나님이 보낸 사람인가'와 같은 정서가 있었습니다. 완벽하게 통일이 되지 않은 상태였던 것입니다.

그런데 기근이 계속되었습니다. 성경을 보니 3년 된 다음이라고 나옵니다. 이렇게 민심이 흉흉해지면 사람들은 '저 사람은 하나님이 세우신 왕은 아닌 것 같아. 하나님이 세우셨다면 이 나라가 정말로 탄탄하고 복되어야 되는데 그렇지 않잖아'라는 정서가 들어오기 시작합니다.

그러자 다윗이 하나님 앞에 엎드립니다. 무려 기근이 3년이나 지난 다음이었습니다. 공동체의 위기가 자신의 위기로 다가올 때에서야 하나님께 엎드린 것입니다. 이때 하나님의 응답이 뜻밖이었습니다.

기브온은 한 500년 전에 여호수아를 속이고 화친의 조약을 맺은 이방 족속이었습니다. 그후 기브온 백성은 멸망당하는 대신 이스라엘의 종으로 살았습니다. 그런데 사울이 정치적인 이유로 이스라엘 백성을 기쁘게 해보겠다고 이 기브온 백성을 몰아낸 것입니다. 학살하고 죽이고 이스라엘 땅에서 살지 못하도록 몰아냈습니다. 그리고 그것을 당연하게 생각했습니다.

그런데 하나님이 기브온 백성의 탄식과 한이 내게 도달했다며 약속을 깨뜨리고 기브온 백성의 말을 들어주십니다. 기브온 백성은 종처럼 살고 있었으니까 억울함을 호소할 데가 없었습니다. 그래서 하나님이 그들의 기도를 들으시고 이스라엘에게 기근을 주시면서 기근의 문제와 아픔을 함께 풀어가게 하시는 것입니다.

하나님은 기근을 왜 보내셨을까요? 3년 동안이나 온 이스라엘 사람들이 다 겪고 느끼는 이 재앙을 통해 하나님은 무엇을 이스라엘 백성에게 말씀하고 싶으셨을까요? 우리는 충격적인 사건이나 사고 앞에 하나님의 뜻을 물어야 합니다. 우리는 역사와 생사화복이 하나님께 있음을 믿는 사람이기 때문입니다. 그리고 이 일이 우연히 일어난 것이 아니라 하나님이 이 민족 가운데 특별히 주시는 메시지가 있음을 알 수 있어야 합니다. 그것을 함께 찾아보는 것이 참 중요합니다. 그때 그런 억울함과 안타까움이 하나님께 열납되고 하나님의 사람들끼리 서로 소통할 때 하나님이 그 기도를 들으실 것입니다.

자신을 돌아보는 것

재앙이 나타난 이유, 첫 번째는 우리가 우리 자신을 돌아보게 하는 데 있습니다. 우리 개인의 삶의 고난이나 어려움도 마찬가지이고 공동체에 어려움이 몰려올 때도 하나님이 우리에게 무엇을 원하시는지를 돌아보는 기회로 삼아야 합니다. 그 원인이 자신에게 혹시 있지 않더라도 그런 기회를 통해 자신을 돌아보는 것입니다. 그리고 또 하나는 하나님의 언약을 지키지 못한 것이 없는지 살펴보아야 합니다.

우리의 눈은 밖을 향해 달려 있습니다. 그래서 모든 문제의 원인을 바깥에서만 찾으려고 하는 것은 보편적이고 일반적인 마음입니다. 그러나 우리에게는 세 가지 눈이 있어야 합니다. 하늘을 볼 수 있는 눈, 내면을 볼 수 있는 눈, 미래를 볼 수 있는 눈. 이러한 세 가지 눈이 있어야 올바른 시야로 인생을 사는 것이라고 합니다.

다윗을 한번 보십시오. 다윗은 3년이나 지나서 무릎 꿇고 기도했습니다. 하나님이 500년 전 일을 말씀하실 것을 어떻게 알았을까요? 하나님은 우리의 생각과 완전 딴판입니다. 500년 전에 했던 언약을 사울이 깨트렸는데 하나님이 그것을 해결하라고 주시는 사인이라는 것입니다. 사람은 어려움이 있어야 자신을 돌아보게 됩니다. 그 전까지는 원인을 밖으로 돌립니다.

다윗은 하나님의 말씀의 언약을 붙들고 있었습니다. 이 언약을 붙들고 현실을 바라보니까 깨닫게 된 것입니다. 우리는 영적으로 항상 깨어 있어합니다. 우리를 향한 하나님의 음성을 들으려고 하지 않으니까 문제가 풀리지 않는 것입니다. 문제가 터졌을 때 자신을 돌아보는 기회로 삼는 사람은 재앙이나 어려움이 닥쳐왔을 때 빨리 해결할 수 있습니다.

하나님의 언약을 따라 문제를 살펴야 합니다. 내 경험과 양심과 세상 사람들이 말하는 지식과 이성의 기준으로 보면 안 됩니다. 그러면 문제를 제대로 파악하지 못합니다. 하나님의 언약, 하나님의 말씀에 대한 분명한 확신이 있고 지식이 있어야 무엇이 문제인지를 제대로 알고 그 답을 찾을 수 있는 것입니다.

하나님은 우리의 중심을 보십니다. 우리가 약속한 대로 못 살 거라는 것을 알고 계시는 것입니다. 그러나 그것을 내가 깨닫고 '하나님, 제가 하나님의 뜻대로 살기를 원합니다' 하는 마음을 보기를 원하십니다. 하나님의 언약의 말씀이 내 속에 많이 들어 있어야 합니다. 모르면 그냥 세상적으로만 깨닫게 됩니다. 그러나 하나님 안에 우리의 생사화복이 있고 하나님이 우리의 삶을 인도하시기에, 우리는 하나님 앞에서 원인을 찾아야 합니다.

하나님께 기도하면서 중요한 것은 응답받는 것을 너머 '왜 응답이 없는가?', '여전히 묶여 있는가?'에 대한 원인을 찾는 것입니다. 본문에서 하나님은 이스라엘 백성이 드리는 기도에 응답하시고 비를 내리십니다. 이런 과정을 통해 하나님은 하나님이 세우신 왕 다윗과 이스라엘 공동체의 마음을 하나로 묶어 주셨습니다. 어려움 가운데 같이 기도하고 공감하고 해결해 가는 왕을 보고 백성의 마음이 하나가 된 것입니다.

여러분, 재앙과 어려움은 우리를 하나님 앞으로 더 가까이 인도하시는 하나님의 방법이라는 것, 하나님의 사인이라는 것을 기억하십시오. 죄를 따라서 마음대로 살려고 하는 것이 내 안에 있는데, 하나님이 그것을 묶으시는 것입니다. 하나님이 내 믿음의 분량만큼 잡아 당기고 계신 것입니다. 그런데 안 당겨지면 튕겨져 나갑니다. 이 문제의 원인이 나에게 있다는 것을 인정하고 하나님께 맡길 때 하나님이 그 문제를 풀어 가실 것입니다.

다윗의 리더십

재앙이 일어난 이유 두 번째는 무엇일까요? 본문에서 원인이 밝혀집니다. 하나님이 500년 전의 언약을 기억하시고 그 언약을 지키기를 원하십니다. 비록 잘못된 언약이었지만 이 언약을 지키기를 원하시는 것입니다. 그것 때문에 비를 안 내리시고 사울의 집안의 일곱 명을 지목해서 언약에 따라 벌하기를 원하십니다. 그것을 보며 이스라엘 백성이 무슨 생각을 할까요? 아마도 온 백성이 언약은 꼭 지켜야 한다는 것을 깨달았을 것입니다.

또 이스라엘 백성은 '우리가 욕하고 비난하는 다윗 왕도 언약을 따라 하나님이 세운 사람이구나. 오늘 블레셋 군대와 아말렉 군대가 넘어뜨리려고 해도 우리가 이렇게 살아 있는 것은 전부 하나님의 언약 때문이다' 하고 깨닫게 되는 것입니다.

그들은 다윗 왕이 하나님의 언약에 따라 세워진 것임을 인정하게 됩니다. 하나님이 이 재앙을 통해 다윗이 하나님이 세우신 왕이라는 것을 이스라엘 백성에게 알려 주시는 것입니다. 이스라엘 백성이 하나님이 세우신 왕에 대해 인정하지 않는 마음을 바꾸어서 하나님이 보내 주신 사람으로 받아들이는 것입니다. 언약 가운데 다윗의 리더십을 세워 주시는 것입니다. 그것은 하나님이 세우신 다윗 왕조가 든든하게 서가는

데 중요한 역할을 합니다.

하나님이 고통과 아픔을 주시는 이유는 무엇일까요? 언약을 통해 우리를 대하고 있다는 것, 그 언약을 지키기를 원한다는 것을 알려 주시는 것입니다. 약속과 언약은 참 중요합니다. 사울은 자신의 편리와 정치적 이익을 따라 했지만, 하나님은 그것을 인정하지 않으셨습니다.

언약을 지키거나 깨트릴 때에 하나님은 그 언약을 반드시 찾으십니다. 그때 어떤 생각이 들까요? '아, 내가 이 약속을 안 지키면 큰일 나겠구나' 하고 깨닫는 것입니다. 하나님은 이러한 언약을 주셨습니다. "나는 네 하나님이 되고 너는 내 백성이 되리라. 나는 너를 지키고 복 주고 보호할 것이다." 그리고 하나님은 하나님을 섬기고 사랑하라고 말씀하십니다. 주님과 가까워지기를 원하시는 것입니다. 그래서 이 언약이 깨지면 주님은 계속 물어보십니다. 물어보시는 모습이 권면이 될 수도 있고 재난이 될 수도 있고 고통이 될 수도 있습니다. 그러나 분명한 것은 하나님이 그것을 통해 우리가 회복되기를 원하신다는 것입니다.

여러분, 사울의 자손 일곱 명이 죽임을 당합니다. 그중 살아난 사람이 있습니다. 요나단의 아들 므비보셋입니다. 일부러 살렸다고 합니다. 그 이유가 무엇일까요? 요나단이 그 아버지의 죄를 따라 산 것이 아니라 믿음을 따라 살았기 때문입니다. 사울은 말을 안 듣는다고 아들인 요나단을 죽이려고 했습니다. 결국 므비보셋은 아버지 요나단 덕분에 산 것입니다. 믿음을 따라 산 부모의 믿음이 자녀의 저주를 끝낸 것입니다.

우리가 믿음으로 살 때 하나님은 우리 속에 있는 죄의 저주를 다 없애 주십니다. 그러나 예수 그리스도의 보혈로 다시 사는 역사를 보여 주시는 것입니다. 하나님은 이것을 통해 무엇을 깨닫기를 원하실까요? 우리는 믿음으로 사는 자는 하나님이 주신 복이 대대로 이어진다는 것을 기억해야 합니다. 므비보셋이 살아난 것처럼 우리도 죄의 저주 가운데 살지 않고 예수 그리스도의 보혈로 살아난 것입니다.

"오늘날 내가 산 것은 내가 아니라 내 속에 사시는 그리스도 때문에 산 것이라." 이 말은 주님이 나를 인도해 가신다는 의미도 있지만 내가 주님 때문에 살았다는 말입니다. 그러므로 우리에게 감사와 고백이 있어야 합니다. 예수님이 십자가에 대신 달리셔서 그 저주를 나에게서 모두 거두어 주셨기 때문입니다. 여러분의 믿음의 삶이 여러분의 가문의 저주를 다 깨끗하게 씻어 버리고 정결하게 해줄 것이라고 굳게 믿기를 바랍니다.

다윗이 기도할 때 그 기도를 통해 하나님은 아히도벨의 전략이 먹히지 않게 만드셨습니다. 그것은 우연히 일어난 것이 아닙니다. 다윗이 간절히 기도해서 하나님이 마음을 움직이신 것입니다. 결국 아히도벨은 자신의 전략이 안 된 것을 알고 스스로 목숨을 끊고 죽었습니다.

우리는 기도가 어디서 어떻게 이루어지는지 잘 모릅니다. 하지만 하나님은 분명 우리의 기도를 들으시고 알게 모르게 역사하셔서 우리 삶을 인도해 가십니다. 그러므로 당장 눈에 안 잡힌다고 낙심하지 말고 계속해서 기도하기를 바랍니다.

공동체가 함께 품는 것

재앙이 일어난 이유, 세 번째는 죄에 징계의 잘못에 대해 공동체가 같이 공감해야 한다는 것입니다. 사울의 자손 일곱 명이 모두 사형을 당합니다. 이스라엘 백성에게 가장 저주스러운 것은 짐승이나 새가 시체를 뜯어먹는 것입니다. 그런데 그 시체를 6개월 동안이나 매달아 두었습니다. 참 잔인합니다. 그런데 사울의 첩 리스바가 죽은 아들의 시체 곁을 떠나지 않았습니다. 그 여인이 새도 쫓고 짐승도 쫓고 그 곁을 지키고 있다는 것이 다윗의 귀에 들어갔습니다. 그런데 알아보니 이 여인은 자신의 아들이 죗값으로 저주를 받아서 죽은 것이 아니라 이스라엘의 기근을 해결하기 위한 희생자라는 마음을 갖고 있었습니다.

이 마음이 중요합니다. 아들이 억울하게 죽어서는 안 되겠다는 그 마음, 엄마만이 가질 수 있는 마음인 것입니다. 그리고 그 마음이 다윗과 온 이스라엘 백성의 공감을 얻어냈습니다. '맞다. 그렇구나. 우리를 살리기 위해 저들이 희생한 것이다.' 그들의 아픔을 우리가 함께 감싸 안는 것이 참 중요합니다. 그래서 다윗은 벌을 받고 죽은 사람은 선조의 무덤에 갈 수 없는데, 사울의 아버지와 사울과 요나단의 묘지를 만들어 같이 묻었습니다. '그렇다. 저들의 죗값만은 아니다. 공동체를 살리기 위한 하나님의 언약의 희생물인 것이다.'

우리가 더불어 살아가는 이 세상 속에서 살아가는 것이 어려운 사람들, 여러 가지 사건과 사고를 겪고 힘들어하는 그들을 감싸고 사랑하는 것, 그것이 공동체가 하나 되는 것입니다. 그것을 하나님이 기뻐하십니다. 결국 다윗의 왕조가 든든해졌고 다윗의 리더십이 살아났고 리더십이 살아나니까 백성을 적으로부터 막을 수 있었습니다. 나라가 부강해지고 그 백성이 든든해진 것입니다.

오늘도 우리는 하나님의 언약 가운데 살고 있습니다. 아픔과 어려움이 있을 때 우리를 강하게 세우시려는 하나님의 계획이 있다는 것을 알고 낙심하지 말고 기도하며 주의 뜻을 물어보십시오. 가족과 이웃이 힘들고 나라와 백성이 힘들 때 함께 마음을 나누고 공감하는 것, 그것이 하나님이 우리에게 원하시는 삶입니다. 오늘도 우리에게 주신 그 언약을 따라 묵묵히 살아가기를 주의 이름으로 축원합니다.

25

다윗의 인생 고백

사무엘하 23:1-5

사무엘하 22장이 다윗이 주변 국가를 정복한 직후를 기록한 것이라면, 23장은 다윗이 생의 마지막에 자신의 삶을 돌아보며 정리한 것입니다. 우리 중에 마지막에 어떤 모습으로 이 땅을 떠날지 아는 사람은 아무도 없습니다. 그러나 인생을 떠나기 전에 다윗처럼 지난날들을 돌아보며 하나님 앞에 정리할 시간을 갖는 것은 우리 모두 필요합니다.

다윗의 삶은 정말 기가 막힌 인생이었습니다. 돌아보면 그 마음의 상처가 얼마나 컸겠습니까? 아버지와 가족들로부터 무시당하고 멸시당하던 일, 승리의 순간도 있었지만 그 승리의 기쁨은 잠깐이요, 평생 수고와 슬픔밖에 없었을 것입니다. 계속 쫓기다가 겨우 왕궁에 들어가지만 수많은 사람들이 자신을 배신하고 자녀들의 권력 다툼은 끊이지 않고, 결국은 압살롬의 반역으로 황급히 도망가야 하는 처지가 되기도 합니다. 인생에 이렇게 많은 굴곡을 가지고 산 사람이 또 있을까요? 별로 없을 것입니다.

많은 이들이 다윗의 시를 보며 '다윗의 인생이 내 인생과 같구나' 하고 공감하실 것입니다. 다윗의 시가 대부분 고난 속에서 나왔기 때문에 고난 속에서 읽으면 그의 글이 더 마음에 와 닿습니다. 그 정도로 시편 속에는 아픔에 대한 애절함, 표현할 수 없는 마음의 복잡함, 그러면서도 하나님과 그 사랑에 대한 은혜의 갈망함과 믿음의 선포가 잘 드러나 있습니다.

이제 다윗의 고백을 통해 여러분의 삶의 여정 속에서 하나님께 어떻게 기도할 수 있는지 살펴보겠습니다.

겸손한 모습

첫 번째, 다윗은 하나님 앞에 겸손하게 섰습니다. 사람은 누구나 최고를 기억합니다. 그것이 우리 인간의 본성입니다. 그런데 다윗은 "이새의 아들 다윗이 말하며"라고 합니다. 이 표현은 목동이었던 자신의 모습, 인생 중 가장 천하고 낮았을 때, 무시당하고 별 볼 일 없을 때의 모습입니다. 그리고 '이새의 아들'이라는 표현은 사울 왕이 다윗을 비꼴 때 썼고, 나발이 다윗을 비난하고, 세바가 반란을 일으켰을 때 쓴 말입니다. 그러니까 이 표현은 천하고 보잘것없고 무능하고 인정받지 못하고 사랑받지 못하고 별 볼 일 없는 인생, 즉 다윗의 연약함을 뜻하는 것이었습니다.

하나님 앞에 마지막에 섰을 때 "나는 이스라엘의 통일 왕국의 첫 번째 왕이었습니다. 아브라함이 약속한 모든 지경을 그의 언약대로 다 정복했습니다. 하나님의 축복과 예언을 성취하는데 내 인생을 쏟았습니다"라고 이야기하지 않고, 내 인생 속에 가장 천하고 낮았을 때, 희망이 없었을 때, 부족했을 때, 원래 나는 별 볼 일 없는 인간이었다는 것을 하나님 앞에 고백하고 있는 것입니다.

그리고 다윗은 평생 자신이 누구인지를 잊지 않고 살았습니다. 부모에게 인정받지 못하고 많은 사람에게 조롱과 무시와 멸시를 당했던 자신의 원래 모습을 잊지 않고 마지막에 그 모습으로 하나님 앞에 선 것입니다.

죄로 가득 찬 죄의 존재라는 것은 생각하는 것도, 말하는 것도, 행동하는 것도, 계획하는 것도 이미 죄 속에 다 젖어 있기 때문에 그 속에 의로움과 정의가 없는 것입니다. 이것이 전적인 타락입니다. 전적인 부패. 내가 의롭다고 이야기하는 것 자체도 분석해 보면 그 속에 욕망이 있고 욕심이 있고 잘못된 것이 가득한 것입니다.

이미 존재 자체가 부패됐기 때문에 내가 말하는 정의, 인생의 기준, 옳다고 말하는 것 자체가 의미가 없습니다. 말씀의 기준 외에는 우리에게 올바른 것이 없다는 말입니다. 그러므로 말씀에 비추어 우리를 살펴보아야 합니다. 우리 모두 죄와 허물로 죽은, 본질상 진노의 자녀이지 않습니까?

그런 나를 예수 그리스도의 보혈로 다시 살려 주시고 내게 구원의 참 소망을 주시고 내 인생을 붙들어 주셨습니다. "나 같은 죄인을 살려 주신 하나님, 고맙습니다"라는 마음으로 하나님 앞에 설 수 있다면 인생의 마무리는 너무 아름다울 것 같습니다.

하나님이 행하신 일

두 번째, 다윗은 인생 속에 하나님이 자신을 어떻게 세워 오셨는지 그 행하신 일을 고백합니다.

> "이는 다윗의 마지막 말이라 이새의 아들 다윗이 말함이여 높이 세워진 자 야곱의 하나님께로부터 기름 부음 받은 자 이스라엘의 노래 잘하는 자가 말하노라"(삼하 23:1).

다윗이 왕이 되고 여기 오기까지 자신의 의지나 능력과 노력으로 된 것이 아니라는 것입니다. 하나님이 우리를 여기까지 세워 오셨습니다. 죄와 허물로 죽을 수밖에 없는 능력 없는 우리를 하나님의 자녀라는 귀하고 복된 자리에 하나님이 세워 주셨습니다. 전적인 하나님의 은혜인 것입니다.

세상 사람들이 볼 때는 지금 내 삶이 비참해 보일지 모르지만 우리의 영적인 위치는 그것이 아닙니다. 죄와 허물로 죽을 수밖에 없던 우리를 예수 그리스도의 보혈로 살려 주셨습니다. 내 능력이 아니라 주의 은혜요, 사랑인 것입니다. 하나님이 다 하셨습니다.

또 다윗은 자신을 야곱의 하나님으로부터 기름 부음을 받은 자라고 말합니다. 야곱처럼 인간적인 욕심이 많은 사람은 없습니다. 그런데 야곱이 넘어질 때마다 세우고 배반할 때마다 세워서 만든 것이 이 믿음의 조상 야곱입니다. 그러니까 야곱의 하나님을 자신의 하나님으로 삼는 사람은 복이 있다고 한 것은 야곱의 하나님이 나에게 성령의 기름을 부어주셨다는 것입니다.

또한 다윗은 자신을 '이스라엘의 노래 잘하는 자'라고 합니다. 인생을 돌아보면 비탄, 슬픔, 낙담, 절망, 이것이 그의 입술 속에 떠날 날이 없었습니다. 욕심, 욕망, 슬픔, 아픔, 고통의 언어로 가득 찬 입술로 하나님은 찬송을 부르게 하셨습니다. 하나님은 다윗에게 감사의 찬송을 부르게 하십니다. 절망과 낙심과 좌절밖에 말할 수 없던 입술로 하나님을 찬송하고 그 찬송이 삶 속에 퍼져나가게 하시는 것입니다.

그 다음에 하나님의 영이 보잘것없는 인생을 통해 하나님의 말씀의 통로로 쓰시고 있다고 합니다. 쉽게 말하면, 보리떡 다섯 개와 물고기 두 마리밖에 안 되는 내 인생을 통해 광야에서 예수님이 메시아 되시는 것을 증거하는 통로로 사용하시고 광야에 모인 인생을 풍요롭게 만드신다는 것입니다. 하나님이 내 인생을 통해 말씀하시고 역사하셔서 하나님의 메시지를 가족과 이웃들에게 증거하게 하신다는 것입니다.

하나님의 언약

세 번째, 다윗은 하나님이 언약을 따라서 그의 삶을 인도해 주셨다고 합니다. 하나님이 내 행위와 내 처지를 내 마음에 따라 인도해 주시는 것이 아니라 하나님의 약속을 따라서 하나님의 아들로 대해 주셨다는 것입니다. 수렁처럼 바로 서서 걸어갈 수 없는 인생 속에 하나님이 반석이 되어 주셔서 그를 든든하게 서게 하시고 여기까지 인도해 주셨다는 것입니다. 기가 막힌 표현입니다. 내가 하나님을 사랑하고 경외하게 해주셨고, 공의의 하나님이 주신 그 사랑과 은혜를 가지고 죄된 모습으로 살지 않고 하나님의 그 사랑을 입은 자로 이 땅에서 살게 하셨다는 고백입니다.

내가 속상하고 마음에 드는 생각대로 했으면 수없이 마음으로 살인을 저지르고 분노했을 것입니다. 하지만 그렇게 살지 않고 사랑하고 용서하면서 살 수 있는 것은 전적인 하나님의 은혜입니다. 다윗은 지금 그 고백을 하는 것입니다.

보이지 않고 만질 수 없는 하나님이지만 내가 그 하나님을 경외하고 하나님과 인격적인 교제를 할 수 있도록 내 인생을 언약에 따라 인도해 주셨습니다. 내 행위를 보지 않고 내 인생의 반석이 되어 주신 것입니다.

여러분 중에 지금도 칠흙같은 어두움 속에서 어떻게 살까 서 있는 분이 있을 것입니다. 그때 말씀의 빛을 통해 발을 내디디면 가는 방향을 잃어버리지 않고 삶이 봄눈의 아침 빛처럼 인도함 받을 것입니다. 칠흙같은 어두움이 얼마만큼 힘들고 고통스럽고 어려운지를 맛본 사람만이 봄눈의 아침 빛이 얼마나 귀한지 알게 됩니다.

> "여호와여 주는 나의 등불이시니 여호와께서 나의 어둠을 밝히시리이다"(삼하 22:29).

"여호와여, 주는 내 인생에 등불이 되었습니다. 빛이 내게 있는 것이 아니었습니다. 길이 내게 있지 않았습니다. 주께서 내 인생에 등불이 되어 주셨습니다. 말씀의 등불로, 사랑의 등불로, 찬양의 등불로, 내 인생을 그렇게 인도해 주셨습니다. 흑암을 주님이 물리쳐 주셨습니다. 나의 어둠을 밝혀 주셨습니다." 바로 그 고백을 하고 있는 것입니다.

우리의 삶이 하늘이라면 걱정, 근심, 염려 가득 채워서 곧 비가 내릴 것같이 짙은 구름이 있는 하늘일 것입니다. 내가 해결할 수 없습니다. 내가 원하지도 않는 염려와 근심이 나를 찾아옵니다. 내가 원하지 않았던 사건이 그물처럼 인생을 붙듭니다. 그래서 어느 날 눈을 떠 보니 맑고 구름 없는 하늘로 만들어 주신 것입니다.

인생 속에 주님이 주신 기쁨과 감사가 있습니다. 문제를 어떻게 풀까 했는데 지나고 보면 하나님이 해결해 주신 것입니다.

은혜와 축복

네 번째, 다윗은 그의 삶을 비가 내린 후에 땅에서 움이 돋는 새풀같이 인도하셨다고 합니다. 여기서 비나 물은 은혜와 축복의 상징입니다.

> "나는 목마른 자에게 물을 주며 마른 땅에 시내가 흐르게 하며 나의 영을 네 자손에게, 나의 복을 네 후손에게 부어 주리니 그들이 풀 가운데에서 솟아나기를 시냇가의 버들 같이 할 것이라"(사 44:3-4).

황무지같이 심기는 것마다 다 말라 비틀어질 수밖에 없는 광야 같은 인생에 하나님이 위로의 단비를 내리시고 시냇가를 만드셔서 그 인생을 옥토로 만들어 주셨다는 것입니다.

모두의 언약

다섯 번째, 이 언약이 다윗에게만 해당하는 언약이 아니라고 합니다. 하나님이 자신을 지켜 주셨듯이 가족과 자손도 이렇게 지켜 주실 것을 믿고 고백하며 찬양하고 있는 것입니다. 하나님이 자신이 받은 이 복을 환난과 시련 많은 세상 속에서 자녀와 후손에게도 주셨으면 좋겠다는 마음을 담아서 간구하고 있습니다.

이 땅에 머무는 동안 부모나 자식이나 배우자를 사랑하고 존귀하게 여기고 아끼고 축복하지만 어차피 인생은 혼자입니다. 혼자서 하나님 앞에 서야 합니다. 혼자서 가야 하는 이 길에서 사명을 아름답게 끝까지 감당하다가 "하나님, 고달프고 힘든 인생이었지만 하나님이 함께해 주셨습니다. 하나님의 은혜로 제가 이만큼 할 수 있었습니다"라고 고백할 수 있기를 바랍니다.

사랑하는 여러분, 고난을 찬양으로 주님께 올려 드리고 아픔을 감사로 드릴 수 있는 그 믿음으로 살아가기를 바랍니다. 다윗처럼 아름다운 소원을 품고 기도하는 여러분이 되기를 주의 이름으로 축원합니다.

26

마지막까지 괴롭히는 교만

사무엘하 24:1-15

《세상을 움직이는 100가지 법칙》(스마트비즈니스, 2009)이라는 책에 보면 몰락의 법칙이란 것이 나옵니다. 승리의 법칙과는 반대되는 몰락의 법칙을 다루고 있는 것입니다. 또한《좋은 기업을 넘어…위대한 기업으로》(김영사, 2002) 라는 책에서는 미국의 유명한 컨설턴트인 짐 콜린스(Jim Collins)가 수많은 기업의 몰락 과정을 집중적으로 연구하여 기록한 내용이 나옵니다. 탄탄하고 괜찮은 기업들이 몰락하게 된 공통적인 원인은 성공의 도취라는 것입니다. 성공보다 성공의 도취, 그것이 바로 몰락의 원인이었던 것입니다.

다산 정약용 선생의《다산시문집》열두 권에도 고구려에 대해 이런 이야기가 나옵니다. 이 고구려가 졸본성이나 궁례성에 수도를 두고 북방 민족들과 팽팽하게 대치했던 때는 더 강했다고 합니다. 한 나라나 위 나라가 쳐들어와도 결코 무너지지 않고 단단하게 버티면서 북방으로 세력까지 넓히는 그런 나라였던 것입니다. 그런데 장수왕 15년, 427년에 왕위가 더 튼튼한 평양성으로 수도를 옮기게 됩니다. 그런데 옮기고 난 다음, 안주와 안락함 그리고 승리에 대한 도취로 얼마 지나지 않아서 고구려는 멸망했다는 것입니다.

승리의 도취

인생의 승리에 대한 도취 속에는 바로 몰락의 DNA도 함께 숨어 있습니다. 성경은 이것을 보고 교만이라고 이야기합니다. 그래서 지혜자는 "교만은 넘어짐의 앞잡이이며 패망의 선봉"이라고 말했습니다.

다윗은 압살롬을 제압하고 주변국들을 공격해서 다 승리를 거두었습니다. 또한 모든 어려움을 다 이겨내고 승리하여 하나님이 아브라함에게 약속하신 그 땅을 취하게 되었습니다. 그런데 이제는 걱정과 근심이 없는 바로 그때, 하나님이 이 사건을 일으키십니다. 하나님의 은혜로 너무나 기쁘게 왔는데, 삶이 이 정도면 성공했고 너무 잘되었다고 여겼는데, 하나님은 그냥 넘어가시지 않고 사건 하나를 일으키셔서 우리에게 교훈을 주십니다.

> "여호와께서 다시 이스라엘을 향하여 진노하사 그들을 치시려고 다윗을 격동시키사 가서 이스라엘과 유다의 인구를 조사하라 하신지라"(삼하 24:1).

이스라엘 속에 점점 싹트는 무언가를 보게 된 것입니다. 그래서 그 백성을 움직일 수 있는 다윗을 격동시켜서 이들에게 점점 차오는 그 마음이 할 수 있는 일을 미리 보여 주셨습니다. 그것은 인구 조사였습니다. 인구 조사는 왕으로서 당연히 할 수 있는 일입니다. 그러나 그 내면 속에는 '이만하면 내가 한 일도 굉장해. 이만하면 자부심을 가질만해. 이만하면 수고할 만큼 수고했어'라는 마음이 싹트기 시작한 것입니다. 그래서 하나님은 이 백성 속에 있는 교만한 마음을 꺾기를 원하셨고, 교만이 얼마만큼 무서운 것인지를 교훈으로 남기기를 원하셨습니다. 그러므로 우리는 무엇이든 잘될 때 조심해야 합니다.

하나님은 다윗과 이스라엘 백성을 택하셔서 하나님의 백성, 내 것이라고 했습니다. 하나님이 여러 가지로 축복하시며 그들이 하나님의 사랑과 교제할 수 있는 기쁨을 누리게 하셨는데 그것을 가로막는 가장 큰 것이 바로 교만입니다. 교만 안에는 내가 잘 살아서 여기까지 왔다는 그 생각이 들어 있습니다. 하나님이 인생에 계시지 않다고 그 존재를 무시하고 인정하지 않는 것입니다. 주님이 가장 싫어하는 것입니다.

그래서 하나님이 다윗의 마음을 충동시켜서 그 교만한 마음으로 인구 조사를 하게 하신 것입니다. 인구 조사가 무엇입니까? '내가 이만큼 승리했다. 내 군사의 수가 얼마나 되는지 한 번 보자.' 바로 그런 마음입니다.

하나님이 가장 싫어하는 죄, 교만

하나님이 비교적 평안하게 여생을 보낼 수 있는 다윗과 이스라엘 백성에게 고통을 주는 이유는 하나님이 가장 싫어하는 죄가 교만이라는 것을 백성에게 가르치고 각인시키기를 원하신 것입니다.

교만은 하나님을 대적하는 마음입니다. 하나님이 행하신 일을 인정하지 않는 행위입니다. 그리고 하나님이 우리의 구세주 되심을 부정하는 것으로 결국 불순종이라는 열매를 맺게 합니다. 하나님의 일을 인정하지 않으니까 감사하는 마음이 그 속에 없는 것입니다. 하나님께 감사하지 않는 교만한 백성은 하나님이 사용하실 수 없습니다.

다윗의 인구 조사는 통치하는 왕으로서 당연한 일 같지만, 하나님은 그 마음의 동기를 보신 것입니다. 자신의 군대가 얼마나 되며 장비가 얼마나 되는지 그것을 알아보고 과시하고 싶었던 것입니다. 군대와 백성과 장비의 힘으로 승리했다는 생각이 마음속에 들어가기 시작한 것입니다. 성경을 보면 알 수 있듯이 하나님은 교만한 자를 쓰시지 않으십니다. 필요하면 징계와 연단을 통해서라도 깨닫게 하셔서 사용하셨습니다.

유압이라는 장군은 감각이 뛰어난 사람도, 영적으로 굉장히 헌신된 사람도 아닙니다. 그런데 다윗에게 믿음의 말을 합니다. "왕이시여, 지금까지 우리가 군사력으로 싸운 것 아닙니다. 우리 주 하나님이 정말 열악한 가운데 승리하게 하신 것입니다."

그런데 유압 장군이 이렇게 이야기하는 데도 다윗은 필요하다며 인구 조사를 강행합니다. 하나님이 격동시켜서 교만한 백성의 마음을 대변하여 이야기하게 하신 것입니다. 그들이 그들 되게 하신 하나님을 인정하지 않고 자신의 영광만 이야기하면 하나님으로부터 징계를 받고 멀어질 수밖에 없기 때문에, 이 백성을 계속 쓰시기 위해 교만이 죄라는 것을 일깨워 주시는 것입니다.

하나님이 죄가 얼마나 무서운지, 죄를 얼마만큼 싫어하시는지를 이것을 통해 보여주시는 것입니다. 하나님이 치명적인 아픔과 고통을 주면서 그들 속에 심어 주려고 하신 것은 교만은 무서운 죄이고 그들을 무너뜨릴 수 있다는 사실입니다. 그리고 교만한 죄를 지었을 때 회개를 통해서 하나님께 돌아갈 수 있다는 것을 알려 주시기를 원하셨습니다.

다윗이 이스라엘의 칼을 빼는 자가 80만 명, 유다 사람이 50만 명이라는 보고를 받고 이상하다고 느꼈습니다.

즉각적인 반응, 회개

다윗은 우리아의 아내 밧세바를 범하고 우리아를 죽이고 아내로 삼고 1년이 다 되도록 청승맞게 다녔습니다. 나단이 깨우쳐 줄 때까지 그것이 죄인 줄 몰랐습니다. 그러나 지금 여기서는 즉각적으로 자신의 마음을 자책했습니다. "아, 내가 하나님께 죄를 지었구나." 바로 회개하는 것입니다.

> "다윗이 백성을 조사한 후에 그의 마음에 자책하고 다윗이 여호와께 아뢰되 내가 이 일을 행함으로 큰 죄를 범하였나이다 여호와여 이제 간구하옵나니 종의 죄를 사하여 주옵소서 내가 심히 미련하게 행하였나이다 하니라"(삼하 24:10).

하나님은 회개에 대한 것을 이스라엘 백성에게 알려 주기를 원하십니다. 사람들이 죄를 잘 짓기 때문입니다. 하나님이 주시는 시련과 고난에는 두 가지 의미가 있습니다. 하나는 시련과 고난을 주어서 돌아오도록 깨닫게 하시는 것이고, 또 하나는 죄를 지어서 회개하는 죗값을 치르게 하시려는 것입니다.

하나님은 다윗에게 죗값을 치루라고 하십니다. 그 이유가 무엇일 까요? 죄가 얼마나 무섭고 아픈 것인지를 새겨 넣기 위해 죄의 열매를 이 백성에게 물으시는 것입니다. 마찬가지로 하나님은 우리가 죄를 회개하면 용서해 주시지만 그 죄의 아픔은 우리에게 남겨두십니다. 아파야 다음부터 같은 죄를 안 짓기 때문입니다.

사랑하는 여러분, 하나님이 어려움을 주실 때 내가 아직 회개하지 못한 것이 있는지, 마음속에 나도 모르는 교만은 없는지 살펴보십시오. 하나님은 절대로 교만한 사람을 쓰지 않으십니다.

하나님은 다윗에게 죗값으로 세 가지 중 하나를 택하라고 하십니다. 첫째, 7년 동안의 대기근입니다. 이미 3년 동안의 기근도 진절머리가 났기에 그것은 거절합니다. 둘째, 세 달 동안 원수에게 쫓겨다니는 것입니다. 10여 년을 쫓겨 다녔는데 어떻게 또 쫓겨 다닙니까? 이것도 싫다고 합니다. 셋째, 3일 동안 백성이 죽임을 당하는 것입니다. 다윗은 이것이 차라리 낫겠다고 합니다. 자신이 편하려고 그런 것이 아니라 인간의 손에 의해 받는 재판보다 하나님의 손의 징계를 받는 것이 긍휼과 자비가 있다는 것을 알았기 때문에 그것을 택한 것입니다.

여러분, 우리의 죗값에 대한 징계는 누가 다 치러 주었습니까? 예수님이 십자가에서 다 치러 주셨습니다. 그래서 우리는 징계를 받지 않습니다. 십자가에서 죽으시어 우리의 죄와 허물을 다 받아 주시고 우리의 죗값을 다 치르신 것입니다. 그래서 우리는 죄 때문에 멸망하지 않습니다. 그 은혜가 우리 가운데 있는 것입니다.

예배로 돌아가자

다윗은 백성이 죽는 것을 보고 굉장히 후회했습니다. 너무 마음이 아팠습니다. 백성 7만 명이 하루아침에 죽어나갈 때, 왕의 심정이 어땠을까요? '왜 내 죄 때문에 내 백성이 고통을 당해야 하나?' 너무 괴로웠을 것입니다. 그런데 보니 '아라우나'라는 사람의 타작마당에 죽음의 천사가 서 있는 것입니다. 왕은 괴로움에 죽음의 천사에게 자신을 죽이라고 했지만 천사는 꿈쩍을 안 합니다. 그래서 하나님께 기도하니 하나님이 이제 갓을 통해 해결해 주십니다. "여부스 사람 아라우나의 타작마당에서 예배를 드려라, 제사를 드려라." 다윗이 그 말씀대로 땅을 사고 소와 큰 밭을 사서 제사를 지내고 나니 재앙이 끝났습니다.

그런데 이 땅은 아브라함이 이삭을 잡아 죽이려고 드렸던 재단이 있었던 그 땅입니다. 천 년의 간격이 있는데 하나님이 이 땅을 지정하셔서 다윗에게 제사를 드리라고 하신 이유는 절대 순종을 상기시키시고 교만하지 말라는 것입니다. 그리고 예배를 통해 회복시키시는 하나님의 은혜에 대해 우리에게 말씀해 주시는 것입니다. 예배는 모든 재앙을 그치게 만드는 힘이 있습니다. 죄 사함의 능력이 있습니다. 모든 저주를 물러가게 하는 유월절의 놀라운 은혜가 있습니다.

다윗은 그곳을 주님의 성전을 지을 땅으로 바꿉니다. 여러분이 주님 앞에 예배드리는 곳은 어떤 땅입니까? 야곱은 자신이 자던 외로움과 고독의 돌베개를 제단으로 삼고 거기에 기름 붓고 예배를 드렸습니다. 하나님은 고통스럽고 힘든 것을 통해 예배를 드리고 말씀 앞에 가까이 가고 하나님 앞에 나아가게 하십니다.

하나님과의 관계를 회복하고 돌아가는 것이 예배입니다. 그래서 예배가 잘못되면 인생이 전부 다 잘못되는 것입니다. 예배에 소홀해지면 신앙생활에 종합적인 문제가 생깁니다. 마음의 회복을 원할 때 예배가 답입니다. 예배로 나아가면 하나님을 통해 은혜를 공급받고 모든 죄를 씻음 받고 주의 말씀을 통해 자유함을 얻게 될 것입니다.

사랑하는 여러분, 하나님께 드리는 시간은 결코 헛되지 않습니다. 모든 우환과 질고와 고난은 예수 그리스도의 이름으로 다 유월되는 역사가 있기를 바랍니다. 그리고 여러분의 고난과 시련이 하나님께 드려지는 예배의 재물이라는 것을 기억하고 더욱더 예배로 나아가기를 주의 이름으로 축원합니다.